Markus Belz

SÜDTIROL RADELT

Ein Fahrradroman

Markus Belz
Südtirol radelt

A-3751 Rodingersdorf, Hauptstr. 31
Tel.: +43/2983/28982-0, Fax: -500
E-Mail: bikeline@esterbauer.com
www.esterbauer.com

1. Auflage 2019
ISBN: 978-3-85000-763-4

Bitte geben Sie bei jeder Korrespondenz die Auflage und die ISBN an!

Über den Autor

Markus Belz, geboren 1986 in Gelnhausen, hat in Berlin, Wien, Toronto und Frankfurt am Main Geographie, Volkswirtschaftslehre und Mobilitätsforschung studiert und fünf Jahre lang als Redakteur für den Verlag Esterbauer gearbeitet. In seiner Masterarbeit hat er den Einfluss des Südtiroler Fahrradwettbewerbs auf das Mobilitätsverhalten der Teilnehmer evaluiert. In seinem ersten Roman lässt er fiktive Charaktere an eben diesem Fahrradwettbewerb teilnehmen und erklären, warum eine Änderung unseres Mobilitätsverhaltens notwendig und möglich ist. Markus Belz wohnt in Bozen und arbeitet als Projektmanager im Bereich Green Mobility.

Über dieses Buch

Südtirol radelt – denn es gilt, Kilometer für den Fahrradwettbewerb zu sammeln. Ramon Pincata und Günther Kerschbaumer liefern sich auf ihren Rennrädern auf verschiedenen Passstraßen ein Fernduell darum, wer die meisten Kilometer radelt. Otto Müller und Anna Maier radeln auch, aber scheinbar immer aneinander vorbei. Adam Lepo und sein Sohn Jan reden meistens aneinander vorbei, radeln mag Adam überhaupt nicht. Er fährt lieber Auto, und daran wird auch der Fahrradwettbewerb nichts ändern. Oder etwa doch?

Inhalt

Kapitel 1 Montag, 16.03.2015

Bozen

Jetzt ist schon wieder nichts passiert. Er drückt mehrmals auf den On-Off-Knopf, er drückt auf die Fernbedienung, er öffnet die Präsentation neu, aber nichts passiert: ein schwarzer Bildschirm! In 13 Minuten startet die Kick-Off-Veranstaltung, aber der Beamer geht nicht. „Wie funktioniert'n die Scheiße hier?" Andreas Pichler ruft den Techniker der Handelskammer, der ihm hoffentlich helfen kann.

„Kann ich dir helfen?" Harald Reiterer kommt in den Saal und merkt sofort, dass es technische Probleme gibt. Er nimmt die Fernbedienung in die Hand, nimmt die Batterien raus und steckt sie wieder rein. Und hat so das Problem gelöst. Der Beamer springt an. Die Präsentation startet. Der Südtiroler Fahrradwettbewerb 2015 kann starten.

Der Südtiroler Fahrradwettbewerb darf nicht ohne Ramon Pincata starten. Ein Vollblut-Rennradfahrer, dem keine Tour zu lang und keine Steigung zu steil ist. Da überrascht es nicht, dass er auch zur Fahrradwettbewerb-Veranstaltung in Bozen mit dem Fahrrad kommt. Ein paar Kilometer sind das ja schon von den Büros der Obstverarbeitungsfirma in Meran bis zur Handelskammer in Bozen. Aber mit dem Zug wäre er wahrscheinlich auch nicht schneller.

Zu Fuß wäre er wahrscheinlich schneller. Aber Otto fährt aus Prinzip mit dem Fahrrad. Ihm kommt heuer die ehrenvolle Aufgabe zuteil, Administrator der EURAC für den Fahrradwettbewerb zu sein. Was es da zu tun gibt, das wird er heute erfahren. Zumindest eine Stunde lang, dann muss er Richtung Sprachschule aufbrechen.

Er biegt auf den Radweg und überquert auf der gelb lackierten Eisenbrücke die Talfer. Das kurze Stück entlang der Eisackpromenade legt er flott zurück.

Das kurze Stück an der Eisackpromenade entlang hat er schnell hinter sich gelassen. Günther Kerschbaumer wechselt vom Rad- und Fußweg auf die Julius-Durst-Straße, klickt auch den zweiten Schuh wieder ins Pedal und beschleunigt. Die Innenstadt von Brixen liegt nun hinter ihm, das enge Eisacktal liegt vor ihm. Im Vorbeifahren amüsiert er sich zum x-ten Mal darüber, dass die Firmen „Durst" und „Plose Wasser" so nah beieinander liegen. Die einen haben so viel Wasser, dass sie es sogar verkaufen, und direkt nebenan haben sie Durst. Die Welt kann so ungerecht sein, es wird wohl Zeit für die Weltrevolution.

Hört man den Rednern auf der Bühne zu, so könnte man denken, dass heute die Weltrevolution beginnt: Der Klimawandel wird gestoppt, niemand wird mehr Übergewicht haben oder krank sein, giftige Autoabgase und Verkehrslärm werden bald der Vergangenheit angehören, Parkplätze werden in Spielplätze umgewidmet, Autobahnen in Radwege, es wird keine Autounfälle und keinen Stau mehr geben, alles wird bio und öko und safe – der Südtiroler Fahrradwettbewerb rettet die Welt. Zumindest rettet er Südtirol, also den schönsten Teil der Welt. Die Organisatoren versprechen sich und den Teilnehmern der Veranstaltung anscheinend einiges von diesem Wettbewerb und erklären seine Funktionsweise.

Anna lässt sich im Foyer erklären, wo die Veranstaltung zum Fahrradwettbewerb stattfindet. Sie konnte nicht früher Feierabend machen, und die Bahnfahrt von Naturns nach Bozen dauert über eine Stunde. Also kommt sie erst jetzt an. „3. Stock, dort dann rechts in den großen Saal. Die Aufzüge sind hier auf der linken Seite", erklärt die Dame am Empfangstresen. Anna geht zu den Aufzügen und drückt auf den Knopf. Einer ist gerade im 3. Stock, der andere im 5. Stock. Ungeduldig wartet sie, dass der Aufzug aus dem 3. Stock runterkommt.

Otto verlässt den Saal und sieht vor sich, wie sich die Aufzugtüren schließen und der Aufzug ohne ihn nach unten fährt. Der andere Aufzug steht gerade im 5. Stock. Bis der da wäre, ist er auch zu Fuß im Erdgeschoss. Denkt er sich und nimmt die ersten Treppenstufen in Angriff. Er hat es ein bisschen eilig, um 18 Uhr startet sein Italienischkurs. Otto ist erst seit einem knappen Jahr in Südtirol, als Bundesdeutscher hat er in der Schule nie Italienisch gelernt und muss jetzt, mit 30 Jahren, noch einmal die Schulbank drücken. Zweimal die Woche zwei Stunden. Was tut er nicht alles, um länger in der von ihm so geliebten Südtiroler Berglandschaft bleiben zu können. Im Erdgeschoss angekommen, öffnet sich vor ihm die Schiebetür und er verlässt das große Gebäude.

Im 3. Stock angekommen, öffnet Anna die Tür und betritt den großen Saal. Sie entdeckt einen leeren Sessel in Türnähe. „Entschuldigung, ist da frei?", flüstert sie. „Ja, ist gerade frei geworden", flüstert die andere Frau zurück. Anna setzt sich und lauscht dem Programm. Auf der Bühne steht Andreas Pichler, Geschäftsführer des Ökoinstituts, und verbreitet von dort Zuversicht: „In Vorarlberg und Tirol haben Sie auch Berge. Trotzdem melden sich dort jedes Jahr mehrere Tausend Menschen für den Wettbewerb an. Was dort klappt, sollte bei uns mit unserem guten Wetter doch erst recht funktionieren". Es folgt ein Appell an die Gemeindevertreter: „Je mehr der 116 Südtiroler Gemeinden sich als Veranstalter eintragen, desto besser. Jede Südtirolerin und jeder Südtiroler sollte die Möglichkeit haben, am Fahrradwettbewerb teilnehmen zu können." Anna, die Koordinatorin der Gemeinde Naturns für den Fahrradwettbewerb werden soll, fühlt sich sofort angesprochen. Andreas Pichler wechselt zur nächsten Folie.

Günther Kerschbaumer schaltet in den nächsten Gang. „Das soll angeblich eine gute Schaltung sein! Ich hätte mir doch die Ultegra leisten sollen, diese 105er ist der letzte Schrott", regt er sich auf. Worüber sollte er sich an diesem wunderbar sonnigen Frühlingsnachmittag auch aufregen können, wenn nicht über die Schaltung an seinem Rennrad.

Naja, vielleicht darüber, dass der Radweg bei Atzwang immer noch unterbrochen ist. Die Bundesstraße wurde hier vor zwei Wintern unter Steinen begraben. Jetzt hat man provisorisch die Straße einfach auf den bisherigen Radweg verlegt und die Radler an den Rand gedrängt. Sie müssen jetzt zwischen dem Eisack und der Beton-Begrenzung der Straße auf grobem Schotter zusehen, wie sie vorankommen. Auf dem Rennrad tendenziell gar nicht, deshalb hebt Günther vor dem Portal des Straßentunnels auch heute wieder das Rad über die Beton-Begrenzung und muss auf der stark befahrenen Straße weiterradeln. Aus dem Tunnel hinter ihm schallt der Lärm von Lkws, Motorrädern und Autos.

Aus dem Saal schallt der Applaus des Publikums. Gruß-, Beglückwünsch- und Abschlussworte sind beendet, es geht endlich hinaus an das heiß ersehnte kalte Büffet. Am Ende der Veranstaltung hat jeder Teilnehmer der Veranstaltung das Prinzip des Wettbewerbs verstanden: Wer zwischen Mitte März und Anfang September mit dem Fahrrad unterwegs ist, zeichnet seine Kilometer auf und trägt sie auf der Wettbewerbs-Website ein. Oder lässt sie von der Smartphone-App automatisch aufzeichnen. Jeder, der in diesem Zeitraum insgesamt mehr als 100 Kilometer radelt, kann am Ende etwas gewinnen. Egal, ob man mit dem klapprigen Citybike in Bruneck zum Bäcker fährt, sich mit dem Specialised-Rennrad aufs Stilfser Joch quält oder mit dem alten Kettler-Reiserad jeden Tag von Girlan nach Kaltern zur Arbeit pendelt: Jeder Kilometer zählt. Los geht's.

Los geht's, denkt sich Günther, setzt sich auf den Sattel und tritt wieder in die Pedale. Wenn er noch bei Helligkeit in Bozen ankommen will, muss er sich beeilen. Vor ihm liegt ein sehr schöner Wegabschnitt, auf der alten Bahntrasse durch das enge Tal. Unten fließt der Eisack, oben fließt der Verkehr auf der Brennerautobahn, auf Günthers Stirn fließt der Schweiß. Der Radweg ist trotz des schönen Wetters fast leer – so lange die Skigebiete noch offen sind, ist sportliche Betätigung unten im Tal für die meisten nicht die erste Wahl. Günther nimmt die Hände vom Lenker und kramt aus der rechten Trikottasche einen Müsliriegel hervor. Während der Fahrt öffnet er die Plastikverpackung und beißt den Riegel ab. 40 Kilometer in zügigem Tempo, da ist eine gewisse Kalorienaufnahme notwendig.

Ramon betrachtet das Buffet als Ort der notwendigen Kalorienaufnahme. Die anderen Teilnehmer der Veranstaltung betrachtet er als Konkurrenten. Nicht als Konkurrenten um die Häppchen auf dem Buffet. Als Konkurrenten um den Gesamtstieg. Ramon ist ein wenig enttäuscht, dass am Ende des Fahrradwettbewerbs nicht der gewinnt, der am meisten Kilometer radelt. Er versteht nicht, warum der Bürofachangestellte, der jeden Tag zwei Kilometer radelt, dieselbe Chance auf den Sieg haben soll wie er, der durchaus auch mal 200 Kilometer am Tag radelt. „Jeder Weg, der mit dem Fahrrad statt mit dem Auto zurückgelegt wird, ist ein Gewinn für die eigene Gesundheit und für die Umwelt; es geht nicht um sportliche Höchstleistungen", hieß es auf der Bühne. So ein Schmarrn, hat sich Ramon in der zweiten Reihe gedacht. Und während der Redner auf dem Podium weiter von den Vorteilen des Fahrrads berichtet hat, hat Ramon im Kopf hochgerechnet, auf wie viele Kilometer er im Aktionszeitraum kommen könnte. 16 Kilometer Pendelweg von Vilpian nach Meran mal zwei pro Tag mal fünf pro Woche macht 160 Kilometer pro Woche macht 693 Kilometer pro Monat macht in fünfeinhalb Monaten Fahrradwettbewerb 3.467 Kilometer. Abzüglich zwei Wochen Urlaub bleiben 3.147 Kilometer. Dieses Jahr hat sich seine Freundin durchgesetzt. Malediven. Die Insel, auf der er zwei Wochen verbringen muss, hat einen Umfang von 700 Metern und einen Durchmesser von 200 Metern. Er müsste also 160 Mal die Insel durchqueren oder 45,7 Mal die Insel umrunden, um zumindest den täglichen Pendelweg von Vilpian nach Meran und wieder zurück zu kompensieren. Ein unmögliches Unterfangen. Der Urlaub fällt also weg. Aber die Wochenenden! Seine Tagestouren am Wochenende waren im vergangenen Jahr durchschnittlich 138,1 Kilometer lang. Das weiß er so genau, weil er seit Jahren sämtliche Radtouren per GPS aufzeichnet und auf eine Nachkommastelle genau statistisch auswertet. Samstag plus Sonntag macht 276,2 Kilometer, mal vier Wochen mal fünfeinhalb Monate wären 6076,4 Kilometer, abzüglich langweilige Verwandtschaftsbesuchs-Wochenenden, Wochenenden, an denen seine Freundin auch mal was von ihm haben will und dem einen Wochenende im September, wo er mit seinen Arbeitskollegen auf dem Münchner Oktoberfest sein wird – wobei, da könnte man ja auch mit dem Fahrrad hinfahren? – bleiben deutlich weniger Kilometer übrig. Konservativ gerechnet – also ohne das Oktoberfest-Wochenende – kommt er auf 18 Wochenend-Touren, das entspricht 2.485,8 Kilometern. Die 3.467 Kilometer Pendelwege und die Wochenendtouren ergeben zusammen 5.952,8 Kilometer. Das ist seine Zielsetzung, so viel will er bis zum Ende des Fahrradwettbewerbs erradelt haben. Das wird ja wohl niemand anders in Südtirol schaffen! Auch wenn das für die Gewinnchancen unerheblich ist, Ramon will die meisten Kilometer aller Südtiroler Radler radeln.

Er nimmt sich noch ein kleines Stück Baguette mit Thunfisch, steckt es zu dem anderen Stück Baguette mit Salami, das sich bereits im Mund befindet, schnallt sich seinen knallgelben Helm an und begibt sich Richtung Treppenhaus. Aufzüge benutzt er aus Prinzip nicht. Er ist der Erste, der das Buffet verlässt, er hat alle anderen hinter sich gelassen. So gefällt ihm das.

So gefällt ihm das: glatter Asphalt, blauer Himmel, leichter Rückenwind. Kardaun liegt hinter ihm, die ersten Lagerhallen von Bozen liegen vor ihm. Auf Höhe des Restaurants Cascade muss Günther zum ersten Mal seit Atzwang einen Fuß aus dem Pedal lösen und den Lkw passieren lassen. Die nächste Unterbrechung folgt an der Loretobrücke: Die Ampel ist gerade rot geworden. Auf der gegenüberliegenden Straßenseite kommt von rechts ein Rennradfahrer mit einem knallgelben Helm und biegt auf den Radweg am Eisack entlang ein. Den Rennradfahrer wird er heute nicht mehr einholen. Aber morgen wird er wissen, von welcher Veranstaltung der Gelbbehelmte gerade gekommen ist. Der Gelbbehelmte ist nicht der einzige ehrgeizige Rennradfahrer in Südtirol.

Bozen und Naturns

Günther sitzt am Frühstückstisch und liest das Tagblatt der Südtiroler. Wie jeden Morgen startet er mit dem Sportteil und seine Frau startet mit dem Allgemeinteil. „Südtirol radelt", sagt seine Frau plötzlich. „Das wär doch was für dich! Ein ‚Fahrradwettbewerb', bei dem man die geradelten Kilometer einträgt." – „Zeig mal her!"

Er lässt sich die Zeitung rüberreichen und liest den angesprochenen Artikel. Das klingt tatsächlich spannend, da muss er auch mitmachen. Er fängt gleich an zu rechnen: Die 42 Kilometer Arbeitsweg von Bozen nach Brixen legt er ungefähr einmal pro Woche mit dem Fahrrad zurück. Macht 84 Kilometer pro Woche, macht 364 Kilometer pro Monat, macht in fünfeinhalb Monaten Fahrradwettbewerb 2.002 Kilometer. In den zwei Wochen Urlaub wird er mindestens genauso viel Rad fahren, eher noch mehr. Eine Woche Kroatien mit seiner Frau, eine Woche daheim in Südtirol mit seinem Rennrad. Rechnen wir mal 2.000 Kilometer dazu. Macht 4.002 Kilometer. Und dann die Wochenendtouren – rechnen wir mal mit zwölf Tagestouren. Zwölf Tagestouren á 100 Kilometer, sind wir bei insgesamt 5.202 Kilometer. Und dann macht er ja noch häufig an den Tagen, wo er nicht nach Brixen radelt, Frühsport auf dem Rennrad. Kohlern oder Kaltern oder Karneid. Meist sind das so 30-Kilometer-Runden. Pro Woche eine solche Tour sind in fünfeinhalb Monaten 750 Kilometer, plus 5.202 ist 5.952. Das ist seine Zielsetzung, so viel will er bis zum Ende des Fahrradwettbewerbs geradelt haben. Das wird ja wohl niemand anders in Südtirol schaffen!

„Günther, du weißt schon, dass es nicht darum geht, wer am Ende die meisten Kilometer hat?" – „Ja ja, ich hab das schon verstanden. Die wollen Leute dazu bringen, weniger Auto und mehr Rad zu fahren. Aber da bin ich eh die falsche Zielgruppe, wir haben ja gar kein Auto." – „Aber mitmachen willst du trotzdem?" – „Klar! So ein bisschen Wettbewerb kann nicht schaden, um den inneren Schweinehund immer mal wieder herauszufordern." – „Na, wenn du meinst", sagt sie und lächelt ihn schelmisch an. Das mag sie an ihm, diesen unverbesserlichen Ehrgeiz. Und er mag das an ihr, dieses schelmische Lächeln. Seit 30 Jahren könnte er sie dafür jedes Mal umarmen und küssen. Heute macht er es mal wieder. Der Zeitungsartikel zu „Südtirol radelt" hat in ihm eine gewisse Euphorie ausgelöst.

Der Artikel zu „Südtirol radelt" löst eine gewisse Neugierde in ihr aus. Das ist doch die Veranstaltung von gestern Abend?! Sie haben auf STOL sogar ein Foto dazu gepostet. Komisch, sie kann sich an gar keinen Fotografen erinnern. Sieht man sie auf dem Foto? Nein. Aber das muss doch der Platz gewesen sein, auf dem sie – ah, natürlich: Der Fotograf war da, bevor sie gekommen ist. Da saß also vorher jemand anders auf ihrem Platz. Das ist ja wirklich – wow! Ein traumhaft schöner junger Mann ist das, der da auf ihrem Platz saß. Wie schade, dass sie den gestern verpasst hat. Anna vergrößert das Bild, um ihn besser erkennen zu können. Kurze blonde gegelte Haare, schickes Hemd, sympathisches Lächeln. So sieht ihr Traummann aus. Dem würde sie gerne mal vor der Eisdiele begegnen. Oder zumindest auf Tinder.

Otto kann's mal wieder nicht lassen. Er hat auf dem Smartphone das GPS-Signal aktiviert und öffnet den digitalen Warenkatalog Tinder. Die Ware besteht aus Single-Frauen, die auf der Suche nach Single-Männern sind. Oder umgekehrt. Oder gleichgeschlechtlich. Je nach Präferenz, aus der schlaue Algorithmen dann die passenden Vorschläge ermitteln. Wenn sie ihm gefällt und er ihr gefällt, dann dürfen die beiden anfangen, miteinander zu chatten. Erstmal nur in der App, später vielleicht auch im real life. Zwei nette Mittagessverabredungen hat Otto dank der App schon gehabt, aber Mrs. Right hat er noch nicht gefunden. Was ist denn heute so im Angebot? Mirjam, 29, mit fünf kleinen Piercings und zwei großen Hunden. Nein, danke. Antonia, 23, mit fünf wilden Partybildern und null Info, was sie sonst so macht. Naja, gefällt mir, kostet ja nichts. Als drittes kommt Anna, 26. Blond, blauäugig, verdammt hübsch. Er klickt sich durch ihre Fotos. Offensichtlich wandert sie gerne. Wanderstöcke statt Stöckelschuhe, das gefällt ihm. Und Fahrrad fährt sie auch. Genau wie er. Und sie sieht wirklich verdammt gut aus. „32 Kilometer entfernt." 32 Kilometer Luftlinie. Das könnte Brixen sein. Oder Wolkenstein in Gröden. Oder Naturns. „Zuletzt aktiv vor 0 Minuten". Wow, sie ist auch gerade online. Wenn er sie jetzt liked, und sie ihn auch gerade sieht – vielleicht liked sie ihn dann auch gleich. Schon lange war er beim Frühstück nicht mehr so aufgeregt.

Ein bisschen aufgeregter als sonst ist sie vielleicht schon. So ganz Routine ist dieser Warenkatalog, der ihr immer neue Männer vorschlägt, für sie doch noch nicht. Wie kommt Anna auf den abwegigen Gedanken, dass der attraktive junge Mann, der da gestern Abend auf ihrem Platz saß, auch auf Tinder ist? Der wird doch sicher vergeben sein. Sie schaut nochmal auf das Bild auf

STOL. Nein, man erkennt seine Hände nicht, sie kann nicht nach einem möglichen Ehering schauen. Stattdessen konzentriert sie sich wieder auf Tinder: Christoph, 21, großes Tattoo, eher kleines Hirn, den Fotos nach zu urteilen. Gefällt ihr nicht. Hannes, 24, sieht irgendwie unsympathisch aus. Gefällt ihr auch nicht. Fabian, 27, sieht eigentlich ganz nett aus. Aber nicht der, den sie sucht. Den, den sie sucht, wird sie auf Tinder nicht finden. Sie sucht laut ihrer Suchpräferenz nach Männern zwischen 24 und 29 Jahren. Otto ist 30.

Anna ist 26. Das ist das untere Ende seiner Suchpräferenz. Er hat also Glück, dass sie überhaupt angezeigt wird. Aber wird er das Glück haben, dass sie ihn auch liked? Er hofft sehr darauf. Und muss an den Spruch denken, den sie unter ihr Profilbild gesetzt hat: „Die schlimmste Weltanschauung ist die Weltanschauung der Menschen, die die Welt nie angeschaut haben". Könnte von ihm sein. Ist aber von Alexander von Humboldt. Er hat auf Tinder schon viele coole Sprüche gelesen. Vor kurzem zum Beispiel „das Antonym von Synonym ist Antonym." Aber noch nie hat ihn eine Tinder-Frau so vom Hocker gerissen wie diese Anna, 26, aus 32 Kilometer Entfernung.

„32 Kilometer Entfernung schaffen wir, wenn jeder von euch wie viele Kilometer radelt?" Es sind 16 Schüler in der Klasse, aber nicht jeder von ihnen versteht sofort, wie die Aufgabe gelöst werden muss. Manche packen ihre Finger aus und zählen sie ab. Andere denken erstmal nach. Jan meldet sich und wird gleich aufgerufen. „Zwei, Frau Maier! Jeder muss zwei Kilometer radeln!" – „Das ist richtig, sehr gut, Jan! Und wie hast du das ausgerechnet?" – „Na, weil 16 mal zwei ist 32." – „Und wie hast du das ausgerechnet, dass ZWEI mal 16 gleich 32 ist?" – „Na, ich hab im Kopf ausprobiert. Erst einmal 16, das ist ja 16. Und dann zweimal 16, und da hatte ich schon die Lösung." Jan freut sich, Frau Maier ist enttäuscht.

Kleine Kinder sind oft überraschend outputorientiert, aber Frau Maier geht es ja darum, dem Nachwuchs den richtigen (Rechen)weg zu vermitteln. Die Kleinen sollen lernen, mit welcher Methode man das Problem am effizientesten lösen kann, und nicht solange rumprobieren, bis sie eine Lösung für das Problem gefunden haben. Deshalb fängt sie jetzt wieder mit ihrem x an. X mal 16 = 32. „Und wie muss man das jetzt umstellen, wenn man wissen will, wie groß x ist?"

Frau Maiers Rettung sitzt in der ersten Reihe und hat zwei blonde Zöpfe. „Geteilt durch 16", sagt sie und gleichzeitig geht bei mehreren Mitschülern ein Licht an. „Dann bleibt links x * 16/16 und rechts bleibt 32/16." – „Sehr gut, Annika! Und das können wir jetzt kürzen. 16/16 ist gleich 1. Und 32/16?" – „Ist gleich 2!"

Jan sagt siegessicher: „Aber Frau Maier, das hab ich doch gleich gesagt, und mein Rechenweg war viel schneller und einfacher!" – „Das stimmt, Jan. Aber dein Rechenweg funktioniert nur bei sehr kleinen Zahlen. Mit dem Rechenweg, den euch Annika gezeigt hat, könnt ihr auch viel schwierigere Aufgaben lösen."

Der coole Jakob aus der letzten Reihe heitert die Klasse auf, indem er hervorbringt: „Aber Frau Maier, für schwierigere Aufgaben gibt es doch einen Taschenrechner!" Frau Maier gibt nicht auf: „Das ist richtig, Jakob! Aber wenn ich dich frage: 128 Kilometer Entfernung schaffen wir, wenn jeder von euch wie viele Kilometer radelt – was tippst du denn dann in deinen Taschenrechner ein?" Der hat gesessen. Jakob muss kurz nachdenken. Die zwei blonden Zöpfe in der ersten Reihe wissen die Antwort natürlich sofort. „128 durch 16, so wie oben!"

„128 Veranstalter haben wir insgesamt angeschrieben, aber erst 16 haben sich angemeldet." Harald Reiterer und Andreas Pichler sitzen in der Citybar und reden über die Veranstaltung am Vorabend. Was gut gelaufen ist, was schlecht gelaufen ist, welche Rückmeldungen sie gekriegt haben. Und was die nächsten Schritte sind, damit der Fahrradwettbewerb pünktlich starten kann. „Wir müssen unbedingt schauen, dass wir die Schulen noch besser erreichen. Da haben wir bislang kaum Feedback, und gestern war ja auch keine Schule vertreten." – „Aber hat nicht die eine gestern Abend erzählt, dass ihre Mutter Lehrerin ist und sie ihre Mutter auf den Fahrradwettbewerb hinweisen will?" – „Ja, da war ich auch dabei. Das war die Junge aus Naturns, oder? Wie hieß sie nochmal?" – „Puh, weiß ich auch nicht mehr. Aber das war irgendein Allerweltsname. Maier?"

„Frau Maier!" – „Ja?" – „Wie ist das denn jetzt mit dem Fahrradwettbewerb, von dem Sie vorhin erzählt haben?" – „Ja, soviel weiß ich da auch noch nicht dazu, ich hab das gestern Abend von meiner Tochter erfahren, die war auf einer Informationsveranstaltung zu diesem Wettbewerb." – „Aber können wir da mitmachen?"

Alle wollen mitmachen, ein selten gekanntes Gemeinschaftsgefühl erfüllt den Klassenraum. Wie wenn es Schokolade für alle gäbe. Gibt es aber nicht. „Langsam, langsam", wird vom Lehrerpult aus die Euphoriebremsung eingeleitet. „Für die Schulen startet der Wettbewerb eh erst im Mai, bis dahin ist ja noch genug Zeit. Ich werde mich bis dahin im Lehrerkollegium über diese Maßnahme informieren und –" – „Aber im Mai machen wir dann mit, oder?" – „Meinetwegen können wir i…" – „Juhuu!"

Frau Maier kann ihren Satz nicht zu Ende sprechen, er geht im Jubelgeschrei unter. Sie kommt sich vor wie Hans-Dietrich Genscher in der Prager Botschaft. Dabei geht es in diesem Fall einzig und alleine um die Freiheit, seine Fahrradkilometer aufzeichnen und damit etwas gewinnen zu können. Erste Rivalitäten stellen sich schon jetzt ein. „Aber Johannes, das du es weißt, ich mach fei mehr Kilometer als wie du!" – „Machst du nicht!" – „Ey, ich wohn in Tabland, ich mach mehr Kilometer als wie ihr alle beide!" – „Machst du nicht!“ Frau Maier senior versucht, die Mittelschulen-Rasselbande wieder in den Griff zu kriegen.

Frau Maier junior versucht, die Kollegen von der Idee zu begeistern, dass sich die Gemeindeverwaltung als Arbeitgeber beim Fahrradwettbewerb anmelden könnte: „Dann radeln alle Einwohner von Naturns dafür, dass Naturns die Gemeinde mit den meisten Kilometern wird, und wir radeln zusätzlich dafür, dass wir die Gemeindeverwaltung mit den meisten Kilometern werden.“ – „Und das geht?“ – „Ja. Ich hab bei der Veranstaltung gestern Abend extra nachgefragt.

„Ich war gestern Abend ja bei dieser Veranstaltung, und wo wir jetzt alle zusammensitzen, um uns über die anstehenden Aufgaben auszutauschen, will ich auch den Fahrradwettbewerb ansprechen.“ Eine Kollegin unterbricht Ramon: „Da stand doch heute Morgen was auf salto?“ – „Ja, das kann sein. Die haben mir gestern Abend genau erklärt, was ich als Admin zu tun habe wie das alles funktioniert. Ihr müsst eigentlich nichts weiter machen als euch anmelden und eure Kilometer eintragen.“

Ein gut gebauter Kollege jenseits der 50 erhebt Einspruch: „Aber ich fahr ja fast kein Fahrrad, was soll ich mich dann bei dem Wettbewerb einschreiben, da werde ich doch eh nicht gewinnen!“ – „Die Gewinnchancen steigen nicht, wenn man möglichst viele Kilometer radelt, sondern es kann jeder gewinnen, der innerhalb der fünfeinhalb Monate 100 Kilometer oder mehr geradelt ist. Und auch wenn du keine 100 Kilometer radelst, sondern nur 30 Kilometer, zählen die 30 Kilometer für unseren Obstverarbeitungsbetrieb und können dazu beitragen, dass wir am Ende im Unternehmensranking weiter oben stehen. Außerdem: Leute wie du sind genau die Zielgruppe von diesem Wettbewerb! Leute, die bislang nicht viel Fahrrad gefahren sind, sollen dazu animiert werden, künftig mehr Rad zu fahren, weil das ja gesund ist und Spaß macht.“ Bei Ramon ist die Botschaft gestern Abend offensichtlich angekommen. Und er kann sie anscheinend gut rüberbringen: Schon am nächsten Tag wird sich der gut gebaute Rüdiger für den Fahrradwettbewerb eintragen. In fünf Monaten wird er ein neues E-Bike, 850 Kilometer auf dem Tacho und 8,5 Kilo weniger auf der Waage haben.

„Aber vielleicht wirst du ja am Ende mehr Kilometer auf dem Tacho und weniger Kilo auf der Waage haben!“ – „Wer hat dir denn diesen Quatsch erzählt?“ – „Ist kein Quatsch!“ – „Und wer hat's dir erzählt?“ – „Na Frau Maier. Als sie uns heute Morgen von diesem Fahrradwettbewerb erzählt hat.“ – „Und du willst jetzt ernsthaft, dass wir da alle mitmachen?“ – „Ja! Ich mach da je eh mit, weil unsere Klasse mitmacht.“ – „Aber dann muss ich ja nicht mitmachen.“ – „Doch, Papa! Wir können dann ja auch einen Familien-Fahrradwettbewerb machen!“ – „Mensch Jan, ich bin doch nicht blöd: Du fährst jeden Tag mit dem Fahrrad in die Schule, ich fahre jeden Tag mit dem Auto ins Büro.

Wenn wir am Wochenende zusammen Rad fahren, fahren wir beide gleich viel. Ich brauch keinen Wettbewerb mit dämlicher Kilometereintragung, um zu wissen, dass du gewinnen wirst." – „Ist nicht dämlich!" – „Ich brauch es trotzdem nicht." – „Komm bitte, Papa. Ist doch ganz einfach, sich da einzutragen. Und vielleicht fährst du ja doch mal mit dem Fahrrad ins Büro." – „Ich fahr ganz sicher nicht mit dem Fahrrad ins Büro. Weißt du, wie weit es von Naturns nach Meran ist?" – „14 Kilometer." – „Weißt du, wann ich aufstehen müsste, wenn ich mit dem Fahrrad ins Büro fahren würde?" – „Eine halbe Stunde früher als sonst." – „Siehst du!" – „Aber dafür müsstest du dann ja keinen anderen Sport mehr machen, weil ja dein Weg zur Arbeit der Sport ist, und du sparst dir die halbe Stunde wieder." – „Ich mach sonst keinen anderen Sport!" – „Mann Papa, probier's doch einfach mal aus!" – „Sport machen?" – „Den Fahrradwettbewerb." – „Na meinetwegen." – „Super, danke Papa, du bist toll!"

Seltsam, denkt sich Adam Lepo, wie viel Euphorie dieser dämliche Fahrradwettbewerb in seinem Sohn ausgelöst hat.

Kalterer See und Gardasee

Ein freier Tag, mitten in der Woche. Was macht man da? Man könnte einfach ausschlafen, entspannen, Kaffee trinken. Man könnte auch zum Gardasee fahren und da einen Kaffee trinken. Und zwar mit dem Fahrrad. Mit dem Fahrrad von Vilpian bis zum Gardasee und wieder zurück? Das hat auch Ramon noch nie gemacht. Aber einmal ist immer das erste Mal. Er startet früh, weil er auch auf dem Rückweg nicht durch die Dunkelheit radeln will.

Günther will auf dem Rückweg nicht durch die Dunkelheit radeln, also fährt er lieber mit der Bahn nach Brixen, wenn er wie heute die Nachmittag-und-Abend-Schicht hat. Am Vormittag hat er frei. Da geht sich also eine kleine Radtour aus. Er hat sich für Kaltern entschieden. Auf dem schönen Bahntrassenradweg über Eppan hinauf, vom Kalterer See dann über den Kreither Sattel und an der Etsch entlang zurück.

Der Radweg nach Kaltern ist relativ leer, nur ein paar vereinzelte Radfahrer sind vom Überetsch Richtung Bozen unterwegs.

Die Staatsstraße nach Kaltern ist relativ voll, vom Überetsch Richtung Bozen staut sich der Verkehr. Otto ist zum Glück in der Gegenrichtung unterwegs. 25.000 Autos fahren jeden Tag zwischen Kaltern, Eppan und Bozen. Nur 4.000 Personen pro Tag benutzen den Bus. Bis Ende 2019 sollen Vorzugsspuren, intelligente Ampeln und attraktive Stationen dafür sorgen, dass der „Metrobus“ zu einer Verlagerung vom Auto auf den Bus beiträgt. Ob diese Verlagerung funktioniert, untersucht die EURAC in einer Begleitstudie zum Metrobus. Und Otto führt für diese Studie heute drei Interviews durch.

Hätte er, wenn sein Thema die mögliche Verlagerung auf den Bus ist, nicht besser mit dem Bus fahren sollen? Ein bisschen ein schlechtes Gewissen hat er ja schon. Aber drei Termine an drei unterschiedlichen Orten, das ist mit

Linienbussen im Stundentakt schwierig zu machen. Außerdem ist das Auto ja ein Brennstoffzellenfahrzeug. In den Tank kommt Wasserstoff, der Antrieb erfolgt elektrisch, aus dem Auspuff kommt ausschließlich Wasserdampf. Da muss man kein schlechtes Gewissen haben. Otto genießt die Lautlosigkeit und die Spurtkraft. Mit so einem Auto nach Kaltern zu fahren macht schon Spaß.

Mit dem Rennrad nach Kaltern zu fahren macht schon Spaß. Günther radelt gerade auf glattem Asphalt parallel zur Staatsstraße nach St. Michael. Rechts unterhalb bietet sich ihm das gewohnte morgendliche Berufsverkehrsbild: Richtung Bozen Stoßstange an Stoßstange; nagelnde Dieselmotoren bereichern die Umgebungsluft mit Stickoxiden, Feinstaub und CO_2. Richtung Kaltern hingegen nur vereinzelte Autos – unter anderem ein auffälliger, bunt beklebter SUV. Was ist das? Einer dieser dicken Hausfrauenpanzer, mit denen verwöhnte Vorstadtmütter ihre dicken Kinder in die Schule bringen? Oder zum Biomarkt fahren, um dort laktosefreie linksdrehende Milch zu kaufen und einen Cortado mit Mandelmilch zu schlürfen. Also ein Geländewagen für den Großstadtdschungel – eine unnütze und unökologische Autogattung, die sich millionenfach verkauft. Aber der Hausfrauenpanzer, der ihn da gerade überholt, ist irgendwie anders. Dass er keine brummenden Laute von sich gibt, geht im allgemeinen Verkehrsrauschen unter. Aber das Auto ist bunt beklebt, auf der Seite sind verschiedene Logos angebracht.

Als Günther ein paar Kilometer weiter das Radwegende erreicht, hat er das bunte Auto schon wieder vergessen. Links vom Radweg erinnert eine Dampflok an die alte Überetscher Bahn. An der Kellerei leitet die Radwegbeschilderung links über den Parkplatz. Günther überquert den Parkplatz und will gerade im Rechtsbogen zur Straße hochrollen, da sieht er auf dem Parkplatz den bunt beklebten Geländewagen stehen, der ihn in Eppan überholt hatte. Wenn er die Aufkleber richtig interpretiert, ist dieses Auto ein Wasserstoffauto. Ob Wasserstoffautos immer so groß sind? Wie funktionieren die eigentlich? Wo ist denn der Auspuff? Hat das Auto überhaupt einen Auspuff? Günther lehnt das Rennrad an ein Geländer und geht zum Geländewagen, um ihn sich aus der Nähe zu betrachten.

Als Otto zurück zum Auto kommt, steht da gerade ein älterer Herr in voller Fahrradmontur. Was sucht der Mann da? Das Autoradio wird er ja wohl nicht klauen wollen.

„Ist das Ihr Auto?", spricht ihn der ältere Mann an. – „Es gehört mir nicht, aber ja, ich fahre damit rum." – „Fährt der mit Wasserstoff?" – „Ja, genau" – „Hat der überhaupt einen Auspuff?" – „Ja, aber keine Sorge, da kommt nur Wasserdampf raus." – „Ist Wasserstoff eigentlich gefährlich?" – „Es ist explosiv, ja. Aber warum sollte das im Tank explodieren? Benzin explodiert ja auch nicht im Tank, und Benzin ist auch explosiv." – „Und was passiert bei einem Unfall? Explodiert dann der Wasserstoff?" – „Nein. Die Tanks sind auf beweglichen Schienen montiert. Bei einem Aufprall vorne rutschen die Tanks automatisch nach hinten, bei einem Aufprall hinten rutschen sie nach vorne." – „Und wenn in einer Massenkarambolage vorne und hinten andere Autos reinkrachen?"

Otto hatte beim Betriebsausflug ins Bozner Wasserstoffzentrum zum Glück aufgepasst und kann alle Fragen beantworten. Aber irgendwann muss er dann doch mal Richtung Interview mit dem Gemeindereferenten aufbrechen. Er entschuldigt sich bei dem Radfahrer und macht sich wieder auf den Weg.

Günther macht sich wieder auf den Weg. Während er sein rechtes Bein über das Oberrohr schwingt, setzt sich das große bunte Auto lautlos in Bewegung. Ein interessantes Gefährt. Über Wasserstoff muss er sich unbedingt noch mehr informieren, diese Technologie hat es ihm irgendwie angetan.

Jetzt haben es ihm aber erstmal die Weinreben angetan, die im schönen Frühlingsmorgensonnenlicht leuchten und die Abfahrt hinunter zum Kalterer See noch reizvoller machen. Den Rest der Tour an diesen Weinreben vorbeirasen, das würde ihm gefallen. Aber das wird nicht funktionieren: Zwischen Seeufer und Pfatten wartet nochmal ein steiler Anstieg.

Den Rest der Tour an diesen Weinreben vorbeiradeln, das würde ihm gefallen. Aber das wird nicht funktionieren: Zwischen Mori und Torbole wartet ein Anstieg in einen bewaldeten Einschnitt, wo dem Radfahrer die Luft und den Weinreben die Sonne ausgeht. Aber noch ist Ramon im weinrebenbedeckten Etschtal unterwegs, er wird bald Trento erreichen. Nachdem er den Schlenker bei Lavis hinter sich gebracht hat, kann er wieder Gas geben.

Jetzt kann Günther mal wieder Gas geben. Er hat die Baustellenampel hinter sich und den Radweg auf dem Etschdamm erreicht. Auf glattem Asphalt geht es am Safety Park und an der Mülldeponie entlang. Er fliegt förmlich durch das anschließende Waldstück und erreicht schon bald das Willkommensschild „Fahrradstadt Bozen". Viele Unzulänglichkeiten in der Radinfrastruktur der angeblichen Fahrradstadt fallen Günther ein, wenn er das Schild im Vorbeifahren liest. Dass er auf einem kreuzungsfreien Radweg, um den die meisten Städte der Welt Bozen beneiden würden, immer am Fluss entlang bis ins Zentrum fahren kann, das nimmt er einfach als gegeben hin. Und ärgert sich stattdessen über die unmögliche Ampelschaltung an der Loretobrücke. Immerhin die einzige Ampel, an der Radfahrer halten müssen, um eine mehr-als-100.000-Einwohner-Stadt zu durchqueren.

Trient hat mehr als 100.000 Einwohner, dennoch muss man an nicht einer einzigen Ampel halten, wenn man es als Radfahrer durchquert. Drei Straßenquerungen, und keine Trennung zwischen Radfahrern und Fußgängern auf der Promenade, sodass man oft nur in Schrittgeschwindigkeit vorankommt. Aber wenigstens keine Ampel.

Ramon verzichtet auf einen Abstecher in die sehenswerte Altstadt. Seine Lieblingspizzeria in der Vicolo San Marco, die Seilbahn nach Sardagana, den Domplatz, alles lässt er links liegen, er hat heute nur den Gardasee vor Augen. Und die Durchschnittsgeschwindigkeit. Die ist seit Mezzocorona gesunken. Bis Rovereto hat er jetzt die Möglichkeit, die Durchschnittsgeschwindigkeit wieder deutlich zu steigern. Der Abschnitt bis dorthin ist zwar nicht sonderlich spannend, aber er ist schnell. Eine ideale Trainingsstrecke. Hier sind fast nur Rennradfahrer auf dem Radweg, keine lahmen Urlauber wie in Südtirol, also ganz nach Ramons Geschmack. Hach ist das schön, dass er heute frei hat und mal so richtig Gas geben, Sonne genießen, Gas geben, Gegenverkehr grüßen, noch mehr Gas geben, einen Schluck trinken und wieder Gas geben kann. Wie auf der Spinning-Maschine im Fitnessstudio tritt er eine Minute lang immer mit dem linken Fuß voll in die Pedale, danach eine Minute lang immer mit dem rechten Fuß. Als nächstes probiert er immer eine Minute Vollgas, dann 30 Sekunden gemütlich treten. Und wieder eine Minute Vollgas, 30 Sekunden gemütlich treten. Mit Fahrtspiel und Intervalltraining kriegt man auch diesen langweiligsten Streckenabschnitt zwischen Loretobrücke und Lago di Garda hinter sich. Und kommt ganz nebenbei recht flott voran. Mattarello, Aldeno, Masera, Calliano, und wie diese ganzen italienischen Orte heißen, einer nach dem anderen wird passiert. Er kommt seinem Ziel immer näher. Bald ist er am Gardasee.

„Am Gardasee?" – „Ja, warum denn nicht am Gardasee?" – „Ma dai, mir würde der Kalterer See auch schon reichen." – „Aber Gardasee wäre doch viel cooler. Eis essen, schwimmen, Promenade entlang flanieren, wär doch super." Anna durchquatscht mit einer Kollegin die vormittägliche Kaffeepause. Die beiden brainstormen, wo sie jetzt bei diesem herrlichen Wetter viel lieber wären als im Büro. Ein See muss es anscheinend sein. Neidisch gedenken sie der Ramons, Ottos und Günthers dieser Welt, die heute Seeluft schnuppern dürfen statt Büroluft riechen zu müssen. Aber Annas Gedanken kreisen natürlich vor allem um diesen einen Mann, den von der Fahrradwettbewerb-Veranstaltung. Mit dem würde sie gerne an einen See fahren. Mit dem würde sie gerne Baden gehen und ein Eis essen. Und an einer Promenade entlang flanieren. Ja, doch, der Gardasee. Das wär was.

„Ja, doch, der Gardasee. Das wär was". Tigra tut so, wie wenn das jetzt eine völlig neue Idee wäre, die Jan da gerade ins Gespräch eingebracht hat. Dabei ist das ja schon längst so ausgemacht mit den Hausbesitzern. Eine Cousine von Tigra und ihr Mann haben ein kleines Haus in Arco. Wenn die Cousine im Urlaub ist, kommen Adam und Tigra häufig, um das Haus in Beschlag zu nehmen. Im Ausgleich für Blumen gießen und Katze füttern gibt es eine kostenlose Unterkunft sechs Kilometer vom Seeufer entfernt. Diesmal macht die Cousine keinen richtigen Urlaub, sondern sie verbringt nur ein Wochenende in Mailand auf der EXPO. Aber der Gardasee lohnt sich ja auch für ein Wochenende. Von Naturns aus sind es 145 Straßenkilometer, laut Routenplaner ist das in 1 Stunde 45 Minuten machbar.

„Echt jetzt? Ihr wollt schon wieder mit dem Auto an den Gardasee fahren?", fragt Jan entsetzt. „Muss das sein?" – „Ja natürlich fahren wir mit dem Auto! Wie denn sonst?", fragt Tigra zurück. „Na mit Bus und Bahn natürlich. Ist doch viel umweltfreundlicher!"

Tigra geht dieser intrafamiliäre Ökoterrorismus langsam auch auf die Nerven, Adam kriegt deswegen sowieso regelmäßig Wutanfälle. Aber der darf ja in Meran sein und arbeiten, während Tigra darunter leiden muss, dass Jan donnerstags nur vier Stunden Schule hat. Sie hört sich jetzt wieder das gesamte Repertoire von Klimawandel über Ozonloch bis Verkehrstote an und geht in die scheinbar kompromissbereite Offensive: „Du kannst ja mal schauen, wie lange man braucht, um mit deinen ach so umweltfreundlichen Bussen zum Gardasee zu kommen. Wenn man nicht länger braucht als mit dem Auto, bin ich einverstanden." – „Mann Mama, das ist unfair! Du weißt ganz genau, dass man mit dem Zug länger braucht." – „Ja, das weiß ich. Und deshalb würde ich niemals auf die hirnrissige Idee kommen, mit dem Zug zum Gardasee zu fahren!" Hirnrissig ist eigentlich nicht ihre Wortwahl. Aber sie will sich von ihrem Weltrettersohn nicht die Vorfreude auf das Gardaseewochenende verderben lassen. Also wählt sie einen adamesken Kraftausdruck, um die Diskussion im Keim zu ersticken.

Für Jan ist die Diskussion noch lange nicht erstickt. Er probiert stattdessen, ein neues Verkehrsmittel in die Diskussion einzuführen. „Wir können auch mit dem Fahrrad zum Gardasee fahren!" Tigra ist sich nicht sicher, ob sie lachen oder schreien soll. Skeptisch, aber gerade noch freundlich, fragt sie: „Meinst du das jetzt ernst? Du willst mit dem Fahrrad von Naturns bis zum Gardasee fahren?" – „Nein, nicht von Naturns. Aber von Rovereto. Bis dahin kann man ja mit dem Zug fahren." – „Jan, es geht nicht drum, dass ich nicht Bus fahren will. Und ich werde sicher nicht mit dem Fahrrad zum Gardasee fahren. Wir werden mit dem Auto fahren, weil es am einfachsten und schnellsten ist. Punkt aus Basta."

Jan hat sich von einem „Basta" noch nie beeindrucken lassen. Er baut einen persönlichen Erfahrungsbericht in seine Argumentationskette ein – „Storytelling" funktioniert ja immer, um andere Menschen von einer guten Idee zu überzeugen: „Der Franz ist letztes Jahr mit seinen Eltern von Rovereto zum Gardasee geradelt." – „Wer ist Franz?" – „Der ist in meiner Klasse." – „Und weil der Franz mit seinen Eltern von Rovereto zum Gardasee geradelt ist, musst du das jetzt auch unbedingt machen?" – „Auf jeden Fall muss ich mein Fahrrad mitnehmen. Wir müssen unbedingt Fahrrad fahren am Wochenende!" Tigra bewegt sich auf der Skala zwischen Skepsis und Unverständnis nach rechts: „Warum musst du am Wochenende unbedingt Fahrrad fahren? Wir haben doch gerade beschlossen, dass wir am Wochenende zum Gardasee fahren. Und zum Gardasee fährt man doch nicht, um Fahrrad zu fahren!" – „Aber Mama, ich muss doch Kilometer sammeln!"

Kilometer sammeln? Jan scheint ihr das große Fragezeichen im Gesicht anzusehen. Er schiebt die Erklärung hinterher: „Für den Schulklassen-Fahrradwettbewerb!" Ach doch, da war ja was. Das hatte ihnen doch diese Öko-Lehrerin eingetrichtert. „Der läuft nur noch bis 23. Mai, also bis nächste Woche Samstag!" – „Habt ihr nicht schon längst die 100 Kilometer erreicht, die jede Klasse mindestens erreichen muss?" – „Ja klar, aber darum geht's doch nicht, Mama!" – „Das hast du mir aber am Anfang erklärt, dass es genau darum geht." – „Ja, aber es ist ja auch ein Wettbewerb!" – „Wer in der Klasse am meisten Kilometer macht?" – „Nein, welche Klasse am meisten Kilometer macht! Wir fahren gegen die anderen Klassen in unserer Schule, und gegen andere Schulen in ganz Südtirol! Und wir sind glaub ich voll gut im Rennen, wir haben ein paar Leute, die echt viele Kilometer machen. Der Franz zum Beispiel." Jan redet sich schon wieder in Fahrrad-Rage. „Wenn wir am Wochenende eine schöne Radtour zum Gardasee machen, dann kann ich vielleicht dazu beitragen, dass unsere Schulklasse Südtirolsieger wird!" Tigra tut es plötzlich fast leid, dass sie jetzt widersprechen muss: „Aber Jan, da sind doch auch noch 15 andere Schüler in der Klasse, die am Wochenende viele Kilometer machen können. Da musst doch du nicht unbedingt auch radeln." – „Aber jeder Kilometer zählt, egal, wie viele Leute mitmachen." – „Das glaube ich dir, und ich drücke euch ja wirklich die Daumen, dass eure Klasse diesen Wettbewerb gewinnt, aber es geht einfach nicht, dass wir mit dem Fahrrad zum Gardasee fahren." – „Aber der Franz hat das auch gemacht mit seinen Eltern. Und er hat gesagt, dass es da einen voll schönen Radweg gibt zum Gardasee, auf einer alten Bahntrasse."

Dass es zum Gardasee einen schönen Radweg auf einer alten Bahntrasse gibt, das wusste Ramon. Dass der soo schön ist, überrascht ihn dann doch. Der schönste Abschnitt führt am Lago di Loppio entlang, der nur noch in besonders feuchten Jahren ein wirklicher See ist. Ausgewachsene Bäume stehen auf dem ausgetrockneten Seeboden. Eine schöne Naturidylle, die man zwischen dem dicht besiedelten Etschtal und dem Trubel am Gardasee gar nicht erwarten würde. Der Lärm der Bundesstraße geht fast unter im Zwitschern der Vögel, dem Quaken der Frösche und dem gleichmäßigen Surren des Asphalts unter den Rennradreifen. Von 1891 bis 1936 waren zwischen Mori und Riva Schmalspureisenbahnen unterwegs, heute sind hier

Schmalreifenradfahrer unterwegs. So langweilig der Abschnitt von Trento nach Mori war, so spannend ist der Bahntrassenradweg von Mori Richtung Torbole.

Anna denkt an den Bahntrassenradweg von Mori Richtung Torbole. Die Kaffeepause ist längst vorbei, aber ihre Gedanken hängen noch immer am Gardasee. Und an diesem jungen, attraktiven Mann. Er war ja bei der Veranstaltung zum Fahrradwettbewerb, das müsste heißen, dass er auch gerne Fahrrad fährt. Mit ihm könnte man sicher den schönen Radweg zum Gardasee fahren, den Anna letztes Jahr mal gefahren ist. Ob er den Gardasee auch mag? Ja natürlich, wie kann man den nicht mögen. Aber ob er Anna mögen würde? Sie, die vielleicht etwas zu naive Gemeindeangestellte mit dem Hang zur Natur?

Ob sie ihn mögen würde? Ihn, den vielleicht etwas zu spießigen Wissenschaftler mit dem Hang zur Natur? Ottos Gedanken drehen sich mal wieder um „Anna, 26". Tinder hat noch immer keinen Vollzug gemeldet, kein bestätigtes Match. Sie mag ihn anscheinend nicht. Oder hat sein Profil noch nicht gesehen. Aber wahrscheinlich mag sie ihn nicht.

„So, Entschuldigung. Wo waren wir stehengeblieben?" Der Gemeindereferent hat sein Telefonat beendet, legt das Handy wieder auf den Tisch und wartet auf die nächste Interviewfrage. Otto muss erschrocken auch erst einmal kurz überlegen, wo er stehengeblieben war.

Ramon ist in der scharfen Linkskurve nach der langen, geraden Bergabstrecke stehengeblieben. Ein paar Treppenstufen mit Eisengeländer führen von hier zu einer kleinen Aussichtsplattform. Hier kann er in Ruhe genießen, was bislang im Rausch der Geschwindigkeit fast unterging: den Blick auf den See. Torbole liegt zu seinen Füßen, Zypressen und Kakteen stehen an der Seite. Die Sonne scheint direkt auf die Seeoberfläche. Am rechten Ufer reichen die Felswände scheinbar bis ins Wasser. Wow, ist das schön. „Wenn ich den See seh, brauch ich kein Meer mehr", denkt er sich. Dafür hat sich der Aufwand gelohnt. Jede einzelne Pedalumdrehung, die sinnlose Schleife bei Lavis, der Muskelkater im Oberschenkel morgen früh. 117 Kilometer hat er bislang zurückgelegt, sagt ihm die Fahrradwettbewerb-App. Bis heute Abend wird er insgesamt bei 1.479 Kilometern stehen. Theoretisch ist Ramon jetzt also seit März mit dem Fahrrad von Bozen bis zum Ätna geradelt. In der Praxis trennen ihn noch ein paar hundert Meter vom Ufer des Gardasees. Gleich wird es ein Selfie mit Rennrad am See geben. Und eine Pizza. Und einen Kaffee.

Pizza, Kaffee, Sonne, Seeblick. Otto genießt in Kaltern eine Mittagspause deluxe. Ein zufriedenes Grinsen steht ihm ins Gesicht geschrieben. Die zwei Interviews sind gut gelaufen, heute Nachmittag findet noch ein drittes statt.

Am liebsten würde er sich jetzt aufs Fahrrad schwingen und eine Runde um den See machen. Vielleicht geht sich das ja nach Feierabend tatsächlich noch aus? Er fragt mal in der zuständigen Whatsapp-Gruppe bei den Bürokollegen an, ob sie Lust auf eine After-Work-Radltour Richtung Montiggl oder Kaltern haben. Man könnte ja die Sonne auch nach Feierabend noch nutzen, jetzt, wo es so lange hell ist.

Es ist noch hell. Er hat es geschafft. Ramon hat die 117 Kilometer ein zweites Mal zurückgelegt, auch auf dem Rückweg war ihm der Wind überwiegend freundlich gesonnen. Die 234 Kilometer sind nahe dran an seiner persönlichen Bestleistung. Er hat zum ersten Mal dieses Jahr die 200 Kilometer geknackt. Einmal ist immer das erste Mal. Schon fein, so ein freier Tag mitten in der Woche.

Brixen und Bruneck

Die Tour heute wird Ottos Tourenrad und Christophs Mountainbike gefallen: viel Asphalt, gut ausgebaute Radwege, meist nur leichte Steigungen, abwechslungsreiche Landschaft. Erst Eisacktal, dann Pustertal. Am anstrengendsten wird der Übergang zwischen den beiden Tälern, zwischen dem Caffè Macchiato in Brixen und dem Stracciatella-Eis in Mühlbach sind die stärksten Steigungen und die schlechtesten Wegbeläge des Tages zu meistern.

Aber erstmal Eisacktal. Weit sind die beiden noch nicht gekommen, sie radeln gerade in Kardaun durch die Unterführung.

Die Unterführung in Kardaun hat Günther schon hinter sich. Er musste heute früh starten, um pünktlich zu Dienstbeginn in Brixen zu sein. Das Wetter ist einfach zu schön, um nicht mit dem Rad zu fahren. Und im Hinblick auf den Sella Ronda Bike Day morgen schadet es außerdem nicht, wenn er das Fahrrad heute Abend schon näher am Zustieg platzieren kann.

So langweilig und beklemmend die Bahnfahrt durch die vier bzw. 13 Kilometer langen Tunnels zwischen Kardaun und Waidbruck ist, so wunderbar ist der nach dem Bau der Tunnels angelegte Radweg auf der alten Bahntrasse. 500 Meter lang ist der Tunnel westlich von Blumau und somit der längste auf der alten Bahntrasse. Hinter seiner Tunnelwand versteckt sich die vielleicht schönste Biegung des engen Eisacktals. Autobahn, Fahrradweg und Eisenbahn verstecken sich im Tunnel, nur die Bundesstraße gibt Blicke auf die enge Schlucht frei. Hier kann man sich noch vorstellen, wie beschwerlich die Passage durch das enge Eisacktal früher gewesen sein muss. Im gesamten Tal werden noch heute immer wieder Felssicherungsarbeiten durchgeführt, immer wieder kommt es zu Steinschlägen oder Felsstürzen. Günther fragt sich, ob unsere Vorfahren vielleicht doch schlauer waren als wir, als sie dachten, die enge Eissackschlucht sei nicht ganzjährig begehbar und deshalb auf die umliegenden Hänge ausgewichen sind. Weshalb man oben auf dem Ritten Spuren einer alten Römerstraße findet.

Während er noch immer an die schwierige Erschließung des Eisacktals denkt, fährt Günther vor Atzwang durch mehrere kurze Tunnels. Er ist immer wieder überrascht von sich selbst, über was für Sachen er sich beim Radfahren Gedanken macht, wie sehr er beim Radfahren abschalten kann und wie das Radfahren an sich dann im Unterbewusstsein abläuft. Manche der insgesamt zwölf mehr oder weniger kurzen Tunnels auf dem Bahntrassenradweg hat er heute wahrscheinlich gar nicht mitgekriegt. Jetzt überquert er die Brücke über den Eisack und erreicht Atzwang und somit zwei gemütliche Einkehrmöglichkeiten, die er allerdings links und rechts liegenlässt. Der alte Bahnhof liegt auf der anderen Straßenseite, das blaue Bahnhofsschild sieht aus wie frisch renoviert. Günther ärgert sich mal wieder über die anschließende Unterbrechung des Radwegs, aber er freut sich, dass sich die nächtlichen Gewitter aufgelöst haben und sich über dem Eisacktal die Sonne zeigt.

Über der Plose zeigt sich die Sonne, als Harald Reiterer an Brixen vorbeifährt. Auf dem Beifahrersitz seine Mitarbeiterin, im Kofferraum Banner, Roll-Ups und Anschlusskabel. Und die Anmeldeformulare. Schließlich müssen alle, die ein Elektroauto Probe fahren wollen, bestätigen, dass sie sich an die Verkehrsordnung halten und keinen Scheiß bauen. Formell, juristisch und zweisprachig ausformuliert umfasst „keinen Scheiß bauen" sechs Seiten. Die Materialien im Auto zeigen: heute ist mal wieder Roadshow Elektromobilität. Das letzte Mal in diesem Jahr. Also samstags arbeiten. Und früh aufstehen.

Da sie samstags nie arbeiten muss, muss sie samstags eigentlich nie früh aufstehen. Macht sie meistens aber trotzdem. Weil sie in die Berge, ins Umland oder einfach nur auf den Fahrradsattel will. Heute ist das anders. Anna ist gestern Abend nicht nur nach Feierabend noch zu ihrer Freundin nach Brixen gefahren. Sie sind auf dem Weg vom Bahnhof zu deren Wohnung dann auch gleich eingekehrt. Auf einen Aperitif. Und einen Cocktail. Und einen XXL-Toast. Und noch einen Cocktail. Und noch einen. So ist das eben, wenn man sich schon länger nicht mehr gesehen hat.

Der leichte Kopfschmerz erinnert Anna an den vorangegangenen Abend. Langsam und leise verlässt sie das Schlafzimmer, sie will ihre Freundin nicht wecken. Die Sonne ist schon längst aufgegangen. Die Kirchturmglocken weisen darauf hin, dass es neun Uhr ist.

Das Autoradio sagt, dass es kurz nach neun Uhr ist. In einer Stunde soll die Roadshow starten. Es reicht, wenn sie eine halbe Stunde vorher da sind. Das schaffen sie. Noch ist nicht allzu viel Verkehr auf der Pustertal-Staatsstraße, die großen Massen werden erst heute Mittag den Brenner überqueren. Vorbei an einer Tankstelle passiert Harald Reiterer Niedervintl. Links oberhalb der Böschung liegen das Bahngleis und der Bahnhof Vintl, wo gerade ein Zug einfährt.

Ramon steigt am Bahnhof Vintl aus dem Zug und schiebt das Rennrad über den Bahnsteig. Er hat sich ein paar GPS-Tracks aus dem Bikeline-Radatlas Südtirol auf das GPS-Gerät gespielt und will heute rund um das Pustertal ein paar Touren abradeln, von der Pusterer Sonnenstraße über den Furkelpass bis zum Bahntrassenradweg ins Ahrntal. GPS-Gerät und Smartphone, beide am Lenker befestigt, zeigen beide 9:05 Uhr, der Zug war also pünktlich. Auch wenn der Zug mindestens jede Stunde fährt: Ramon findet den sanften Druck ganz praktisch, den Zug kriegen zu „müssen", mit dem er gerne fahren würde, um morgens aus dem Haus zu kommen. Ohne diesen sanften Druck wäre er jetzt wahrscheinlich noch nicht in Vintl.

Adam, Tigra und Jan sind noch immer nicht aus dem Haus gekommen. Ihnen fehlt anscheinend der sanfte Druck, einen Zug kriegen zu müssen. Das Auto wartet, egal ob sie jetzt um 7:15 Uhr oder um 9:15 Uhr die Wohnung verlassen. „Mensch Jan, jetzt beeil dich doch mal!" – „Ich find meine Schuhe nicht!" – „Welche Schuhe suchst du denn?" – „Na die roten Sneaker!" – „Du wirst doch wohl nicht die roten Sneaker anziehen wollen, wenn wir mit Irene wandern gehen!" – „Doch! Ich kann auch mit den roten Sneakers wandern!" – „Kannst du nicht, wenn du sie nicht findest!" – „Haha, sehr witzig."

Das Bild spielt sich zeitgleich wahrscheinlich in dreiundzwanzig Komma sieben Millionen Familien weltweit ab: Das Kind, das es gewohnt ist, seine Schuhe einfach irgendwo stehen zu lassen, findet seine Schuhe nicht mehr, weil ein in der Regel weiblicher Elternteil die Schuhe dort hingestellt hat, wo sie nach dessen Ansicht hingehören. „Aufräumen" nennt das der Elternteil, „wegräumen" nennt es das Kind. Alles eine Frage der Sichtweise.

Ist es schade, dass der schönste Talabschnitt vorbei ist, oder ist es toll, dass sie schon so weit gekommen sind? Alles eine Frage der Sichtweise. Die Trostburg über Waidbruck signalisiert auf jeden Fall, dass der schöne Bahntrassenradweg nun vorbei ist. Auf einer Stahlbrücke geht es über den Fluss, dann in einer Schleife hinauf zur Straße. Die flache Route im Tal ist nun wieder den Zügen vorbehalten, für die Radfahrer geht es auf teils schmalen Wegen immer wieder auf und ab, es bleibt aber schön. Zwischen Waidbruck und Klausen kommt noch einmal ein echtes Highlight, wo der Radweg quasi am Fels über dem Eisack befestigt wurde. Der Fluss wird noch immer von dünnen Nebelschwaden begleitet, die diesem Junimorgen eine herbstliche Stimmung verleihen.

Die Altstadt von Klausen wird durch die Hintertür erreicht. Im Schritttempo geht es neben und zwischen den samstäglichen Menschenmassen durch die hübschen Kopfsteinpflasterstraßen. Otto und Christoph diskutieren, ob sie eine erste Kaffeepause einlegen sollen, entscheiden sich dann aber doch dafür, bis Brixen durchzuziehen und erst dort die erste längere Pause zu machen.

Ramon überlegt sich in Terenten, ob er eine erste Kaffeepause einlegen soll, entscheidet sich dann aber, bis St. Lorenzen durchzuziehen, bevor er eine erste längere Pause macht. Allerdings stört er sich daran, dass das GPS-Gerät am Lenker ein bisschen wackelt. An der Bushaltestelle oberhalb von Terenten bleibt er also doch kurz stehen und holt das Multifunktionstool aus dem Werkzeugtäschchen. Während er die Halterung am Lenker fester schraubt, kommt ein älterer Mann auf ihn zu, der an der Straße entlang spaziert. Sicher über 70, aber noch recht flott unterwegs und adrett gekleidet. Wie wenn er auf dem Weg zu einer Vorstandssitzung wäre. „Ah, ein Rennrad, nicht?" Ein Kenner. „Früher war ich auch oft mit dem Rennrad unterwegs". Die Gedanken des älteren Herren schwelgen in positiven Erinnerungen, sein skeptischer Blick sagt zugleich: „Früher hatten wir aber Kondition statt Karbon" oder „mit 27 Gängen hätte ich die Steigung von Vintl nach Terenten auch geschafft". Was er wahrscheinlich wirklich geschafft hätte. Aber sein Knie spielt nicht mehr mit. Sagt er, verabschiedet sich, wünscht noch einen schönen Tag und spaziert weiter. Mit einer Geschwindigkeit, die an alles denken lässt, aber nicht an ein lädiertes, pensioniertes Knie. Es gibt deutlich jüngere Menschen, die deutlich langsamer unterwegs sind, wenn sie wandern gehen.

„Sag mal, Tigra, muss das sein, dass wir mit deiner Schwester wandern gehen? Die wandert immer so langsam", schaltet sich Adam ins Gespräch ein. Verwundert, fast schon empört, antwortet Tigra mit einer kurzen Erinnerung, die eigentlich keine Widerrede vorsieht: „Das war doch so ausgemacht!" Adam widerspricht dennoch: „Ich weiß, dass das so ausgemacht war, aber kann man nicht spontan umplanen?" Jan sieht die Gelegenheit, einen Spruch zu platzieren, den er letzte Woche in der Schule aufgeschnappt hat: „Spontanität will gut überlegt sein!" Beide Eltern müssen grinsen, aber nur Tigra fühlt sich durch den Spruch in ihrer Argumentation gestärkt. „Ja, genau, das hätten wir uns vorher überlegen müssen, wenn wir was anderes hätten machen wollen als wandern. Was wäre denn dein Alternativvorschlag gewesen?" Damit öffnet sie der Diskussion ungewollt Tür und Tor, was auch Jan sofort begreift und sich Gedanken macht, was er bei der Tante in Brixen lieber machen würde als mit ihr wandern zu gehen. Der erste Vorschlag kommt aber von Adam: „Wir könnten in die Aquarena gehen!"

Günther erreicht die Aquarena. Rennrad anschließen, Mitarbeiterdusche nutzen, Dienst-Poloshirt anziehen, auf die Uhr schauen: 9:48 Uhr. Noch 12 Minuten bis zu seinem Dienstbeginn. Er startet den Computer und begrüßt die Kollegin, die schon seit 9 Uhr an der Nachbarkasse sitzt, dann verschwindet er nochmal. Bevor um 10 Uhr die ersten Besucher auch an seine Kasse strömen, geht sich noch ein schneller Kaffee aus.

Bevor um 10 Uhr die ersten Besucher das Roadshow-Gelände aufsuchen, würde sich noch ein schneller Kaffee ausgehen. Aber hier im Außengelände gibt es keinen Kaffee. Die Gazebos sind aufgebaut, die Roll-Ups sind ausgerollt, die Registrierungsformulare liegen bereit, die Händler haben die Autos platziert und an den Strom gehängt und bringen sie mit Spray und Tuch zum Glänzen. Noch ein paar Minuten, dann werden sich die ersten Besucher in die Autos setzen und eine Probefahrt starten. Auch heute wird wieder ein sehr gemischtes Publikum auftauchen. Technikfreaks, die extra gekommen sind, weil sie schon immer mal dieses eine ganz bestimmte Elektro-Auto selbst ausprobieren wollten. Von der Roadshow überraschte Messebesucher, die gerne die Chance nutzen, endlich mal ein elektrisches Fahrrad auszuprobieren. Latent Desinteressierte, die im Vorbeigehen die Fahrzeuge scheinbar ignorieren und dann doch halbwegs begeistert sind, dass sie nichts hören, wenn die Autos an ihnen vorbeifahren. Nicht zuletzt Familien, die den Besuch auf der Roadshow geradezu zelebrieren und jedes Fahrzeug einmal ausprobieren wollen.

Otto und Christoph zelebrieren die Pause in Brixen geradezu. Die ersten 45 Kilometer und somit bereits mehr als ein Drittel der Tour liegen hinter ihnen. Die Brixner Altstadt ist an diesem bereits jetzt schwül werdenden Samstag extrem voll. Die Temperatur ist dank der zahlreichen nächtlichen Gewitter recht angenehm, aber die Luftfeuchtigkeit ist noch immer sehr hoch. Schon in den Vormittagsstunden kann man erahnen, dass Blitz und Donner für den Nachmittag einen erneuten Besuch in Südtirol geplant haben. Aber daran verschwenden die beiden keinen Gedanken. Christoph genießt Apfelsaftschorle und Bauerntoast, Otto genießt Macchiato und Brioche. Südtirol demonstriert seine kulinarische Brückenfunktion zwischen Deutschland und Italien auf einem kleinen Aluminiumtisch auf dem Brixener Domplatz.

Auf dem Brixener Domplatz gibt es ein weiteres Café, vor dem zwei junge Frauen sitzen. Unter den blauen Augen blaue Ringe, in den beigen Tassen beiger Cappuccino. „War ganz schön streng gestern Abend." – „Ja, voll. Die Bar ist echt ein Bermudadreieck." – „Aber der chinesische Kellner ist echt lustig." – „Ja, eh. War eh ein voll schöner Abend." Zehn Sekunden Schweigen, die eine schaut in ihren Cappuccino, die andere schaut der einen dabei zu, wie die in ihren Cappuccino schaut. Dann fragt die andere die eine: „Sag mal, Anna –„ – „Ja, was denn?" – „Wo bist du denn schon wieder mit deinen Gedanken?"

Sie ist mit ihren Gedanken gar nicht so weit weg wie es scheint. Eigentlich nur ein Café weiter. Aber sie hat noch nicht bemerkt, dass der Mann ihrer Gedanken nicht einmal 50 Meter entfernt ist. „Ach nichts." – „Wie, nichts?" – „Ach, du weißt schon." – „Der Typ, von dem du gestern Abend erzählt hast?" – „Das ist kein Typ!" – „Also doch." – „Was doch?" – „Also denkst du doch an ihn." – „Ja, schon. Kann ich auch nicht ändern." – „Ist doch auch nicht schlimm!" – „Doch, ist schlimm! Ich muss den doch mal wieder aus dem Kopf kriegen, ich muss doch mit meiner besten Freundin in Ruhe einen Kaffee trinken können, ohne dass ich an ihn denken muss." – „Du bist verliebt in jemanden, den du noch nie gesehen hast?" – „Ich hab ihn doch in der Zeitung gesehen." – „Das ist doch nicht richtig –" – „Und ich hab auf seinem Stuhl gesessen." Da muss sie jetzt selber grinsen.

Christoph muss grinsen. „Wieso sollte ich Tinder kennen? Ich bin doch verheiratet." Natürlich würde er Tinder niemals benutzen. Aber natürlich kennt er es. Er wohnt in Berlin, wo mit riesigen Aufklebern auf Gehsteigen für die Warenkatalog-Dating-App geworben wird. „Na komm, erzähl schon!" – „Was soll ich denn erzählen?" – „Von dem Mädel, dass du kennengelernt hast." – „Ich hab kein Mädel kennengelernt." Die Antwort kam etwas zu schnell und die Stimme ist etwas zu unsicher. Christoph ist sich sicher, dass er mit seiner Vermutung richtig liegt. „Du hast auf Tinder ein Mädel gesehen, dass du scharf findest, aber sie findet dich nicht scharf?" – „Wahrscheinlich, ja."

Christoph wartet darauf, dass da noch mehr Antwort kommt. Es kommt aber erstmal nicht mehr Antwort. Dann legt Otto doch nach: „Ich weiß eigentlich nichts über sie. Ich weiß, dass sie 32 Kilometer Luftlinie von Bozen entfernt ist. Und dass sie 26 ist. Und Anna heißt. Und wie sie aussieht. 32 Kilometer Luftlinie von Bozen entfernt könnte zum Beispiel Brixen sein. Das ist sogar recht wahrscheinlich, weil es natürlich der größte Ort ist, der 32 Kilometer Luftlinie von Bozen entfernt ist. Deshalb musste ich gerade an sie denken." Christoph weiß nicht, wie ernst Otto die Sache nimmt, deshalb schluckt er sämtliche Scherze von Rasterfahndung bis Interpol runter, die ihm spontan auf die Zunge liegen.

Anna legt sich den kleinen Keks auf die Zunge, wo er sich fast von alleine auflöst, und schluckt ihn runter. „Wie sieht er denn aus, der tolle Typ?" – „Sag nicht dauernd Typ zu ihm!" – „Tschuldigung. Wie sieht er denn aus, der tollste Mann der Welt?" – „Kurze blonde gegelte Haare, schickes Hemd, sympathisches Lächeln. Er ist ziemlich groß. Wirklich ein total sympathisches Lächeln. Dem sieht man auf dem Bild schon an, wie sympathisch er ist." – „Musste man sich zu der Veranstaltung anmelden?" – „Glaub schon." Anna denkt kurz nach. „Ach so, ja klar, musste man. Am Einlass wurde ja auf der Liste abgehakt, dass ich gekommen bin." Und in diesem Moment weiß sie, warum ihre Freundin diese Frage gestellt hat. Sie schaut in ihr erwartungsvolles Gesicht, ist kurz selbst ganz euphorisiert von der Idee, aber dann muss sie gleich einschränken: „Die Liste ist ja nicht öffentlich. Die haben nur die im Ökoinstitut, die die Veranstaltung organisiert haben." – „Du könntest ja im Ökoinstitut mal ganz nett fragen –" – „Ob Sie wissen, wer die Person auf dem Foto ist? Die Liste an sich bringt ja nichts, da stehen viele Namen drauf, deren einzige Gemeinsamkeit ist, dass ich mit ihnen nichts anfangen kann. Das einzige, was ich ausschließen kann, sind Frauennamen. Das macht den Heuhaufen kleiner, aber ich suche dann immer noch einen von 20." – „Doch,

Anna, die Liste würde dir auf jeden Fall weiterhelfen!" – „Wieso denn?" – „Du hast doch gesagt, dass auf der Veranstaltung nur Vertreter von Gemeinden und Unternehmen dabei waren." – „Ja. Und?" – „Na, die lassen sich doch googeln. Die Google-Bildersuche wird dir zu den meisten von ihnen ein Bild liefern, wenn sie auf der Unternehmens-Website mit Foto vertreten sind oder irgendwann mal dem Landeshauptmann die Hand geschüttelt haben." Anna kann nicht abstreiten, dass da was dran sein könnte. Aber selbst wenn die Liste tatsächlich hilfreich ist – sie hat die Liste nicht. Sie kommt nicht weiter.

Sie kommen nicht weiter: Stau auf der MeBo. Sie sind noch vor der Abfahrt Eppan und es ist absehbar, dass der Stau bis zur Autobahnabfahrt Bozen Süd reichen wird. Auf der Rücksitzbank wittert Jan seine Chance. „Mama, Papa, wir können doch bei der nächsten Abfahrt von der MeBo runter." – „Und dann? Drususallee durch ganz Bozen durch? Das bringt gar nichts, da stehst du länger an roten Ampeln als wir hier im Stau stehen." – „Nein, nicht durch Bozen durch. Zum Bahnhof Sigmundskron." Während Adam noch überlegt, wo der Bahnhof Sigmundskron liegt, hat Tigra den Plan schon durchschaut: „Vergiss es! Wir werden sicher nicht mit der Bahn nach Brixen fahren, nur weil hier kurz Stau ist!" Jan sieht sich schon wieder mit einer Fundamentalopposition konfrontiert, die über die 2/3-Mehrheit verfügt. Er gibt trotzdem nicht auf. „Von wegen kurzer Stau. Bei dieser Scheißfahrt zum Gardasee im Mai ham wir zwei Stunden im Stau gestanden, nur weil ihr unbedingt Auto fahren wolltet." – „Du sollst nicht dauernd Scheiß sagen!" – „Und ihr sollt nicht dauernd Auto fahren."

Tigra versucht es diplomatisch argumentatorisch, um Emotion und Lautstärke rauszunehmen. „Schau mal, Jan, wie soll das denn funktionieren, wenn wir jetzt mit der Bahn fahren? Wir müssten irgendwo einen Parkplatz finden, was in Bozen nicht leicht ist. Und wir müssten dann das ganze Gepäck mit in den Zug schleppen, das geht doch nicht. Und wer weiß, wann der nächste Zug fährt und wo man da dann umsteigen muss." – „Ich weiß, wann der nächste Zug fährt." Er weiß es tatsächlich. Er hat das grüne Fahrplanbüchlein aufgeschlagen auf dem Schoß liegen. „Die Züge fahren alle 30 Minuten, und einmal pro Stunde muss man überhaupt nicht umsteigen, immer mit Abfahrt um -45 in Sigmundskron. Das würden wir doch genau schaffen." Tigra ist verblüfft. Adam weiß nicht, worüber er sich mehr aufregen soll: Über den Stau – oder über seinen Sohn, der allen Ernstes den Zugfahrplan mitgenommen hat und gerade genüsslich daraus vorliest. Wenn Loriot in seiner staatstragenden Art einen Zugfahrplan vorgelesen hat, dann war das Comedy vom Feinsten. Wenn sein Sohn in seiner klugscheißerischen Art den Zugfahrplan vorliest, dann möchte er am liebsten die Vaterschaft abstreiten. Dieser Pufferküsser soll sein Sohn sein? Der Sohn eines überzeugten Opelfahrers – ein Trainspotter? „Mit dem Zug fahren wäre auch viel billiger als Auto fahren, wenn ihr euch endlich mal einen Südtirol Pass bestellen würdet!“ Er kann’s nicht lassen, der kleine Stänkerer auf der Rücksitzbank. Bei Adam brennt die Sicherung durch: „Ich bestelle aber keinen Südtirol Pass, Herrgott nochmal! Und es ist mir auch scheißegal, dass Bahnfahren billig ist. Sollen doch die anderen Bahn fahren, dann ist auch kein Stau mehr! Der Stau ist ja nur, weil es von den Mauthäuschen zurückstaut. Weil die Autofahrer für die Autobahnen zahlen müssen, gibt es Stau. Die Herren Bahnfahrer kriegen ja alles schön subventioniert von uns Steuerzahlern. Deswegen ist deine Scheiß Bahn so billig!“

Otto schaut auf die Rechnung und wundert sich, dass es so billig ist. Steht aber alles drauf, Apfelschorle, Kaffee, Brioche, Bauerntoast. Er legt den geforderten Betrag leicht aufgerundet in das Messingschälchen. „Die nächste Runde geht dann aber auf mich!“, interveniert Christoph. „Tu, was du nicht lassen kannst“, lächelt Otto.

„Tu, was du nicht lassen kannst“, lächelt die Freundin. – „Ich kann es wirklich nicht lassen, sonst pinkel ich mir in die Hose“, lächelt Anna zurück und steht auf. Sie bewegt sich auf den Eingang des Cafès zu. Wenn sie jetzt nach rechts schauen würde, würde sie Otto erkennen. Otto, den Mann ihrer Träume und Gedanken. Otto, der bei der Fahrradwettbewerb-Veranstaltung auf ihrem Platz gesessen hatte. Otto, der gerade Münzen zählt und in ein Messingschälchen legt. Otto, der gerade nur knapp fünfzig Meter von ihr entfernt ist. Rechts von ihr.

Anna schaut nach links.

Ramon schaut nach rechts. Da sieht er das Ortsschild von Sonnenburg und dahinter ein schönes kleines Dorf mit einer alten kleinen Kirche. Er schaut nach links und sieht, dass er noch immer ein bisschen Abfahrt vor sich hat. Noch ist er auf schönen, schmalen, quasi verkehrsfreien und scheinbar immer weiter bergab führenden Asphaltsträßchen unterwegs. Aber vor St. Lorenzen trifft er dann auf die breite und laute Pustertal-Staatsstraße.

An der Staatsstraße ist es vorbei mit Ruhe und Idylle. Er versucht sich mit dem Fahrrad in eine Straße einzufädeln, die ihm die Absurdität heutiger Mobilität vor Augen führt. Kawumm fährt ein 200 PS starker Geländewagen vorbei. Kawumm ein 400 PS starker Lkw. Kawuuuuum ein Motorrad. Und nooooooooooooch ein Motorrad. Das tut direkt in den Ohren weh. Kawumm. Ein Campmobil. Kawumm. Ein schwarzer Kombi, etwa 1,5 Tonnen schwer, etwa 150 Pferde stark, und eine Person sitzt drin. 1.500 Kilogramm Blech, 150 Pferdestärken und 150 Gramm CO_2 pro Kilometer, um eine einzige Person durchs Pustertal zu befördern. Wie viel effizienter waren doch Pferdekutschen! Und erst recht Fahrräder.

Jedes einzelne Fahrzeug auf der Pustertaler Staatsstraße verbrennt Treibstoff auf der Basis von Öl, dessen „Produktion“ 60 Millionen Jahre gedauert hat. Dessen Förderung kanadische Landschaften zerstört und arabische Terroristen finanziert. Das unsere Gesundheit gefährdet. Das unsere Luft vergiftet. Das unser Klima verändert. Das uns zu asozialen Wesen macht, die nicht mehr miteinander kommunizieren, weil wir in faradayschen Käfigen sitzen und mit unserem Navigationsgerät streiten statt mit unseren Nachbarn zu sprechen. Und das alles nur, weil wir zu bequem sind, um mit dem Zug zu fahren?

„Mama, können wir bitte nächstes Mal mit dem Zug nach Brixen fahren?“ – „Jetzt krieg dich mal wieder ein, der Stau ist doch vorbei.“ – „Mit dem Zug wären wir schon längst da.“ – „Ja, am Bahnhof vielleicht. Du weißt, dass deine Tante am anderen Ende der Stadt wohnt.“ – „In Brixen gibt es seit zehn Jahren einen Citybus. Mit dem wären wir auch zur Tante Irene gekommen.“ Adam schaltet sich ein: „Ich brauch doch keinen Citybus, wenn ich ein Auto habe.“ Jan versucht es nochmal mit dem schönen Bild, dass er letztens im Schulbuch gesehen hat: „Mann Papa, in einen Bus passen 50 Leute. Und der Bus braucht so viel Platz wie zwei Autos. Wenn alle Leute, die mit dem Citybus fahren, stattdessen Auto fahren würden, dann würden die viel mehr Platz brauchen. Und dann gäbe es viel weniger Platz für Spielplätze und Cafés und Parks und so.“ – „Möchtest du mit 50 Leuten zusammen in einem Bus sitzen – beziehungsweise stehen? Ich nicht.“ – „Kann auch nicht schlimmer sein als mit euch beiden in einem Auto zu sitzen.“

Jan steht kurz vor dem endgültigen Erreichen der Trotzphase. „Im Bus kann man Freunde treffen und kennenlernen. Ihr hättet sicher mehr Freunde, wenn ihr mehr Bus fahren würdet.“ – „Wer sagt dir denn, dass wir gerne mehr Freunde hätten?“ – „Ich will auf jeden Fall nicht euer Freund sein.“ – „Du bist unser Sohn.“ Schlimm genug, denkt sich Jan.

Schlimm genug, dass sich dieses lautstarke bundesdeutsche Klugscheißer-Pärchen an den Nachbartisch gesetzt hat, jetzt müssen die auch noch ein Telefonat mit ihrer offenkundig schwerhörigen Tochter anfangen, um ihr zu erzählen, dass sie jetzt in Brixen auf dem Domplatz vor einem Cafè – ja, vor einem Ca-fe-hee – sitzen und gleich einen „Kabbudschiiino“ bestellen werden. Ja-haa, einen Kabb-budsch-dschiiiino. Zwei Personen, die es im Alleingang geschafft haben, den Durchschnitts-IQ des gut besuchten Domplatzes um mehrere Punkte zu senken. Zeit, aufzubrechen. Otto und Christoph nehmen den Fahrradschlüssel in die Hand und setzen den Helm auf den Kopf. Sie laufen an den Tischen des anderen Cafès vorbei zu ihren Fahrrädern.

Vor dem Tisch laufen zwei Typen in Radklamotten vorbei. Ein bisschen lächerlich sehen sie schon aus, diese atmungsaktiven Ganzkörperkondome. Sexy ist anders. Aber die zwei Typen sehen ganz ok aus. Im Vorbeilaufen setzen sie beinahe synchron ihre Sonnenbrillen auf die Augen und ihre Helme auf den Kopf. Sie erreichen ihre Fahrräder. Aufschließen, aufsatteln, aufbrechen.

„Was glotzt du denn so da rüber?" – „Ah, Anna, ich hab gar nicht gemerkt, dass du schon zurück bist." – „Hast nicht viel verpasst, bin grad erst gekommen." – „Aber du hast was verpasst." – „Hoffentlich nichts spannendes." – „Naja, würdest du sagen, zwei große schlanke schicke Typen im Radlerdress sind spannend?" – „Hm, hängt davon ab. Wo sind sie denn?" – „Gerade weggefahren." – „Dann lass mir doch nicht das Wasser im Mund zusammenlaufen", lacht sie. Und ahnt nicht im Entferntesten, wen sie da gerade verpasst hat.

Um ein Haar hätten sie die Einfahrt ins Parkhaus verpasst. Aber jetzt haben sie es geschafft. Sie sind in Brixen und das Auto ist geparkt. Tigra stimmt sich mit ihrer Schwester ab, dass man in zehn Minuten auf dem Domplatz sein kann. Die Generation Telefon klärt in 20 Sekunden Telefonat, wofür die nachfolgende Generation bei Whatsapp 20 Minuten braucht. Fortschritt, Zeitersparnis, „Smart"phone und so.

Tigra gerät schon nach wenigen Metern ins Schwärmen: „Die Altstadt von Brixen ist einfach immer wieder schön!" – „Und warum ist es hier so schön?", fragt ihr Sohn mit schelmischem Grinsen. – „Na, weil das so alte Häuser sind. So schön kann man heute gar nicht mehr bauen. Hier ist alles so schön verwinkelt. Und es ist so ruhig." – „Und warum ist es so ruhig?" – „Na, weil es –, nein, Jan! Sag nicht, dass du jetzt nur wieder auf dieses Autoding hinauswillst!" – „Aber ist doch so! Die Altstadt ist doch nur deshalb so schön, weil es hier keinen Autolärm gibt. Und so verwinkelt und eng und schön baut man heute nur deshalb nicht mehr, weil der Platz nicht ausreichen würde, um Autos zu wenden und zu parken." – „Ach Jan, du bist zwölf und redest schon wie ein neunmalkluger Stadtplaner. Aber so einfach, wie du denkst, ist die Welt nicht!" – „Doch, ist sie! Du hast doch letztens in Lana selber gesagt, dass es dort viel schöner ist, seit es eine Fußgängerzone gibt!" – „Ich hab doch auch gar nichts gegen Fußgängerzonen!"

Für die umliegenden Schaufenster kann er sich nicht begeistern, also zieht es Adam vor, sich mal wieder ins Gespräch einzubringen. „Jetzt hört aber mal auf! Jan, versprich mir, wenn wir jetzt gleich mit der Irene gemütlich einen Kaffee trinken, dass du nicht wieder mit diesem Autoquatsch anfängst!" – „Ihr seid es doch, die immer mit diesem Quatschauto daherkommen. Wären wir mit dem Zug gefahren, könntet ihr schon längst gemütlich Kaffee trinken." Jan kann sein Siegergefühl schon fast nicht mir in einem einzigen Lächeln unterbringen, so stark ist es. Adam und Tigra können sich mal wieder nicht entscheiden, ob sie auf ihren Sohn stolz sein sollen, weil er so klug ist, oder ob sie ihn hassen sollen, weil er so nervt. Ernst nehmen tun sie ihn jedenfalls nicht; genauso wenig wie Klimawandel, Gefahr durch Autounfälle oder Gesundheitsschäden durch Verkehrslärm.

„Ist dem Verkehrslärm wirklich geholfen, wenn man die Autos durch Elektroautos ersetzt? Ist nicht das Rollgeräusch ab einer bestimmten Geschwindigkeit viel lauter als das Motorengeräusch?" – „Auf Überlandstraßen und Autobahnen tritt dieser Effekt in der Tat auf, auf der Autobahn ist ein Elektroauto nicht unbedingt leiser als ein Verbrennerfahrzeug. Aber die meisten lärmgeplagten Anwohner wohnen in Gemeinden und Städten, und da wären lautlose Motoren ein wichtiger Beitrag zur Verbesserung der Lebensqualität."

Der Autoverkäufer wischt sich einen Schweißtropfen von der Stirn. Da ist er aber an einen besonders hartnäckigen Kunden geraten. Bei Events wie der Roadshow spricht man gerne vom schönen Namen „Sensibilisierung". Die Bevölkerung – wer auch immer diese „Bevölkerung" ist – soll sensibilisiert werden für eine neue Technik. Sensibilisierung. Man soll sensibel gemacht werden für etwas, also weich gemacht werden? Was ist der Unterschied zwischen einer Informationsveranstaltung und einer Sensibilisierungsveranstaltung? Wo liegt der Unterschied zwischen Sensibilisierung und Werbung? Wo beginnt Propaganda? Fragen, die sich der Händler stellen könnte. Er kommt aber nicht dazu. Es ist der Kunde, der die Fragen stellt: „Sind Elektroautos überhaupt klimafreundlicher als andere Autos? Wenn der Strom aus Kohle- und Gaskraftwerken kommt, dann verlagere ich doch nur den CO_2-Ausstoß und die giftigen Abgase vom Auto ins Kraftwerk, ohne irgendwas zu gewinnen." – „Elektromotoren haben einen dreimal so hohen Wirkungsgrad wie Verbrennungsmotoren. Um mit einem Elektroauto die selbe Strecke zurückzulegen wie mit einem Verbrenner, muss also viel weniger Energie eingesetzt werden, womit auch der CO_2-Ausstoß sinkt." – „Das Kraftwerk hat aber doch auch Energieverluste." – „Natürlich hat es das. Es gibt in Südtirol aber gar kein Kraftwerk. Also keines, das Gas oder Kohle verfeuert oder Atommüll produziert. In Südtirol wird deutlich mehr Strom aus Wasser gewonnen, als in Südtirol Strom verbraucht wird. Wenn Sie ein Elektroauto fahren, das mit regenerativ erzeugtem Strom geladen wird, dann können Sie sicher sein, dass das umweltfreundlicher ist als ein Auto mit Verbrennungsmotor." – „Was ist eigentlich mit dem Silizium und mit den anderen seltenen Erden, mit den nicht-regenerativen Rohstoffen, die in einem Elektroauto verbaut sind?"

Dieser Besucher wird heute wohl weder zum Kunden noch zum Freund des Händlers werden. Und Freund der Elektromobilität wird er auch keiner. Er bevorzugt Gasfahrzeuge, und das wird vorerst auch so bleiben. Während er seine kritischen Fragen stellt, geht er – den Händler im Schlepptau – um das Auto, setzt sich in das Auto, fasst das Auto an, streichelt das Auto. Der Nicht-Kunde setzt sich auf den Fahrersitz, der Händler setzt sich auf den Beifahrersitz. Er will eine kurze Gesprächspause nutzen, um dem schwierigen Nicht-Kunden eine Probefahrt schmackhaft zu machen. Aber er hat zu lange überlegt, schon kommt die nächste Frage. „Das Hauptproblem des städtischen Autoverkehrs wird ja durch Elektroautos nicht gelöst, oder?" – „Was ist denn Ihrer Meinung nach das Hauptproblem des städtischen Autoverkehrs?"

– „Natürlich das Platzproblem. Ein Auto braucht 10 m² Platz. 10 m², die man deutlich sinnvoller bespielen könnte. Und in 98 % der Zeit stehen Autos rum. Eigentlich dürften sie ja gar nicht Fahrzeuge heißen, sondern müssten Stehzeuge heißen." – „Naja, da kann man sich jetzt drüber streiten, ob das wirklich das Hauptproblem des städtischen Autoverkehrs ist. Meiner Meinung nach ist das Hauptproblem des städtischen Verkehrs nicht das Platzproblem. Speziell in Innenstädten denke ich, dass die giftigen Abgase das viel größere Problem sind, weil sie unmittelbar die Gesundheit der Bewohner gefährden." – „Ich gebe ihnen Recht, dass das auch ein großes Problem ist. Aber für mich ist das Platzproblem das größere Problem. Stellen Sie sich vor, wie schön unsere Städte und Gemeinden wären, wenn nicht überall diese Blechhaufen rumstehen würden und nicht die halbe Stadt asphaltiert und betoniert wäre, nur damit das Auto freie Fahrt hat. Dieses Platzverschwendungsproblem löst man auf jeden Fall nicht, wenn man Verbrennerfahrzeuge durch Elektrofahrzeuge ersetzt." – „Durch das Elektroauto an sich nicht. Aber durch Konzepte wie Car-Sharing. Durch unterirdische Quartiersgaragen. Durch…" – „Durch Ihre Erläuterungen haben Sie mich tatsächlich nachdenklich gemacht, ob Elektroautos nicht doch sinnvoller sind als ich dachte. Ich danke Ihnen." Sagt er, steht auf und geht los.

Anna und ihre Freundin stehen auf und gehen los. Sie schultern die Sporttaschen, in denen sie Badesachen und Saunahandtücher verstaut haben und drehen sich nochmal kurz um, um zu schauen, ob sie auch nichts liegengelassen haben. Haben sie nicht, ihr Tisch ist leer – aber nicht mehr lange frei.

„Die haben ja nicht einen einzigen freien Tisch." – „Doch, schau mal da drüben der Vierertisch, da sind gerade zwei Frau aufgestanden und gegangen". Jans Jagdinstinkt führt zwar dazu, dass er fast den Kellner samt Tablett umrennt, aber immerhin hat er den Tisch erfolgreich gesichert. Adam und Tigra setzen sich zu ihm und legen ihre Taschen auf den vierten Stuhl, damit den auch ja niemand wegnimmt, bevor Irene kommt.

Und da kommt sie auch schon. Rituelle Begrüßungsszenen werden begleitet von unvermeidlichen Kommentaren zur Körpergröße von Jan („bald hast du deinen Vater erreicht!"). Erst danach unterhält man sich über die Wochenendplanung. Adam erklärt: „Wir haben überlegt, ob man morgen nicht vielleicht über die Dolomiten zurückfahren und da noch ein bisschen wandern könnte." – „Je nachdem wo ihr hinwollt, müsst ihr aber aufpassen: Morgen ist Sella Ronda Bike Day!" – „Morgen ist was?", fragt Tigra. Irene erklärt: „Da werden die Passstraßen rund um die Sella gesperrt und sind nur für Radfahrer offen." – „Bitte was?", fragt Adam ungläubig. „Die sperren Straßen, damit so ein paar Fahrrad-Deppen freie Fahrt haben?" – „Das sind nicht nur ein paar, das sind zigtausende. Und es sind keine Deppen! Radfahrer sind auch Menschen, folglich sollten sie das selbe Recht auf öffentlich finanzierte Straßen haben wie Autofahrer. Der Sella Ronda Bike Day ist jedes Mal ein Riesen-Event!" – „Jedes Mal? Der Quatsch findet häufiger statt?" – „Ja klar, der Sella Ronda Bike Day findet schon seit Jahren regelmäßig statt".

Gedanklich ist Günther beim Sella Ronda Bike Day. Er freut sich schon sehr auf morgen. Heute früh hatte er das Gefühl, dass die Beine ganz gut gehen und er sich vor den Serpentinen morgen keine Sorgen machen muss. In seinen Gedanken erklimmt er gerade mühelos das Pordoijoch, als er von einer freundlichen Frauenstimme unterbrochen wird, die ihm sagt: „Zwei Tageskarten für Sauna und Schwimmbad, bitte". Sofort sind Günthers Gedanken wieder im Hier und Jetzt, im Eingangsbereich der Aquarena: „Sehr gerne." Sein Blick wechselt hin und her zwischen dem Computer, wo er die Programmierung der beiden Chips beauftragt, und den beiden hübschen jungen Damen, denen er danach zwei Armbänder in die Hand drücken wird.

Anna schaut den grauhaarigen Mann an, der ihr gleich das Armband in die Hand drücken wird. Er hatte am Anfang recht verträumt gewirkt, jetzt ist er scheinbar wieder bei der Sache. Anna freut sich auf Schwimmbad und Sauna. Und gratuliert sich selbst zur Wochenendplanung: ein Wochenende mit ihrer wahrscheinlich besten Freundin, davon ein Tag Schwimmbad-und-Sauna-Entspannung und ein Tag – der mit dem laut Wetterbericht besseren Wetter – Wanderung in den Dolomiten. Die beiden betreten jeweils eine Umkleidekabine. Danach werden sie erstmal zusammen in den Schwimmbadbereich gehen.

„Jetzt trinken wir erstmal zusammen einen Kaffee. Und dann haben wir ja vereinbart, dass wir heute auf der Plose wandern gehen. Was ihr morgen macht, ob Dolomiten oder nicht, können wir ja heute Abend immer noch überlegen." – „Gute Idee", pflichtet Tigra ihrer Schwester bei. Irene geht in die Planung der heutigen Wanderung über: „Ich nehme an, dass ihr nochmal zum Auto müsst? Oder wandert ihr in diesen Schuhen?" Adam versteht die Frage nicht. „Ja natürlich müssen wir zum Auto zurück. Wir starten die Wanderung doch nicht auf dem Domplatz, oder?" Schnell stellt sich heraus, dass man von unterschiedlichen Anreisevarianten zur Wanderung ausgegangen ist: Irene ging davon aus, dass das Auto in Brixen bleibt und alle mit dem Bus zum Ausgangspunkt fahren, Adam und Tigra hatten selbstverständlich nur ihren Opel im Kopf und keinen Setra oder Solaris.

Tigra fällt wieder ein, dass ihre Schwester ja zu diesen seltsamen Menschen gehört, die denken, dass sie im Leben auch ohne eigenes Auto klarkommen. Tatsächlich wirkt Irene nicht, wie wenn ihr dadurch irgendwas fehlen würde, wie wenn sie unglücklicher wäre oder weniger Ausflüge unternehmen würde als andere, die ein Auto haben. Ganz im Gegenteil. Aber komisch ist das schon. Wie bringt sie denn ihre Einkäufe nach Hause? Wie kommt sie denn in den Urlaub? Wie hat sie ihre neue Waschmaschine nach Hause gebracht?

Mit ihrem Lastenfahrrad. Mit der Bahn. Mit dem Lieferservice, den der Fachmarkt für einen geringen Aufpreis anbietet. Klar. Aber trotzdem, irgendwie ist es seltsam. „Wenn sie nicht in einer Stadt wohnen würde, würde sie das sicher nicht schaffen ohne Auto“, denkt sich Tigra. „Wenn wir mit dem Bus fahren, könnten wir halt woanders starten als zurückkommen“, sagt Irene. „Wir können auf dem Hinweg mit dem Bus bis zur Skihütte fahren und auf dem Rückweg mit der Umlaufgondel fahren und oberhalb von St. Andrä wieder in den Bus einsteigen. Adam versteht den Sinn dieser komplizierten Aktion nicht. „Für was brauchen wir denn den Bus, können wir nicht einfach mit dem Auto zur Umlaufgondel fahren und da parken, da gibt's doch wohl einen Parkplatz?“ – „Mann, Papa, du checkst es nicht! Irene geht es darum, dass wir nicht zum Scheiß Auto zurückgehen müssen, sondern spontan die Wanderung abwandeln können.“ – „Naja, Scheiß Auto hab ich nicht gesagt“, verteidigt sich Irene. – „Und du sollst auch nicht dauernd Scheiß sagen“, ergänzt Tigra.

Adam kann noch immer nicht nachvollziehen, wie man „nicht Auto“ und „spontan“ im selben Satz unterbringen kann, ohne ein weiteres „nicht“ zu ergänzen. „Wie kann ich denn mit dem Bus spontan sein? Der fährt doch sicher nicht alle fünf Minuten.“ – „Nein, zur Skihütte fährt er sogar nur ein paar Mal pro Tag, deshalb würde ich da die Tour anfangen und nicht umgekehrt.“ Tigra versucht zwischen Ehemann und Schwester zu vermitteln: „Kann man zu der Skihütte auch mit dem Auto fahren? Wenn ich dich richtig verstehe, wäre mit dem Bus der Abschnitt zur Skihütte der schwierigste, oder?“

Otto und Christoph sind auf dem schwierigsten Abschnitt der heutigen Tour unterwegs. Zwischen dem barocken Domplatz von Brixen und dem liebevoll gestalteten Dorfplatz von Mühlbach müssen – teilweise auf glattem Asphalt, mehrmals aber auch auf schlecht befahrbaren Waldwegen – mehr als 250 Meter Höhenunterschied überwunden werden.

Die Franzensfeste ist passiert, das Pustertal ist erreicht. Die Farbe der regenwassergetränkten, schnell dahinfließenden Rienz erinnert an flüssigen Stuhlgang. Der Verkehr auf der Staatsstraße hingegen verläuft alles andere als flüssig. Wenn die Bahn zu sehr günstigen Tarifen im 30-Minuten-Takt durch das Tal fährt, warum müssen die Touristen dann alle mit dem Auto anreisen? Routine bleibt Routine. Samstag für Samstag.

Ein Schweizer Autofahrer steigt aus, pinkelt an die Leitplanke, dann steigt er wieder ins Auto ein und schließt zum Vordermann auf. So viel Zeit muss sein. Und so viel Zeit ist tatsächlich auch. Innerlich strecken Otto und Christoph den Autofahrern die Zunge raus und sind – obwohl sie jeweils zwei Räder weniger haben – auf dem perfekt ausgebauten Radweg deutlich schneller unterwegs als diese.

Ramon war heute schonmal deutlich schneller unterwegs. Das war, bevor der Anstieg zum Furkelpass begann. 1.789 Meter hoch ist die Passhöhe und somit deutlich höher als St. Lorenzen. Und eigentlich hat die Auffahrt ja schon in St. Lorenzen begonnen. Um den unangenehm langen Tunnels auf der Straße ins Gadertal zu entkommen, hat er die schöne kleine Straße am Hang entlang über Maria Saalen gewählt, so wie es auch der GPS-Track aus dem Radtourenbuch vorschlägt. Die Straße ist wirklich sehr schön und ruhig und tunnelfrei, aber sie führt gleich von St. Lorenzen weg einigermaßen steil bergan.

Nachdem es zwischenzeitlich sogar mal wieder bergab ging, hat Ramon mittlerweile St. Vigil erreicht und somit den eigentlichen Beginn der Passauffahrt. Er macht nochmal eine kurze Trink- und Knabberpause, bevor es richtig losgeht. Und sieht etwas abseits der Straße ein ganz besonderes Auto stehen. Nicht dass sich Ramon sehr für Autos interessieren würde, aber ihm ist gleich klar, dass diese Karre irgendwie besonders ist. Schon der Parkplatz mit den grünen Begrenzungslinien ist auffällig. Grüne Markierungen um die Parkplatzfläche findet man in der farbenfrohen italienischen Parkplatzwelt eher selten. Anscheinend bezeichnen sie Parkplätze mit einer Lademöglichkeit für Elektrofahrzeuge. Von einer Box, die an einen Laternenmast gehängt wurde, führt ein oranges Elektrokabel zu einem weißen Auto. „Tesla" nennt sich die noble Limousine mit Elektromotor.

„Tesla haben wir leider keinen da." Harald Reiterer muss den Jugendlichen auf das vorhandene Fahrzeugangebot vertrösten. Und ihm die Altersregeln erklären: „Elektro-Motorräder darfst du noch keine fahren, aber siehst du da drüben den Scooter? Den darfst du schon selber fahren. Und die Fahrräder sowieso. An dem Stand da drüben gibt es auch Lasten-Fahrräder mit Elektromotor." – „Die Dinger mit der Wanne da?" – „Ja, genau. Es gibt viele verschiedene Arten von Lastenfahrrädern. Mit denen kann man zum Beispiel seine Einkäufe nach Hause transportieren oder kleine Kinder in die Schule fahren." Das Interesse des Jugendlichen daran, Kinder in die Schule fahren zu können, hält sich naturgemäß in Grenzen. Er hat andere Einsatzzwecke im Kopf: „Passt da auch eine Kiste Bier rein?" Harald Reiterer muss lachen. „Ja, es gibt Lastenräder, die sogar bewusst darauf ausgelegt sind, dass sie genau eine oder zwei Bierkisten transportieren können." – „Volle geil!", sagt der Junge und hat ein Glänzen in den Augen, das man bei der Generation seiner Eltern nur mit Verbrennerfahrzeugen erzielen konnte.

Kommt nach der Ape-Gang aus dem Ultental als nächstes die Lastenrad-Gang aus dem Pustertal? Kommt nach der „Generation Golf" die „Generation e-Golf"? Eigentlich pervers, dass man mit der Generation Golf eine ganze Generation nach einem Automodell benannt hat. Aber es zeigt, welchen Stellenwert das Auto jahrzehntelang innehatte und zumindest außerhalb der Ballungsräume noch immer innehat. Diverse Studien zeigen zwar, dass der

Jugend von heute Smartphones wichtiger sind als der Besitz eines Autos. Der ständige Blick aufs Display ersetzt den ständigen Griff ans Lenkrad. Aber was wird aus der Smartphone-Generation, wenn sie älter wird und Kinder kriegt, die ständig irgendwo hingebracht werden müssen? Ist dann das Haus im Grünen mit Auto in der Garage doch plötzlich wichtiger als die digitale Vernetzung in der Innenstadt-WG, wo die Fahrräder per selbstgebautem Lastenzug über den Flur gehängt werden und wo man per Skype oder Whatsapp aus der Küche beim Mitbewohner im Nebenzimmer anfragt, ob man sich ein Glas von seiner Cola nehmen kann?

„Ja, ich hätte gerne eine Cola". Ramon hat großes Glück gehabt, tatsächlich etwas Essbares zu finden auf der Passhöhe. Nun kann er mit Pommes und Cola Salz- und Zuckerhaushalt wieder ins Gleichgewicht bringen. Auf den ersten Blick ist der Furkelpass im Sommer eine betonierte Wüste, die sehnsüchtig darauf wartet, dass die nächste Skisaison bald kommt. Ramon hatte schon fast aufgegeben, hier etwas Essbares zu finden. Dann hat er von irgendwo Musik gehört. Musik, die sich ebenfalls nach der Wintersaison sehnt. Die allseits bekannte Mischung aus Beat und Gegröle, die an allseits bekannten Ort-Zeit-Überschneidungen wie Kölner Karneval, Münchner Oktoberfest und alpiner Aprés-Ski-Bude die Stimmung anheizt und den Alkoholkonsum ankurbelt. In das Sommerloch auf dem Furkelpass will diese Musik so gar nicht passen. Helene Fischer und DJ Ötzi geben ihr Bestes, aber die 10, 15 Leute, die am einzigen besetzten Tisch sitzen, ignorieren ihr Gegröle völlig. Sieht aus, wie wenn der ganze Laden extra für diese eine Gruppe geöffnet hätte. Eine kleine geschlossene Gesellschaft. Der verschwitzte Radfahrer wird aber nicht abgewiesen, sondern kriegt seinen Teller Pommes, mit dem er sich an den Holztisch vor der Tür setzen kann, mit Blick auf den arbeitslosen Skilift und die braungrüne Skipistenwiese. Er ist nicht ganz allein: Aus dem Außenlautsprecher begleiten ihn Schnappi, das Krokodil und die Vespa 50 Special von Luna Pop beim Pommes essen. Ramon weiß nun auch, dass das Lied „dicke Titten Kartoffelsalat" tatsächlich existiert. Nichts wie weg hier.

Nichts wie weg hier. Nicht, dass St. Lorenzen nicht schön wäre. Aber es ist klar, dass es nicht mehr lange dauern kann, bis das Gewitter startet. Otto und Christoph haben sich vorgenommen, trocken bis Bruneck zu kommen. Dort können sie sich ja dann bei der Roadshow Elektromobilität unterstellen, wo Otto sowieso einen Stopp einlegen wollte. Ein grauer Kumulonimbus verfolgt die beiden, eine zweite Gewitterfront nähert sich aus dem Ahrntal.

Sie schaffen es trocken bis zur Roadshow. Aber der Besuch wird extrem kurz gehalten. So wirklich unterstellen kann man sich hier nämlich nicht, falls man nicht ein Ticket für die Hotelmesse kauft. „Hoi, Harald!" Otto und Harald Reiterer kennen sich schon länger, auf einer Roadshow-Etappe war Otto aber noch nie. Die meisten elektrischen Auto-, Scooter- und Fahrradmodelle kennt er nur aus der Fachliteratur. Im Halbkreis der Fahrzeuge sieht er unter anderem ein Lastenfahrrad und einen Renault Zoe, die hätte er heute theoretisch alle kostenlos ausprobieren können. Praktisch macht Petrus einen Strich durch die Rechnung.

Theoretisch wollte Ramon ja heute noch ins Ahrntal radeln. Praktisch macht Petrus einen Strich durch die Rechnung. Bis Sand in Taufers führt ein beschilderter Radweg, der meist dem Verlauf der alten Bahntrasse folgt. Interessant sind zum Beispiel der unterirdische Kreisverkehr in Bruneck, auf dem nur Rad- und Fußwege zusammenlaufen; die Wegeführung am Ortsrand von St. Georgen, wo der Rad- und Fußweg gegenüber den kreuzenden Straßen Vorfahrt hat; und natürlich ein Abstecher zu den Reinbachfällen. Schon der unterste Wasserfall ist aufgrund der Wassermenge imposant; aber wenn man dann mal zu den beiden oberen Wasserfällen hochgewandert ist, erscheint der unterste im Vergleich geradezu lächerlich.

Das hat zumindest eine Kollegin, die aus dem Pustertal stammt, Ramon kürzlich erzählt. Und er wollte sich das heute mal in natura anschauen. Aber er ist erst am Ende der Furkelpass-Abfahrt in Olang, als ihn die ersten Regentropfen treffen. Er entscheidet sich, noch bis Bruneck durchzuziehen und sich da vor dem nahenden Gewitter in Sicherheit zu bringen. Er wird ja eh in Bruneck bei einem Kumpel übernachten, vielleicht ist der schon daheim. Bevor er den Kumpel anruft, versucht er auf dem spritzwassergeschützt am Lenker montierten Handy erstmal, das Regenradar der Südtirol-Wetter-App zu öffnen.

Harald Reiterer öffnet das Regenradar der Südtirol-Wetter-App. Sein Blick folgt den roten Feldern auf dem Handydisplay. Theoretisch sollte die Roadshow heute bis 15 Uhr gehen. Aber praktisch macht das keinen Sinn mehr, wenn jetzt gleich das Gewitter losgeht. Er sieht auf dem Display, dass sich die Gewitter aus zwei Richtungen nähern. Die vereinzelten Regentropfen, die schon fallen, werden vermutlich in spätestens 15 Minuten in einen starken Schauer münden. Abbau also nicht um 15 Uhr, sondern in 15 Minuten? „Ich fürchte fast, das mit Probefahren wird nichts mehr", sagt er zu Otto. „Das Gewitter wird jeden Moment losgehen. Ich werde mit den Händlern abstimmen, ob wir nicht besser sofort abbrechen sollten." Harald sucht den Blickkontakt mit den Händlern, ohne das Gespräch mit Otto abwürgen zu wollen. „Also ich kann euch leider –" – „Nein, Harald, passt schon. Wir werden auch schauen, dass wir noch irgendwo unterkommen, bevor das Gewitter losgeht. Bis bald mal wieder!" – „Ja, bis bald!"

Otto und Christoph begeben sich zu ihren Fahrrädern, Harald zu den Händlern. Besucher sind nicht mehr viele da, seit der Wind stärker geworden ist. Die sind in die Messehallen geflüchtet, oder gleich in die Brunecker Altstadt.

Otto und Christoph flüchten gerade noch rechtzeitig in die Brunecker Altstadt. In den Gassen sitzen die Menschen nichtsahnend vor den Cafès und schlecken ihr Eis. Von den bedrohlichen, sich schnell nähernden Gewitterwolken haben sie anscheinend noch nichts mitbekommen. Die sprichwörtliche Ruhe vor dem Sturm. Otto und Christoph parken ihre Räder und nehmen die Packtaschen ab. Ein letzter kritischer Blick gen Himmel, dann gehen sie in ein Café. Drinnen sind noch genug Tische frei. Noch ungefähr zwei Minuten lang. Dann geht das Gewitter los und die Draußensitzenden werden nach drinnen flüchten. Blitz, Donner, Regen, Sturm, Donner, noch stärkerer Regen, Blitz, kawumm, krach, pääng, tratsch, bäääång. Draußen Gewitter mit Regen. Drinnen Amarenabecher mit Sahne. Ottos Lieblingseisbecher. Perfektes Timing.

Es war gerade noch perfektes Timing, den Abbruch der Roadshow einzuleiten. Selbst wenn dieser Regenguss irgendwann wieder aufhören sollte, danach wäre ja dann alles nass und igitt, wer will da schon noch über einen nicht asphaltierten Platz voller Pfützen schlendern und Elektroautos Probe fahren? Die Zelte sind schnell abgebrochen und in den Kofferräumen verstaut, die Roll-Ups werden eingerollt und die Autos werden vom Netz genommen. Völlig durchnässt steht Harald Reiterer neben seiner Mitarbeiterin und überlegt, was nun zu tun ist. „Wie wäre es mit einem Eis, bevor wir wieder nach Bozen fahren?"

„Wie wäre es mit einem Eis, bevor wir wieder in den Saunabereich wechseln?" – „Au ja, tolle Idee!" Während im Freien der Salzwasserpool mit Regenwasser verdünnt wird, füllt sich die Bar im Innenbereich mit durstigen Besuchern. Anna und ihre Freundin setzen sich auf zwei weiße Plastikstühle neben der grünen Rutsche, auf der kleine Kinder großen Spaß haben. Anna schleckt an ihrem Eis und schaut nach draußen Richtung Regen. „Alles richtig gemacht", sagt sie halblaut und lenkt den Blick ihrer Freundin nach draußen. „Soll sich's ruhig heute ordentlich ausregnen, Hauptsache wir haben morgen zum Wandern schönes Wetter!"

„Soll sich's ruhig heute ordentlich ausregnen, Hauptsache morgen beim Sella Ronda Bikeday ist schönes Wetter", denkt sich Ramon und betritt pitschepatschenassgeregnet ein Eiscafé in der Brunecker Altstadt. Auf den letzten zwei Kilometern hatte ihn das Gewitter dann doch noch erwischt, aber was soll's, wenigstens ist es nicht kalt. Ramon nimmt den Helm vom Kopf, zieht die durchnässten Fahrradhandschuhe aus und sucht einen freien Tisch. Kurz vor den Treppenstufen, die in den hinteren Teil des Cafés führen, sieht er links zwei andere Radfahrer an einem Tisch sitzen, unschwer zu erkennen an Lenkertasche auf dem Tisch, Satteltaschen neben dem Tisch und enganliegendem, leicht nach Schweiß riechendem Radlerdress. Die beiden sehen überraschend trocken aus.

„Der ist aber ordentlich durchnässt", denkt sich Christoph, als ein anderer Radfahrer an ihrem Tisch vorbeigeht. Der arme begossene Pudel ist wohl auf der Suche nach einem freien Tisch. Wahrscheinlich hatte auch er sich das Ziel gesetzt, in Bruneck zu sein, bevor der Regen losgeht. Aber er hatte offensichtlich weniger Glück als Otto und Christoph. Fünf Minuten können einen großen Unterschied machen, wenn Petrus es sich zur Aufgabe gesetzt hat, das Pustertal innerhalb kürzester Zeit in einen großen Stausee zu verwandeln. Fünf Minuten, in denen Otto und Christoph trocken im Café saßen und auf ihre Eisbecher warteten. Fünf Minuten, in denen Ramon zunehmend wütend und durchnässt zwei Kilometer zurückgelegt habt.

Zwei Kilometer. Genau zwei Kilometer. Ein Kilometer hin und ein Kilometer wieder zurück. Das ist die Bilanz einer Wanderung, die sprichwörtlich ins Wasser gefallen ist. Die Autofahrt bis zum Busrondell an der sogenannten „Skihütte" – welcher der drei großen Hotelklötze hier auch immer die „Skihütte" ist –, hatte so lange gedauert, dass sich über der Plose bereits große Gewitterwolken gebildet hatten. Der Blick in Richtung Süden auf die Geislerspitzen war noch so uneingeschränkt sonnig, dass die vier Wanderer wettermäßig ein gutes Gefühl hatten. Während sich die anderen drei noch ihre Wanderschuhe schnürten, beobachtete Irene indes den dunkleren Himmel auf der Nordseite. Sie kennt diesen Luxus nicht, dass man einen 500 Liter großen Kofferraum mit sich rumfährt, um vor Beginn der Wanderung die Schuhe wechseln zu können, sie muss immer schon in Wanderschuhen in den Bus steigen. Dafür ist sie meistens schon am Anstieg, wenn Herr und Frau Autofahrer noch auf dem Parkplatz ihre Siebensachen zusammensuchen.

Nun also Abbruch und Rückfahrt. Vorne läuft der Scheibenwischer und quietscht, hinten sitzt der Jan und quengelt. Tigra versucht, ihn zu beruhigen: „Das ist jetzt halt so, Jan. Das Wetter können wir nicht ändern." – „Wir hätten ja früher losfahren können", sagt Jan enttäuscht. – „Seid mal leise, Wetterbericht!", unterbricht Adam und binnen Zehntelsekunden schweigt das ganze Auto. Nur der Regen prasselt noch auf die Scheibe.

Der Wetterbericht ist heute noch wichtiger als der Verkehrsfunk. Beide gemeinsam schaffen es alle 30 Minuten, in Millionen von Autos sämtliche Gespräche im Keim zu ersticken. Einen solchen Einfluss übt weder die Osterpredigt des Papstes noch die Neujahrsansprache der Bundeskanzlerin aus. Weder beim Papst noch bei der Kanzlerin wird das Radio automatisch lauter, wenn sie sprechen, beim Verkehrsfunk-Sprecher schon. Die Verkehrsfunksprecher dieser Welt erzählen irgendwas von Brennerautobahn, Inntaldreieck und Kamener Kreuz, und schon schweigt das autofahrende Volk und lauscht dem Volksempfänger. Ein interessantes Ritual, das auch in den Zeiten von

Smartphones – auf dem der Beifahrer jederzeit und minutenaktuell die Verkehrslage checken könnte – nicht aus der Mode zu kommen scheint.

„Heute wird das also nichts mehr mit Wandern“, fasst Irene Wetterbericht und Uhrzeit zusammen. „Was können wir alternativ machen?“, fragt Tigra. „Wir können in die Aquarena!“, ruft Jan, der Schwimmbäder im Allgemeinen und die Aquarena im Besonderen liebt. Aber da war ja die Spontanität nicht gut genug überlegt, sie haben keine Badesachen dabei. „Wir können uns ja auf die Sauna beschränken, dann brauchen wir keine Klamotten“, sagt Adam und verrät durch sein Grinsen, dass zumindest er selbst das ziemlich lustig findet. „Ich will nicht in die langweilige Saune, ich will Rutschbahn fahren!“, ruft Jan und merkt noch während er es ruft, dass man eine Rutschbahn nicht fahren kann. Aber niemand korrigiert ihn. Einen sowieso schon wütenden Zwölfjährigen zu korrigieren, das traut sich keiner der anwesenden Verwandten. „Sauna wäre wirklich schön, vor allem bei diesem Wetter“, sagt Tigra mehr zu sich selbst als zur Rücksitzbank.

„In der Sauna sitzen ist schon schön, vor allem bei diesem Wetter“, flüstert Anna mehr zu sich selbst als zu ihrer Freundin. Sie streicht über ihre nackten Oberschenkel, wo sich allmählich erste Schweißperlen bilden. Ihre Haut ist so heiß wie die Luft. Langsam und intensiv atmet sie durch die Nase ein und aus, bei jedem Einatmen spürt sie, wie die Hitze durch die Nasenlöcher steigt. Sie kann nicht sagen, ob sie das in erster Linie angenehm findet – oder doch schmerzhaft. Sie blickt an ihrem verschwitzten Körper hinab, sieht das Handtuch, sieht die Holzbretter daneben, dann sieht sie ihn. Den Mann von der Fahrradwettbewerb-Veranstaltung. Sie hat die Augen geschlossen und sieht ihn nun, wie er in der Saune neben ihr sitzt. Sie halten ihre verschwitzten Finger ineinander verschlungen, ihre heißen Schultern berühren sich. Ein schönes Gefühl. Sie verlassen die Sauna und setzen sich in eine Bar. Zwischen ihnen steht ein Amarena-Eisbecher. Mit zwei Löffeln verzehren sie gemeinsam das Eis und die Sahne. Dann küssen sie sich.

Anna öffnet wieder die Augen. Sie sitzt immer noch neben ihrer Freundin in der Saunakabine. Keine Männerschulter, die ihre Schulter berührt. Kein Amarena-Eisbecher.

Etwa eine Stunde nach dem Amarena-Eisbecher hat sich das Gewitter endgültig verzogen, der Regen ist zumindest schwächer geworden. Wenn Otto und Christoph in Bruneck schon wüssten, dass der Regen bis kurz vor Toblach nicht mehr aufhören wird, würden sie vielleicht gar nicht erst weiterfahren. Aber sie wissen es nicht.

Einerseits gibt es beim Radfahren nichts ekligeres als diese Mischung aus nasskaltem Regen und Wind – wenn jeder Tritt in die Pedale eine Qual ist; wenn man nichts sieht, weder den eigenen Weg noch die umliegenden Berge; wenn man sich Sorgen macht, ob die technischen Geräte in den theoretisch wasserdichten Taschen vielleicht doch Schaden nehmen können; wenn die Finger frieren und die Augen schmerzen; wenn die Räder sich im nassen Kies festfahren und man viel mehr Kraft aufwenden muss, um voranzukommen; wenn man schreien könnte vor Schmerz und Wut; wenn man die nervigen Wassertropfen, die am Helm hängen, runterwischt, nur um festzustellen, dass wenige Sekunden später schon wieder der nächste Tropfen am Helm festhängt und ins Sichtfeld ragt. Der schlecht befahrbare Weg nervt, die sinnlosen Anstiege nerven, der Wind nervt, einfach alles nervt in so einer verregneten Situation.

Andererseits: Wenn man erstmal nass ist, dann ist man halt nass. Man kann ja heute Abend wieder trocknen. Also warum aufregen, wenn man es eh nicht ändern kann. Regen und Wind haben sämtliche Touristen und Schönwetterradler vom Radweg gefegt, man hat also freie Fahrt, wenn auch mit schlechter Sicht. Die Rienz rauscht und faucht und spritzt auch im Regen, nur dass man jetzt mehr davon mitbekommt. Wenn es gerade geregnet hat, nimmt man die Natur viel intensiver war, man riecht den Boden, man sieht den Regenbogen, man beobachtet die Äste, die sich im Wind bewegen, man sieht, wie das Vorderrad eine Furche in den Kies gräbt. Das hat ja irgendwie auch was Schönes…

Im schönen Abschnitt zwischen Bruneck und Percha gibt es nicht nur die rauschende Rienz, sondern auch trockene Tunnels, in denen sich Otto und Christoph immer mal wieder vom Regen erholen und vom Wind trocknen lassen können. Irgendwann müssen die Wolken ja eh leer sein, denken sie sich. Olang, Welsberg, Niederdorf. Und die Wolken sind immer noch nicht leer. Aber dann passiert es doch noch: Plötzlich hört der Regen auf. Bis zur Ankunft im nur noch wenige Kilometer entfernten Toblach haben sich Otto und Christoph sogar wieder einigermaßen trocken gefahren. Die Fahrräder sehen aus wie nach einer Schlammschlacht. Aber wenigstens können sich ihre Besitzer jetzt von den Strapazen der Tour erholen.

Die Jugendherberge in Toblach ist leider ausgebucht. Eine teurere Unterkunft zu zahlen, wenn man in Bozen ja kostenlos übernachten kann, ist irgendwie unsinnig. Also lassen Otto und Christoph ihre Fahrräder am Bahnhof Toblach, wo sie die Tour morgen früh fortsetzen wollen, und fahren mit dem Zug nach Bozen zurück. Zum Glück gibt es am Toblacher Bahnhof vernünftige, diebstahlsichere Fahrradständer, wo man den Rahmen an eine Eisenstange anschließen kann. Sie sind also guter Dinge, dass die Fahrräder morgen früh noch dastehen werden. Außerdem: Wer will bei diesemReckswetter schon ein Fahrrad klauen?

Otto und Christoph genießen lesenderweise die Rückfahrt nach Bozen. Dass der Zug so lange fährt, ist gut für ihr Ego: Das heißt ja, dass sie mit dem Fahrrad heute ziemlich viel geschafft haben. Sie sind auch ziemlich geschafft. Beide freuen sie sich auf Bozen und die warme Dusche, die sie dort erwartet.

Anna stellt sich ein letztes Mal unter die warme Dusche. Ihr Bedürfnis nach Sauna und Schwimmen ist gestillt, jetzt werden sie zur ihrer Freundin nach Hause gehen und etwas Leckeres kochen. Beim Verlassen der Aquarena sieht sie, dass der ältere Mann von heute Morgen immer noch Dienst hat. Er scheint aber gerade Feierabend zu machen. Sie schaut zu ihm rüber, ihre Blicke begegnen sich kurz. Sie murmelt ein lächelndes „Ciao" in seine Richtung, er scheint es zu erwidern.

Günther fährt gerade seinen Computer runter, als hinter ihm zwei junge Damen den Ausgang passieren. Er kann sich erinnern, dass er sie heute Morgen etwas geistesabwesend bedient hatte. Ah, wow, sie verabschiedet sich sogar von ihm. Er lächelt zurück und murmelt sowas ähnliches wie „Pfiat enk". Glücklich und zugleich erschöpft sehen sie aus, die beiden. So wie fast alle, die die Therme verlassen. Das ist etwas, was Günther an seinem Job mag: Die Zustandsänderungen, die er beobachten kann. Er sieht viele Menschen am selben Tag zweimal, erst gestresst und voller Vorfreude, dann tiefenentspannt und müde. Das Schwimmbad kommt ihm manchmal vor wie eine riesige Maschine, die mit großem Energieaufwand die Menschen verändert. Fast niemand kommt so wieder aus der Halle raus, wie er reingegangen ist.

„Günther, träumst du schon wieder?", fragt ihn die Kollegin vom Nachbarschalter. – „Äh, nein, ich mach jetzt Feierabend." Er fühlt sich ertappt und denkt im Nachhinein drüber nach, ob das jetzt wirklich die beste Antwort war, die er hätte geben können. – „Und du willst jetzt echt noch mit dem Fahrrad bis Waidbruck?" – „Ja, klar. Geht ja bergab", grinst er. Und zweifelt insgeheim natürlich selbst an seiner Idee. Sollte er nicht doch die Kraft, die ihn die Strecke nach Waidbruck kosten wird, besser für morgen sparen? Wäre es nicht doch cleverer, das Fahrrad gleich nach Gröden zu bringen, damit er nicht morgen früh vor dem Problem stehen kann, im Zug oder Bus keinen Platz mehr fürs Fahrrad zu haben? Eigentlich eine gute Idee, zumindest nach St. Ulrich könnte er das Fahrrad bringen und von da mit dem Bus nach Hause fahren. Jetzt hat er dummerweise den Computer schon runtergefahren, kann also keine Busverbindung mehr suchen. Ah, doch, kann er: In der Ablage unter dem Schreibtisch ist ja immer ein gedrucktes Fahrplanbuch, falls man einem Besucher schnell eine Busverbindung raussuchen muss. Günther ist nämlich überzeugt davon, dass das in dem gedruckten Fahrplanbuch schneller geht als in diesem Neuland namens Internet. Wenn man die gängigsten Liniennummern erstmal verinnerlicht hat, dann kann man sie direkt aufschlagen und sieht auf den ersten Blick, wann und wie oft die Busse fahren, welche Route sie nehmen und wann der letzte Bus fährt. Und wie viele Busse an Sonntagen weniger fahren als an Samstagen. Dafür bräuchte man im Internet deutlich länger. „Offline ist das neue Bio!", ruft die Kollegin vom Nachbarschalter, als sie sieht, wie Günther das Fahrplanheft aufschlägt. Schlagfertig antwortet er: „Der Bus ist regional und nachhaltig, also voll in!" – „Wo willst du denn jetzt noch mit dem Bus hinfahren?" – „St. Ulrich", sagt er. „18:32 Uhr Brixen los. 19:25 Uhr an. 19:25 Uhr", murmelt er. Er blättert auf eine andere Fahrplantabelle. „19:25 Uhr", murmelt er nochmal, damit er die Zahl nicht vergisst. Er hat die andere Tabelle gefunden. „Mist, 19:31 Uhr ist der Letzte. Wieso ist 19:31 Uhr schon der Letzte?" Jetzt schaut er wieder rüber zur Kollegin, die immer noch zu ihm schaut, und sagt: „Ne, ich fahr doch nicht mit dem Bus. In sechs Minuten schaffe ich es nicht, einen sicheren Stellplatz für das Fahrrad zu finden." Die Kollegin versteht kein Wort. Aber sie fragt nicht nach. Die Antwort würde vermutlich wieder drei Minuten dauern und Ausführungen über Rennrad-Schaltgruppen, Laufradgrößen und verstärkte Speichen beinhalten.

Ramon und sein Kumpel reden über Rennrad-Schaltgruppen, über Laufradgrößen und über verstärkte Speichen. Und darüber, wo sie morgen starten wollen – direkt in Bruneck oder erst in Corvara? „Wenn wir mit dem Bus bis Corvara fahren, sparen wir uns fast 40 Kilometer Strecke und mehrere hundert Höhenmeter, vor allem aber die beschissenen langen Tunnels im Gadertal." – „Aber wir wissen nicht, ob wir im Bus einen Platz fürs Fahrrad haben." – „Das stimmt. Fahrradmitnahme im Bus ist hier ja eher so semi." – „Und die Tunnels können wir umfahren! Wir fahren einfach so, wie ich heute gefahren bin." – „Du bist doch heute Pustrer Sonnenstraße und Ahrntal gefahren?" – „Nein, Ahrntal hab ich nicht mehr geschafft, wegen dem Gewitter. Aber Furkelpass bin ich gefahren, und zwar hin auf einem kleinen Sträßchen nach St. Vigil." – „Über Maria Saalen?" – „Ja genau, ich glaub so hieß das." – „Stimmt, das ist eine gute Idee. Da macht man zwar unnötige Höhenmeter, aber man spart sich die langen Tunnels." – „Müssten wir halt früher starten." – „Kein Ding. Aber sag mal: Du willst wirklich nach der Runde nochmal übers Grödnerjoch rüber?" – „Ja, ich denk schon. Ist halt einfacher, wenn ich direkt durchs Grödnertal rausradel. Aber wenn mir die nochmal 600 Höhenmeter am Schluss zu krass sind, komm ich mit dir wieder durchs Gadertal raus und steig in St. Lorenzen in den Zug." Wenn Sie sagen „die Runde", dann meinen sie die Sella-Runde. Die Runde um den Sellastock, „das Herz der Dolomiten". Über Grödner Joch, Sellajoch, Pordoijoch und Campolongopass. 52 Kilometer, 1.650 Höhenmeter. Morgen ist die ganze Runde autofrei. Ramon und sein Kumpel freuen sich schon darauf.

Heute ist Ramon insgesamt 74,8 Kilometer gefahren. Er hatte mehr vorgehabt, aber nach dem Gewitter keine Motivation mehr, Bruneck nochmal zu verlassen. Er trägt die Zahl in die Fahrradwettbewerb-App ein und sieht seinen neuen Gesamtkilometerstand: 2.838 Kilometer.

Günther ist heute insgesamt 61 Kilometer geradelt. Er darf heute Abend nicht vergessen, das ins Fahrtenbuch einzutragen. Damit müsste er jetzt schon mehr als 2.700 Kilometer für den Fahrradwettbewerb gesammelt haben. Das Fahrrad ist abgeschlossen, der Zug fährt ein. Er muss über sich selbst lachen: Er hat sich unterbewusst an das obere Bahnsteigende gestellt, weil er weiß, dass das Fahrradabteil immer am Zugende Richtung Brenner eingereiht ist. Dabei hat er das Fahrrad ja gar nicht dabei, er könnte also überall in den Zug einsteigen.

Der Zug rollt ein bisschen weiter als von Günther erwartet, er muss ein paar große Schritte machen, um die hinterste Tür zu erreichen. Dabei blickt er von außen in das Fahrradabteil hinein – und sieht, dass es komplett leer ist. Er öffnet die unfassbar bekloppte gläserne Abteiltür, die man links und rechts gleichzeitig aufdrücken muss, ohne dass einem einer der beiden Türflügel ins Gesicht schlägt, und sieht im Abteil zwei andere Radfahrer sitzen. Zwei junge Männer in engen Fahrradtrikots. Komisch, denkt er sich, wieso sitzen da zwei Radfahrer, wenn doch im Radabteil gar kein Fahrrad steht?

Otto und Christoph wundern sich über den älteren Mann im Fahrradtrikot, der gerade in den Zug eingestiegen ist. Er ist nämlich ohne Fahrrad eingestiegen. Läuft der aus Spaß den ganzen Tag im Fahrradtrikot durch die Gegend? Seltsam. Er schaut tatsächlich auch etwas verwirrt aus, wie wenn er sich gerade über etwas Ähnliches wundern würde.

Anna und ihre Freundin wundern sich, warum sie nicht schon vorher auf die Idee gekommen sind. „Na klar, wir können ja die Überschreitung machen. Wir müssen nicht unbedingt wieder zurück zur Bushaltestelle im Fischleintal, wir können genauso gut am Nachmittag von der Auronzohütte mit dem anderen Bus zurück nach Toblach fahren." – „Und Mittagessen auf der Drei-Zinnen-Hütte?" – „Klar, das ist eine gute Idee!"

„Ja, das ist eine gute Idee! Dann sind wir morgen zum Mittagessen auf der Geisler Alm oder der Schlüterhütte." Tigra freut sich, dass eine Lösung gefunden ist, die alle zufriedenstellt. Auch Irene freut sich: „Das ist mir ehrlich gesagt auch noch lieber als die Plose, auf der Plose bin ich wirklich oft." Um auf Nummer sicher zu gehen, fragt Adam nochmal nach: „Und zur Zanser Alm sind keine Straßen gesperrt, weil da irgendwelche spinnerten Radfahrer unterwegs sind?" – „Nein, keine Angst, die Radlfahrer sind morgen alle auf der Sellarunde."

„Und du willst morgen wirklich die Sellarunde fahren?" – „Ja klar, man hat nicht jeden Sonntag den Luxus, dass man ohne Lärm und Abgase schöne Serpentinenstraßen genießen kann." Günthers Frau schaut, wie wenn sie wirklich gerne Verständnis für die Vorlieben ihres Mannes aufbringen würde, aber kläglich daran scheitert. „Ich verstehe immer noch nicht, warum du dein Rad in Waidbruck gelassen hast. Wenn du mehrere Tausend Höhenmeter erradeln willst, macht es dann wirklich einen so großen Unterschied, ob du in Bozen oder in Waidbruck startest? Ich meine, für mich wäre das eine halbe Tagesetappe, aber für dich ist es doch ein Kinderspiel, durch das Eisacktal nach Waidbruck zu radeln?!" – „Naja, es macht schon einen Unterschied. Morgens hat man ja fast immer Gegenwind, wenn man das Eisacktal hinaufradelt. Und 27 Kilometer lang gegen den Wind leicht bergauf – das ist nicht nichts." – „Aber hast du nicht Angst, dass sie dir in Waidbruck das Fahrrad klauen?" – „Ich hab es mit einem Bügelschloss und einem Kettenschloss angeschlossen. Wer sich die Mühe macht, beide Schlösser aufzubrechen, der hat sich das Fahrrad tatsächlich irgendwie verdient", grinst er. – „Du wirst schon wissen, was du tust", grinst sie zurück und richtet ihren Blick Richtung Fernsehzeitung. „Hast du schon eine Idee, was du heute Abend schauen möchtest?" – „Den Wetterbericht für morgen. Alles danach darfst du entscheiden." – „Ok, super, dann schauen wir Rosamunde Pilcher." – „NEIN! Alles, aber nicht das! Einmal und nie wieder!" – „Ach Günther, das war ein Scherz, Rosamunde Pilcher läuft doch Sonntags." – „Ah, ok. Dann bin beruhigt. Und was läuft heute?" – „Vielleicht läuft der Fernseher heute ja mal gar nicht", schlägt sie vor und grinst schelmisch.

Dolomiten

So früh ist er schon lange nicht mehr gestartet. Aber er hatte auch schon lange nicht mehr so viele Höhenmeter an einem Tag geplant. Günther hat sein Fahrrad in Waidbruck und will sich nicht auf den Busfahrplan verlassen, also geht er zu Fuß zum Bozner Bahnhof.

Otto und Christoph machen sich zu Fuß auf den Weg zum Bahnhof. Das sieht zwar komisch aus und fühlt sich komisch an in den engen Radlerklamotten, aber was soll man machen.

Am Bahnhof wäre zwar noch Zeit für einen schnellen Kaffee, aber die beiden ziehen es vor, im Zug noch ein bisschen zu schlafen. Also steigen sie ein und dösen nebeneinander her. Sie sitzen in einem dieser Trenitalia-Waggons mit den schwarzen Sitzlehnen und den absurd hässlichen grauen Kreisen an den Abteiltrennwänden. Der Designer, der diese Trennwände designed hat, war wahrscheinlich gar keiner.

Günther betrachtet kurz diese unglaublich hässliche graue Wand am Ende des Abteils, dann schaut er wieder in die Zeitung, die er von zu Hause mitgenommen hat. Massendemo gegen Homosexuellen-Partnerschaften in Rom. Demos gegen Rentenkürzungen in Athen. Papst Franziskus in Turin. Hamilton startet beim Großen Preis von Österreich von der Pole Position. Angst vor Ernteausfällen bei Südtirols Weinbauern.

In Waidbruck ist er mit der Zeitung schon fast fertig. Er legt sie sauber zusammengefaltet für seinen Nachfolger auf den Sitz und begibt sich zur Tür. Es ist eine dieser furchtbaren alten Trenitalia-Türen, wo man, wenn sie endlich freigegeben sind, den roten Knüppel nach innen ziehen muss, damit sich die gefühlt 200 Kilo schwere Tür in Bewegung setzt. Zumindest theoretisch. Denn in mindestens 50 % der Fälle geht die Tür entweder gar nicht erst vollständig auf, oder sie geht gleich wieder halb zu. „So ein italienischer Schrott", denkt sich Günther, obwohl die Tür heute reibungslos funktioniert.

„So ein Schrott", denkt sich Ramon, als er sein Fahrrad aus der Kellertür schieben will, die ständig wieder zufällt. Rennrad und Ramon bleiben aber unverletzt, die Tour kann starten. Mit Stirnband unter dem Helm, Handschuhen und Windjacke starten Ramon und sein Kumpel in den Tag. Sie haben sich einiges vorgenommen. Aber erstmal geht es gemütlich durch das Wohngebiet. Sie entscheiden sich für den Radweg an der Rienz entlang. Glatt asphaltiert, gut beschildert, so früh am Morgen noch komplett leer. Ein paar Grad wärmer dürfte es natürlich sein, aber die Wärme kommt ja dann von innen, sobald die erste Steigung beginnt. Und die beginnt schon in St. Lorenzen. Als die beiden beim dortigen Bahnhof in der Unterführung unter dem Bahngleis durchradeln, kommt über Ihnen gerade ein Zug zum Stehen.

Der Zug hält an, Christoph schaut aus dem Fenster und sieht das Schild „St. Lorenzen / San Lorenzo". Außerdem sieht er zwei Rennradfahrer aus der Unterführung kommen. Die beiden Rennradfahrer mit ihren Handschuhen und Windjacken lassen darauf schließen, dass es draußen noch relativ kühl ist. Kühler als beim Umstieg in Franzensfeste auf jeden Fall.

Christoph erkennt nicht, dass er einen der beiden Radfahrer gestern in Bruneck im Cafè gesehen hat. Otto sieht die beiden Rennradfahrer wahrscheinlich gar nicht, er ist in sein Smartphone vertieft. Als er das nächste Mal aus dem Fenster schaut, fährt der Zug schon in Bruneck ein.

Anna öffnet die Augen, schaut aus dem Fenster und sieht, dass ihr Zug schon in den Bahnhof Bruneck einfährt. Sie sieht, dass ihre Freundin auch schläft. Das mag sie am Bahnfahren, dass man die Anfahrt nutzen kann, um doch noch auszuschlafen und dass man somit trotz frühen Aufstehens ohne großen Schlafmangel in die Tour starten kann. Weiter denkt sie aber erstmal nicht, sie schläft schon wieder. Der Zug setzt sich indes in Bewegung und nähert sich der nächsten Station, Bruneck Nord.

Als sich der Zug in Bruneck Nord in Bewegung setzt, gibt Otto dem Druck seiner Blase nach und steht auf, um Richtung Toilette zu gehen. Er läuft durch den durchschnittlich besetzten Zug und schaut in verschiedene, meist müde Gesichter. Eine lärmende italienische Familie, zwei sich über familiäre Belanglosigkeiten austauschende Wander-Rentnerinnen, zwei offensichtlich von einer Party nach Hause fahrende Studenten, ein Anzug-und-Krawatte-Typ mit Tablet auf dem Schoß und Smartphone am Ohr. Der Zuginhalt erfüllt mal wieder verschiedene Klischees. Im Unterbewusstsein nimmt Otto auch die beiden schlafenden Mädels wahr, die sich mit ihren Wanderrucksäcken eine Vis-à-vis-Sitzgruppe teilen. Erst als er in der Toilette ist, die Tür hinter sich abgeschlossen hat und den Vorgang begonnen hat, für dessen Erledigung er die Toilette aufgesucht hat, macht es klick. War das nicht – das war doch – wow, war sie das wirklich? Ottos Pulsschlag erhöht sich merklich. Seine Gedanken wechseln hin und her zwischen den beiden schlafenden Mädels und dem Tinder-Profil, das ihn so aus dem Häuschen gebracht hatte.

„Nein, Otto, das bildest du dir nur ein", redet er sich ein, als er sich zurück zum Platz begibt. Auf dem Rückweg geht er wieder an den beiden vorbei, er bleibt kurz stehen, und denkt sich „scheiße, das bilde ich mir nicht ein, das ist sie!" Aber was soll er jetzt machen? Sie aufwecken und fragen, „ähm, sorry, I saw you on Tinder"? Das wäre wohl das Dämlichste, was er machen könnte. Soll er Christoph auffordern, den Platz zu wechseln, damit er in ihrer Nähe sitzt, wenn sie aufwacht? Auch irgendwie lächerlich. Auf jeden Fall muss er jetzt weitergehen, wie sieht das denn aus, wenn er im Mittelgang vor zwei schlafenden Mädels steht und sie anglotzt…

Er geht zurück zu Christoph. Der hat anscheinend bemerkt, dass Otto irgendwie nervös ist. „Alles ok?", fragt er verwundert. Otto versucht abzulenken, deutet aus dem Fenster und sagt: „Schau mal, das ist der neue Bahnhof Percha. Da kann man direkt aus dem Zug aussteigen und in den Skilift einsteigen." – „Aha." Christoph ist nicht verborgen geblieben, dass Otto seine Erklärung mit einer sonderbar schnellen und aufgeregten Stimme vorgetragen hat. „Was ist denn mit dir los?", will er wissen. – „Ach, nix. Ich glaub nur, ich hab grad jemanden gesehen, den ich kenne." – „Ist dieser jemand jung, weiblich und blond?" – „Woher weißt du –" – „Haha, du bist so durchschaubar." – „Bin ich nicht! Mann Christoph, echt mal", flüstert er, „das ist sie bestimmt. Sie sieht genauso aus, und sie hat einen Wanderrucksack dabei. Sie hatte ja Wanderfotos in ihrem Profil." – „Ach, du redest von der, von der du mir gestern in Brixen erzählt hast. Die Anna, 26, aus 32 Kilometern Entfernung?" Christoph muss grinsen, als er die beiden Zahlen auflistet. Er hat seine Frau kennengelernt, als es noch keine Online-Datingportale gab, die aus numerischen Übereinstimmungen und Abweichungen berechnen, wer wohl am besten passen könnte. – „Mann Christoph, das ist nicht lustig. Die Frau ist total genial, ich denk seit drei Monaten an keine andere Frau mehr, und wahrscheinlich sitzt sie gerade im selben Zug wie ich." – „Warum hast du sie dann nicht angesprochen?" – „Weil sie schläft." – „Hättest sie ja wecken können, wenn sie dir so wichtig ist!" – „Mann, Christoph, ich kann die doch nicht einfach wecken, was, wenn es die Falsche ist?" – „Auch, wenn es die Richtige ist, könnte sich später rausstellen, dass es die Falsche ist", grinst Christoph. Genervt schlägt Otto vor: „Du kannst ja auch mal aufs Klo gehen und sie dir anschauen, dann wirst du keine dummen Witze mehr machen!" – „Na gut, wenn du mich dazu zwingst, gehe ich halt auch aufs Klo. Wo finde ich sie denn?" – „Auf der linken Seite, wo der etwas erhöhte Wagenübergang ist, bevor es zum Klo wieder runter geht. Zwei junge schlafende Mädels."

Anna und ihre Freundin sind gerade beide wach und schauen aus dem Fenster, als im Mittelgang ein blond-gelockter Mann im Radlerdress vorbeigeht, vermutlich auf dem Weg zur Toilette. Er schaut neugierig in jede Vis-à-vis-Sitzgruppe, wie wenn er irgendwo unter einem Sitz versteckt die Toilette vermuten würde. Annas Freundin wundert sich und fragt Anna: „Sag mal, der Typ, der da grad vorbeigegangen ist –" – „Ja, was ist mit dem?" – „Ich glaub, ich hab den gestern in Brixen am Domplatz gesehen." – „Ich hab ihn gerade nur von hinten gesehen. Aber wenn der auch in Brixen eingestiegen wäre, dann hätten wir ihn doch heute Morgen auf dem Bahnsteig sehen müssen." – „Mh, stimmt. Aber der sieht echt genauso aus. Falls er es doch ist: Der war gestern zusammen mit nem andern Typen auf dem Domplatz. Hatte ich dir doch gesagt: zwei große schlanke Typen im Radlerdress." – „Ach so, du meinst, da wär für uns beide was dabei?" Anna lacht und ahnt nicht im Entferntesten, wer da gerade nur zwanzig Meter von ihr entfernt sitzt und kürzlich sogar vor ihr stehen geblieben ist.

Ramon und sein Kumpel bleiben stehen. Es ist schon so weit: Sie sind so warm gefahren, dass sie Stirnband, Windjacke und Handschuhe ausziehen und im kleinen Rucksack verstauen können. Die ersten Höhenmeter liegen schon hinter ihnen, die Kirche von Maria Saalen steht neben ihnen, Wald und Wiesen und wechselnd steile Anstiege liegen vor ihnen. Sie freuen sich auf das, was sie sich für heute vorgenommen haben.

Sie freuen sich auf das, was sie sich für heute vorgenommen haben: Villnöß, Adolf Munkel Weg, Geisler Alm. Natürlich sind sie schon wieder ziemlich spät dran, aber warum sollten sie auch hetzen, es ist ja schließlich Sonntag, und das gute Wetter soll bis zum Abend halten. Soll sich der Rest der Welt ruhig beeilen und stressen, sollen Tigra und Irene ruhig den Frühstücktisch abräumen, Adam setzt sich erst nochmal gemütlich in den Wohnzimmersessel. Auf der Couch sitzt Jan und blättert schon wieder in irgendwelchen Karten und Fahrplänen herum. Das muss er von seiner Mutter haben, dieses unruhige und vorausplanende. Er wird sicher wieder irgendeine blöde Eisenbahn-Idee aushecken.

Jan hat in der Tat eine Idee, aber er weiß, dass es besser ist, sie nicht laut auszusprechen: Wenn man mit dem Auto nur bis Klausen fahren und dort auf den Bus umsteigen würde, dann könnte man die Wanderung abwechslungsreicher gestalten und nicht zur Zanser Alm zurückwandern, wo das Auto steht, sondern über die Brogleshütte rüber ins Grödnertal wandern. Oder mit der Standseilbahn von der Raschötz nach St. Ulrich runter. Oder gar über die Mittagsscharte, aber da sieht er in der Karte viele dicht nebeneinanderliegende Höhenlinien, das wäre wohl ziemlich anstrengend. Jan findet es viel spannender, wenn man bei der Wanderung woanders rauskommt als am Ausgangspunkt, weil man dann viel mehr sieht – sowohl auf der Wanderung selbst als auch auf der Rückfahrt. Aber seine sturen Eltern werden nicht auf das Auto verzichten wollen. Und er will ja keinen Streit provozieren, wenn die Tante dabei ist, also behält er seine Idee für sich. Obwohl er große Lust hätte, mit der Standseilbahn nach St. Ulrich zu fahren.

Günther ist schon kurz vor St. Ulrich, links am Hang sieht er die Standseilbahn zur Raschötz. Die Straße von Waidbruck am Grödner Bach entlang hinauf nach St. Ulrich war sehr schön, aber leider auch relativ verkehrsreich. Er freut sich auf Wolkenstein, ab dort kommt er in den Genuss der komplett verkehrsfreien Passstraßen.

Den Genuss des komplett verkehrsfreien Pustertal-Radwegs schätzen anscheinend viele: Die Verleihstelle am Bahnhof Toblach ist vollgepackt mit Fahrrädern, die auf Touristen warten. Otto und Christoph hingegen müssen kein Fahrrad ausleihen, sie haben ja ihre eigenen Fahrräder schon am Bahnhof stehen. Sie stehen tatsächlich noch da. Aber Otto interessiert sich vorerst nicht für sein Fahrrad, er interessiert sich erstmal nur für die Frau, die er für Anna, 26, hält. Im Zug noch ein zweites Mal an ihr vorbeigehen kam ihm etwas zu lächerlich vor. Stattdessen wartet er jetzt am Bahnsteig darauf, dass sich der Zug in Bewegung setzt, um nochmal einen Blick auf sie werfen zu können. Er weiß noch, wo ihr Sitzplatz war. Er muss sich mit dem Rücken Richtung Innichen auf den Bahnsteig stellen, um ihr Gesicht sehen zu können. Der Zug fährt los, gleich muss sie… – da ist sie! Sie ist es! Ja, sie ist es wirklich, ganz sicher!

„Das ist er! Da, das ist er! Schau, schnell!“ Anna weckt ihre Freundin. Die öffnet ihre Augen. Anna ruft völlig außer sich vor Freude: „Da, das war er!“ Etwas verschlafen kommt die Antwort von gegenüber: „Wer war was?“ Und nach einer kurzen Pause ein ergänzendes: „Hä?“ – „Der, von dem ich dir erzählt hab!“ – „Der Typ, der –“ – „Du sollst nicht Typ sagen!“ - „Ja, ja, schon gut. Du meinst den Mann, der da aufm Bahnsteig stand?“ – „Ja genau, das ist der Hübsche, der bei der Fahrradwettbewerb-Eröffnung war.“ – „Ich hab's jetzt zu spät und nur im Augenwinkel gesehen, aber stand der nicht zusammen mit dem blonden Lockenkopf, der vorhin an uns vorbeigegangen ist?“ – „Ja, kann sein. Aber mich interessiert nicht der Lockenkopf, mich interessiert –“ – „Na, aber, du weißt schon, was das heißt.“ – „Was heißt was?“ – „Das heißt, dass dein blonder Jüngling dann auch gestern Morgen auf dem Domplatz war.“ – „Hä? Das weißt du doch gar nicht. Du weißt doch nicht, ob das der selbe Lockenkopf war.“ – „Bin mir schon ziemlich sicher.“

Annas Euphorie schlägt urplötzlich in trübe Bekümmertheit um. „Aber das hieße ja, dass ich ihn zweimal ganz knapp verpasst habe.“ – „Wenn er es überhaupt war.“ – „Er war es ganz bestimmt!“ – „Vielleicht kommt er ja heute Abend nach Toblach zurück und steigt in den selben Zug ein wie wir.“ – „Das ist doch total unrealistisch.“ – „Südtirol ist klein. Ist es realistisch, dass du die selbe Person bei einer Veranstaltung in Bozen, auf dem Domplatz in Brixen und im Zug im Pustertal siehst?“ – „Hm. Eher nicht. Umso blöder, dass ich ihn sogar dreimal knapp verpasst habe. Wirklich gesehen habe ich ihn ja nach wie vor nur auf einem Zeitungsbild. Und gerade aus dem Zugfenster raus." – „Wie heißt es so schön: man sieht sich immer viermal im Leben", versucht ihre Freundin, Anna aufzumuntern. Aber die lässt sich nicht so leicht aufmuntern. Stattdessen fragt sie sich, ob man in jemanden verliebt sein kann, den man noch nie wirklich gesehen hat. Von dem man eigentlich überhaupt nichts weiß, außer, dass er auch in Südtirol wohnt und auch gerne Fahrrad fährt.

Anna wird in ihren Überlegungen unterbrochen. Ihre Freundin steht auf und sagt: „Komm, wir müssen aussteigen, wir sind in Innichen."

„Willst du ihr jetzt bis nach Innichen nachschauen oder wollen wir endlich starten?", fragt Christoph den von trüber Bekümmertheit erfassten Otto. „Stress mal nicht rum, es ist gerade mal fünf nach neun", versucht Otto eine coole Entspanntheit auszudrücken, von der er momentan deutlich weiter entfernt ist als von der Frau seiner Träume. Er schließt sein Fahrrad auf und zieht seine Handschuhe an. Lange wird er sie vermutlich nicht brauchen, der Radweg führt anfangs immer leicht bergauf, sodass sie sich schnell warm fahren werden.

Sie würden sich gerne warm wandern. Aber noch steht Anna mit ihrer Freundin in Sexten an der Bushaltestelle und wartet auf den Anschlussbus ins Fischleintal. Im kleinen Tourismusort Sexten herrscht ein Trubel wie in einer Großstadt. Anna hofft, dass jetzt endlich der Bus kommt, damit sie dem Lärm und den stinkenden Abgasen hier entfliehen und in die Welterbe-Idylle der Dolomiten eintauchen kann.

Von der Welterbe-Idylle der Dolomiten ist Günther noch ein Stück entfernt, aber immerhin sieht er Langkofel und Co. schon. Anders als in St. Christina gibt es in Wolkenstein keinen Umfahrungstunnel, sodass er sich gemeinsam mit dem noch immer vorhandenen Autoverkehr in den Ort quält. Ab dem Nivesplatz wird die Straße endlich gesperrt sein. Viele der Autos, die ihn überholen, haben Fahrräder auf dem Dach oder am Heck. In der Regel Rennräder. Diese Leute wird Günther nie verstehen: Da wollen sie die Idylle der verkehrsfreien Alpenpässe erleben, freuen sich auf einen Tag ohne Autos und Abgase – und fahren mit dem Auto zum Ausgangspunkt, tragen also selbst zu Lärm und Luftverschmutzung bei. Auch wenn sie nicht wirklich eine Alternative haben: Günther empfindet eine gewisse Verachtung für die Mitmenschen, die ihn auf den Passstraßen gleich in Grund und Boden fahren können, weil sie, während er sich schon 1.100 Höhenmeter hochgequält hat, ihre Beine entlastet und stattdessen die Luft mit Lärm und CO_2 belastet haben.

Adam und Angehörige haben die Luft mittlerweile schon mit einigem Lärm und CO_2 belastet. Mittlerweile hat sich der Dieselmotor bis nach St.

Magdalena in Villnöß genagelt. Wenn man das Autofenster öffnet, hört man von den Hauswänden das Motorengeräusch reflektieren, an dem sich die Bewohner der Häuser erfreuen dürfen.

In der Linkskurve nach dem Ort müsste man rechts abbiegen, um den bekannten Blick mit der Johanneskapelle im Vordergrund und den Geislerspitzen im Hintergrund bestaunen und fotografieren zu können. Adam biegt aber nicht ab, sondern folgt weiter dem Straßenverlauf Richtung Zanser Alm, er will ja irgendwann mal ankommen. Die Straße wird schmaler und steiler und führt jetzt durch den Wald.

Am Ende der Straße angekommen, wundern sie sich nicht nur über den auffälligen modernen Neubau, wo vor kurzem noch eine einfache Jausenstation stand, sondern vor allem auch über die Dimension des auf mehreren Höhenniveaus angelegten Großparkplatzes. „Da behaupten sie, dass das ein Naturschutzgebiet ist und das Villnößtal so idyllisch und natürlich ist, und dann klotzen sie so einen riesigen Parkplatz mitten in die Natur", empört sich Irene. – „Ohne Parkplatz würde es ja nicht gehen, irgendwo müssen die Leute ja auch parken", antwortet Adam. – „Wo wir letztes Jahr mit der Schule in der Schweiz waren, da durfte man mit dem Auto gar nicht bis zum Talende fahren, sondern alle mussten vorher in den Zug umsteigen. Wenn man das hier auch mit Fahrverboten machen würde, dann bräuchte es keinen Parkplatz mitten in der Natur", weiß Jan zu widersprechen. – „Ja und dann bauen sie den Parkplatz einfach drei Kilometer weiter unten, oder was? Was soll das denn bringen?" – „Es macht doch einen Unterschied, ob ich ein mehrstöckiges Parkhaus in einen eh schon hässlichen Skiort baue oder ob ich einen großflächigen ebenerdigen Parkplatz mitten ins Naturschutzgebiet baue", springt Irene ihrem Neffen zur Seite. Tigra sieht kommen, dass das jetzt gleich im großen Familienstreit enden wird und versucht deshalb, schnell das Thema zu wechseln: „Schaut mal, wie wenig Wasser durch das breite Bachbett fließt!"

Am Toblacher See hatten sich Otto und Christoph gewundert, wie wenig Wasser im See ist. Ob der See so wenig Wasser hat, weil es in den letzten Wochen so warm war, oder ob der See generell schon halb verlandet ist? Mittlerweile sind sie am Dürrensee angekommen, und auch der hat extrem wenig Wasser. Die Cristallogruppe spiegelt sich dennoch darin. Ein Fotomotiv, das man nicht links liegen lassen kann.

Mittlerweile ist es etwas wärmer, die Sonne hat ihren Weg durch die Wolken gefunden und erzeugt ein Licht, das das Fotomotiv noch bereichert. Schon kurz vor dem See hatte sich nach links ein schöner Blick auf die Drei Zinnen geboten. An Fotomotiven gibt es entlang des Dolomiten-Radweges wahrlich keinen Mangel.

An Fotomotiven gibt es im Abteital und auf der Auffahrt zum Grödner Joch wahrlich keinen Mangel. Ramon und sein Kumpel bleiben selten stehen, aber manchmal ziehen sie das Smartphone vom Lenker (Ramon) beziehungsweise aus der Trikottasche (sein Kumpel) und fotografieren, während sie weiterhin in die Pedale treten. Ab Corvara ist die Straße endlich gesperrt, jetzt können sie auch gefahrlos nebeneinander fahren und kurze Videosequenzen drehen. Der eine berichtet dem anderen in diesen Videosequenzen dann davon, wo sie gerade sind und was sie gerade machen, wie wenn der andere das nicht selber wüsste. Ob sie damit viele Views auf Youtube, Follower auf Twitter und Likes auf Facebook kriegen? Oder sind die Videos nur für den Privatgebrauch bestimmt, also dafür, nie wieder angeschaut auf der Festplatte zu versauern?

In wenigen Jahren wird es vermutlich soweit sein, dass sich die Rennradfahrer auf der Sellarunde nicht mehr mit dem Handy gegenseitig filmen, sondern mit der Drohne, die über ihnen fliegt und ihnen – dem mit der smarten Armbanduhr gesteuerten Signal folgend – ständig folgt. Zu filmen gibt es hier ja definitiv genug, in erster Linie natürlich den Sellastock, eines der schönsten und spektakulärsten Bergmassive in den Dolomiten.

Der Dolomiten-Radweg ist wahrscheinlich einer der schönsten und spektakulärsten Bahntrassenradwege überhaupt, aber in Südtirol wird er geradezu verheimlicht. Auf der bellunesischen Seite gibt es deutlich mehr Werbung für den Radweg – große Aufsteller, Transparente und Plakate – und außerdem mehr Busse mit Radtransport. Das führt dazu, dass ab dem Cimabanche-Pass der Weg plötzlich rappelvoll ist.

Die Straße zum Sellajoch ist rappelvoll mit Radfahrern. Einer davon ist Günther. Er weiß, dass das Sellajoch sein schlimmster Pass heute ist, weil er ja fast 1.800 Höhenmeter meistern muss, wenn man ab dem Bahnhof Waidbruck rechnet. Er weiß aber auch, dass danach noch drei weitere Pässe kommen. Die Auffahrten zu Pordoijoch, Campolongopass und Grödner Joch bedeuten zwar „nur" 400, 250 und 600 Höhenmeter, aber jeder weitere Pass wird eine große Herausforderung, das ahnt Günther schon jetzt. Und die Oberschenkel schmerzen schon jetzt.

Den Abzweig zum Grödner Joch, von wo er heute Nachmittag zurückkommen wird, hat er schon passiert, er nähert sich der Passhöhe des Sellajochs, aber er nähert sich langsam. Ein runder Tritt ist nurmehr in Ansätzen vorhanden, die Trittfrequenz ist viel zu niedrig, der Oberschenkel zieht bei jeder Pedalumdrehung. Aber Günther kennt seine Oberschenkel seit Jahrzehnten, er weiß, dass er die Runde schaffen wird, er darf nur jetzt nicht zu viel wollen und bloß nicht zu schnell fahren. Sich nicht vom spritzigen Tempo der anderen Rennradfahrer anstecken lassen.

Ramon und sein Kumpel sind in einem spritzigen Tempo unterwegs. Hohe Trittfrequenz, runder Tritt, leichte Beine. Das sieht sehr professionell aus und fühlt sich wunderbar an. Serpentine um Serpentine huschen sie scheinbar problemlos das Grödner Joch hinauf, wie wenn sie gerade erst gestartet wären. Aber sie haben seit Bruneck schon 1.100 Höhenmeter in den Beinen. Das Grödner Joch ist, so denkt sich Ramon, eigentlich der gemeinste der vier Pässe. Die Auffahrt von Osten zieht sich ewig lange hin. Und so schön die Ausblicke auch sind, sie ändern sich im Gegensatz zu den anderen drei Pässen eher selten. Gut, dass sie diesen Pass gleich am Anfang meistern. Die anschließende Abfahrt mit Blick auf den Langkofel, der Schlussanstieg auf das Sellajoch vorbei an der Steinernen Stadt, die wunderschöne Abfahrt vom Sellajoch Richtung Canazei – das wird dann später das reinste Vergnügen. Aber erstmal müssen sie die erste Passhöhe erreichen.

Erstmal müssen Sie die Hochfläche erreichen, wo sich ein erster Blick auf die Drei-Zinnen-Hütte ergibt, dann wird der Rest der Wanderung das reinste Vergnügen. Der Aufstieg aus dem Fischleintal ist länger und anstrengender, als ihn Anna nach dem Blick in die Wanderkarte erwartet hatte. Sie freut sich, dass sie nicht alleine unterwegs ist, denn durch die häufigen Gespräche mit ihrer Freundin wird das ganze kurzweiliger und man denkt nicht so sehr an die nächsten steilen Schritte, sondern eher über die Inhalte des Gesprächs nach. Sie reden nicht mehr nur über den blonden Jungen vom Toblacher Bahnsteig, sondern auch über die Bücher, die sie zuletzt gelesen haben („Breaking News" von Frank Schätzing bzw. „Stoß im Himmel" von Dirk Stermann), über ihre Lieblings-Fernsehserien („House of Cards" bzw. „Breaking Bad"), über ihre Lieblings-Musik („Klangkarussel" bzw. „Wanda"). Amerikanische Serien und österreichische Musik bestimmen also das Gespräch auf der Wanderung durch die Sextener Dolomiten. Unterbrochen wird das Gespräch zwischen Anna und ihrer Freundin häufig dadurch, dass eine von beiden die andere auf irgendeine beeindruckende Naturschönheit hinweist, die es nun zu sehen gibt. Schon auf den ersten Kilometern der Wanderung wird klar: Die Sextener Dolomiten sind zwar tatsächlich noch touristischer und voller als andere Teile der Dolomiten, aber sie sind auch tatsächlich noch schöner.

Auf der Belluno-Seite ist der Radweg nicht nur voller, er ist auch tatsächlich noch schöner. Vor dem ersten früheren Eisenbahntunnel bleibt Otto kurz stehen, um links vorne die spektakulär hohe Brücke über den Ru Felizon zu fotografieren, über die der Radweg kurz darauf führen wird. Ein grünes Netz verhindert den Blick in die Tiefe, aber wie der Zufall will ist das Netz an ein paar Stellen etwas aufgerissen, sodass man die Kamera mal durch das Loch halten und nach unten fotografieren kann.

Auch nach der Brücke bleibt der Radweg spektakulär, Otto und Christoph machen häufig Fotopausen. Eine Landschaft wie in den Rocky Mountains: Nadelwälder und Felsen, aber keine Siedlungen. Sogar die nervig-lärmende Staatsstraße duckt sich weit unterhalb des Radweges an den Hang, um die Szenerie nicht zu stören. Sportliche Mountainbiker, familiäre Tourenradler, Hundeleinen und Kinderwagen, sogar mehrere Jogger bevölkern den Weg.

Otto hat großen Respekt vor den Joggern, die ihm entgegenkommen – stetig bergauf, in der Sonne, ohne Getränke, relativ flott.

Adam und Tigra haben höchsten Respekt vor den Bergläufern, von denen sie gerade überholt wurden. Diese laufen stetig bergauf, relativ flott, und das anscheinend ohne Getränke. Oder waren in dem Gurt um den Bauch kleine Getränkeflaschen befestigt? Die zwei Läufer sind so schnell vorbeigerannt, dass man das gar nicht genau sehen konnte. Rucksack haben sie auf jeden Fall keinen aufgehabt.

Die Vierergruppe um Adam und Tigra ist deutlich langsamer unterwegs. Jan verlässt immer wieder den breiten Kiesweg, um einzelne Kieselsteine in den Bach rechts vom Weg zu werfen. Der Bach ergießt sich in kleinen Kaskaden abwärts, der Wanderweg führt stetig aufwärts. Schließlich erreichen Sie den Abzweig, an dem der Adolf Munkel Weg beginnt. Sie überqueren den Bach und biegen links in den Pfad. Der Wegbelag wechselt, statt auf Kies dürfen sie nun über Wurzeln und Waldboden wandern.

Kurz vor Cortina wechselt der Wegbelag, die Räder dürfen nun endlich wieder auf Asphalt rollen. Schneller wird die Abfahrt dadurch nicht – schwerhörige und begriffsstutzige Spaziergänger, die unerwartet die undeutlich markierte Trennlinie zwischen Fußweg und Radweg überschreiten, zwingen zu ständigen Vollbremsungen. Klingeln, „Permesso!" rufen, das Quietschen der Scheibenbremsen – hilft alles nichts. Aber Ärger ist fehl am Platz auf einem so schönen Weg bei so schönem Wetter.

Cortina liegt eingeklemmt zwischen verschiedenen monströsen Bergmassiven, deren Anblick auch noch die nächsten Kilometer bereichern wird. Dem Ortszentrum merkt man an, dass es mit den paar Sommertouristen deutlich unterfordert ist – die Infrastruktur hier ist auf den winterlichen Skizirkus ausgelegt. In alle Himmelsrichtungen liegen beliebte Skigebiete und die zahlreichen Sportgeschäfte machen im Winter sicherlich einen guten Umsatz.

1956 haben hier die Olympischen Winterspiele stattgefunden, 1981 war hier James Bond in tödlicher Mission unterwegs. An diesem Junisonntag 2015 verirren sich nur ein paar wenige Passanten durch die Fußgängerzone. Der zu Olympia-Zeiten hoch frequentierte Bahnhof ist zu einem unansehnlichen Parkplatz mit Bus-Abfahrtsstellen verkommen, aber die Unterbrechung des Radweges rund um den früheren Bahnhof ist zum Glück nur kurz. Gut beschildert und asphaltiert geht es gleich danach über ein altes Bahnviadukt und mit schönen Ausblicken weiterhin stetig bergab. Das Abfahrtvergnügen wird von häufigen Straßenkreuzungen unterbrochen, leider hat auch die kleinste Anrainerstraße Vorfahrt gegenüber dem deutlich stärker frequentierten Radweg. Der Freude über den schönen Weg tut das keinen Abbruch.

Die Oberschenkel schmerzen, aber der Freude über die erreichte Passhöhe tut das keinen Abbruch. Günther steht vor dem Schild, dessen Aufschrift

„Sellajoch" man fast nicht mehr lesen kann, weil es die unverschämten Vertreter irgendwelcher Motorradclubs fast restlos mit ihren geschmacklosen Aufklebern verunziert haben. Günther freut sich richtig, dass seine Intimfeinde, die Motorradfahrer, ihm heute nicht in die Quere kommen können, dass er endlich mal ohne ihren Höllenlärm und ihre gefährlichen Überholmanöver die Serpentinen der Passstraßen genießen kann.

Schnell ist ein anderer Rennradfahrer gefunden, der anbietet, ein Foto von Günther und dem Passhöhenschild zu machen. Günther steht natürlich nicht zum ersten Mal hier, aber ein bisschen Stolz und viel Freude empfindet man jedes Mal aufs Neue, wenn man eine Passhöhe erreicht. Zumal, wenn man unten im Eisacktal gestartet ist. Schade, dass seine Frau jetzt nicht hier ist und voller Stolz ihren Günther in die Arme schließen kann. Aber sie ist gerade mit ihren Freundinnen auf den Bozner Promenaden unterwegs, ihr geht es sicher auch gut.

Günther bedankt sich beim freundlichen Fotografen, zieht die Windjacke über und schwingt sich wieder auf das Fahrrad. Bloß nicht zu lange auf der Passhöhe pausieren, sonst kühlt der Körper aus und die Abfahrt wird unangenehm.

Zu lange sollten sie auf der Passhöhe nicht pausieren, aber Zeit für ein Selfie muss sein. Ramon und sein Kumpel stehen vor dem Schild, dessen dreisprachige Aufschrift „Jeuf de Frea Grödner Joch passo Gardena" man vor lauter Aufklebern kaum mehr lesen kann. Ramon drückt auf den Handy-Auslöser, schaut sich das Bild kurz an, jawohl, passt, weiter geht's.

Bevor sie auf die Masse der Radler stoßen, die in Wolkenstein die Sellarunde beginnen, haben sie jetzt erstmal eine relativ verkehrsfreie Abfahrt vor sich, wenn man bei Radverkehr auf den Pässen überhaupt von viel oder wenig Verkehr sprechen kann. Sie stürzen sich in die Abfahrt, die Räder surren auf dem Asphalt.

Die Räder von Otto und Christoph surren auf dem Asphalt. Der Radweg ist nun durchgehend gut befahrbar, die Ausblicke immer wieder schön, die Tunnels und Brücken interessant, der „Verkehr" auf dem Radweg deutlich geringer als rund um Cortina.

Die Einfahrt nach San Vito erfolgt durch einen stark abschüssigen Radweg- und Fußgängertunnel, der direkt auf den Hauptplatz mündet. Nach einem Slalom durch die bunt bepflanzten Blumenkübel und einer leichten Steigung radelt man an einer großen Wiese mit großem Spielplatz vorbei, der offensichtlich sehr beliebt ist. Das hübsch sanierte alte Bahnhofsgebäude ist der letzte Höhenpunkt in diesem schönen Unterwegsort.

Noch immer radeln Otto und Christoph auf über 1.000 Metern Höhe, aber mittlerweile ist es richtig warm. Ein angenehmer leichter Wind perfektioniert die Radelbedingungen.

Die Radelbedingungen sind eigentlich perfekt, aber Günthers Kondition ist es nicht. Gleich nach dem Beginn des Aufstiegs Richtung Pordoijoch hatte er in einer Haltebucht mit Rastbank eine kurze Bananenpause einlegen müssen, jetzt macht er schon wieder Pause. Auf 1.926 Metern Höhe lehnt er sein Rennrad an die Hauswand des Hotels Bellavista und wundert sich über die Ladestation für Elektroautos, die das Hotel für seine Gäste aufgebaut hat. Und auf der gegenüberliegenden Parkplatzseite, vor der Seilbahnstation, sieht er eine Art Waschanlage für Mountainbikes. Interessant, beides hätte er hier nicht unbedingt erwartet.

Noch ein kurzer genauerer Blick auf den Parkplatz für die Elektrofahrzeuge, dann setzt er sich auf den Sattel und nimmt die nächste Serpentinengruppe in Angriff. Im kleinsten Gang, Pedalumdrehung für Pedalumdrehung, kämpft er sich weiter. Ganz langsam und allmählich nähert sich Günther dem Pordoijoch.

Mit schnellen Pedalumdrehungen nähern sich Ramon und sein Kumpel dem Pordoijoch. Bis gerade eben konnten sie die Abfahrt vom Sellajoch genießen, jetzt geht es wieder 400 Höhenmeter lang bergauf. Ramon fährt kurz freihändig, um sich die Windjacke ausziehen, knüllt sie zusammen und stopft sie in eine der Trikottaschen. Aus einer anderen Trikottasche zieht er einen Müsliriegel, den er ebenfalls während der Fahrt zu sich nimmt. Nur keine Zeit verlieren, scheint seine Devise zu sein. Obwohl sie eigentlich super in der Zeit sind. Ihr Plan war von Anfang an, zum Mittagessen auf dem Pordoijoch zu sein. Das werden sie problemlos schaffen.

Günthers Plan war, zum Mittagessen möglichst schon in Corvara, mindestens aber in Arabba zu sein. Das schafft er auf keinen Fall. Er fühlt sich total ausgelaugt, in seinem Körper ist null Komma null Restenergie vorhanden, er muss unbedingt eine längere Pause machen. Mühevoll quält er sich die letzten Serpentinen hinauf, die vor der Passhöhe noch zu meistern sind. Andere, meist deutlich jüngere Rennradfahrer überholen ihn mühelos. Er hat schon länger niemanden mehr überholt. Aber das ist ihm völlig egal, Hauptsache irgendwie oben ankommen.

Er erahnt die Häuser auf der Passhöhe, links sieht er die Seilbahn zum Sas de Pordoi schweben. Es dauert noch immer mehrere Minuten, bis er oben ist. Er sieht den sonst stets vollgeparkten Parkplatz, der heute fast leer ist. Dafür haben sich regelrechte Radfahrermassen auf der Passhöhe gesammelt. Gleich wird er einer von ihnen sein. Er wird sein Fahrrad irgendwo abstellen und etwas essen. Nicht mal die Abfahrt nach Arabba traut er sich und seinem Körper zu, wenn er jetzt nicht sofort warm und viel essen wird.

„Was magst du essen?“ – „Warm und viel!“ – „Haha, ich auch!“ Ramon und sein Kumpel haben es geschafft, sie haben das Pordoijoch erreicht. „Wow, das läuft echt gut heute!“ – „Ja, Wahnsinn! Ich fühl mich, wie wenn ich noch eine zweite Runde fahren könnte." Als sie das sagen, dreht sich ein verschwitzter älterer Mann zu ihnen um, der nicht den Eindruck macht, wie wenn er heute noch eine zweite Runde fahren könnte. Man nickt sich kurz zu. Ramon zieht seinen gelben Helm aus und hängt ihn an den Lenker. Der ältere Mann spricht ihn an: „Entschuldigung, kann es sein, dass wir uns schonmal gesehen haben?" – „Puh, sie kommen mir jetzt ehrlich gesagt nicht bekannt vor, aber Südtirol ist ja klein, kann schon sein." – „Naja, ich meine, es gibt schon mehrere Rennradfahrer mit gelbem Helm, aber trotzdem, ich bin mir sicher, dass ich Sie schon mehrmals gesehen habe." Was will der alte Mann von ihm? Ramon würde gerne was essen gehen, kann der alte Mann vielleicht einfach mal auf den Punkt kommen?

„Sie fahren heute auch die Sellarunde?", fragt der Mann. Was für eine dämliche Frage. Das ist, wie wenn man auf der Skipiste jemanden, der zwei Ski unter den Füßen hat, fragt, ob er heute auch Ski fährt. Aber Ramon will nicht unhöflich sein, er entgegnet: „Ja, genau. Wir machen auch eine Runde um die Sella. Wir sind aber schon in Bruneck gestartet." Erwartend, dass der ältere Herr jetzt voll des Respekts ist, dass sie schon so weit gefahren sind, ist er sehr überrascht von dessen Antwort: „Aha, interessant. Ich bin heute Morgen in Waidbruck gestartet. Da hatten sie es sicher schöner, sprich verkehrsärmer." Der verschwitzte, voll fertig aussehende Typ ist in Waidbruck gestartet? Der hat sich das ganze Grödnertal mit dem Fahrrad hochgequält? Das hätte Ramon ihm nicht zugetraut. Und bevor er seinen Respekt in Worte fassen kann, ergänzt der alte Mann lächelnd: „Was tut man nicht alles, um ein paar mehr Kilometer für den Fahrradwettbewerb sammeln zu können." Ramon erwidert überrascht: „Ach, sie machen auch beim Südtiroler Fahrradwettbewerb mit?" – „Ja. Sie auch?" Jetzt ist es der Kumpel von Ramon, der sich ins Gespräch einmischt: „Was für ein Fahrradwettbewerb?"

Günther und Ramon erklären kurz das Konzept des Fahrradwettbewerbs. Und dann vergleichen sie auch noch ihren bisherigen Kilometerstand. Und stellen fest, dass der gar nicht so weit auseinander liegt. „Das kann ja nicht sein, dass der fertige alte Mann fast so viele Kilometer hat wie ich. Wenn ich im Sommer auf den Malediven bin, wird der mich vielleicht sogar überholen", denkt sich Ramon. – „Das hätte ich mir denken können, dass irgend so ein durchtrainierter Jungspund mehr Kilometer hat als ich. Ich sollte noch häufiger mit dem Fahrrad nach Brixen pendeln", denkt sich Günther. Während sie dem dritten im Bunde erklären, dass es nicht darum geht, möglichst viele Kilometer zu radeln, sondern dass jeder, der mindestens 100 Kilometer radelt, die gleichen Siegchancen hat, steht für Günther und Ramon fest, dass es ihnen sehr wohl darum geht, so viele Kilometer wie möglich zu erradeln. Möglichst am meisten von allen Teilnehmern. Und einen Konkurrenten bei dieser persönlichen Zielsetzung haben sie jetzt beide gerade kennengelernt.

Der kurze Small Talk mündet darin, dass sie jetzt auch zusammen essen werden. „Sehr gute Idee. Ich muss unbedingt was essen", kommentiert Günther den Vorschlag von Ramon.

„Schau, da ist die Hütte!" – „Na endlich! Ich muss unbedingt was essen!" Anna freut sich, dass die Drei-Zinnen-Hütte gleich erreicht sein wird. Die Steigung ist mittlerweile vorbei, mit schönen Ausblicken auf die umliegenden Berge und vor allem auf die Drei Zinnen selbst genießen die beiden die letzten paar Minuten zur Hütte. „Ich hab auch einen Riesenhunger", bestätigt Annas Freundin die gemeinsame Vorfreude auf die Hütte.

„Ich hab einen Riesenhunger!", äußert Jan seine Vorfreude auf die Hütte, „wann sind wir denn endlich da?" – „Komm schon, ein bisschen musst du noch durchhalten", muntert ihn seine Mutter auf. „Aber was ist mit dem Brot, das wir heute Morgen gekauft haben?" – „Das haben wir eigentlich für heute Abend zu Hause gekauft" – „Na und? Ich hab Hunger!" – „Wir haben alle Hunger. Stell dich nicht so an!", beteiligt sich Adam gewohnt undiplomatisch am Gespräch. Jan würde seinen rücksichtslosen Vater am liebsten zusammenschreien und in einen Weinkrampf ausbrechen, aber er hat der Mama ja versprochen, dass es keinen Streit mehr geben wird, solange die Tante dabei ist. Soll sich sein blöder Papa halt auch mal dran halten. Am liebsten würde sich Jan von ihm trennen und auf einem anderen Weg weiterwandern.

Kurz vor Ceiaio müssen sich Otto und Christoph trennen. Es ist schon halb eins, also gut eine Stunde vor der Abfahrt von Ottos Zug in Calalzo. Er hat jetzt noch eine Stunde zügige Radtour vor sich, am Nachmittag wird er dann über „die landschaftlich schönere Strecke", wie er das nennt, mit der Bahn über Belluno und Bassano del Grappa nach Südtirol zurückfahren, statt auf den deutlich schnelleren Bike-Shuttle zurück nach Toblach zurückzugreifen. „Geographen fahren nie denselben Weg zurück", begründete er gegenüber Christoph den Unsinn, sieben Stunden lang von Calalzo nach Bozen zu fahren. Christoph hingegen wird etwas gemütlicher weiterradeln und sein Fahrrad heute bis nach Belluno steuern. Sein Reiseziel lautet Venedig, zu erreichen über den schönen neuen Radfernweg Müchen - Venezia, dessen wahrscheinlich schönster Abschnitt der Dolomiten-Radweg zwischen Toblach und Calalzo ist.

Die Auffahrt auf den Campolongopass ist für Günther heute der schönste Abschnitt der Sellarunde. Die Straße ist breiter als auf den anderen drei Pässen, sodass man es irgendwie noch mehr wertschätzen kann, dass sie heute einzig und allein den Radfahrern gehört. Die Steigung ist ein bisschen angenehmer als bei Pordoi- und Sellajoch, deshalb und natürlich auch aufgrund der Spinatspätzle vom Pordoijoch tut sich Günther deutlich leichter als bei den vorangegangenen Anstiegen. Die Abfahrt vom Pordoijoch ist er ohne Risiko relativ gemütlich runtergefahren, jetzt hat er schon die Hälfte der Auffahrt zum nächsten Pass gemeistert.

Die Abfahrt vom Pordoijoch sind Ramon und sein Kumpel ordentlich runtergeheizt, jetzt haben sie schon die nächste Passhöhe erreicht. Der Campolongopass ist aus ihrer Sicht so einfach und die Passhöhe so unscheinbar, dass es sich überhaupt nicht lohnt, stehenzubleiben. Lohnenswertes Fotomotiv gibt es hier oben eh keines und die Windjacke kann man auch während der Fahrt anziehen, also fahren sie gleich weiter und stürzen sich in die nächste autofreie Abfahrt. Wie gut, dass es diesen autofreien Tag gibt, denkt sich Ramon. Man verpasst was, wenn man die Sellarunde auf dem Rad immer nur inmitten von Camper-Karawanen und Motorrad-Meuten bezwingt.

„Wie gut, dass es diesen Radweg gibt, man würde echt was verpassen, wenn man hier nie entlangradeln würde", denkt sich Otto. Bis nach Peaio handelt es sich um eine regelrechte Fußgänger- und Fahrradautobahn mit stetig leichtem Gefälle. Hinter Peaio führt der Radweg in nun deutlich dünner besiedeltem Gebiet durch den Wald. Nach einer aufwändig errichteten Brücke folgt noch einmal ein kurzer Anstieg, dann geht es wieder bergab. Immer wieder bieten sich kurze Blicke rechts den Abhang hinab in die Schlucht.

Die Häuser hier im Cadore unterscheiden sich deutlich von der Architektur, die man aus dem Südtiroler Teil der Dolomiten gewohnt ist. Leider sind viele der alten Gebäude in einem sehr schlechten Zustand. Demographischer Wandel, Urbanisierung, Migration – große Begriffe für solch kleine Orte. Aber Otto verbindet den Zustand der Dörfer fast schon automatisch mit dem, was er im Geographiestudium gelernt hat. Warum boomen die Orte auf der Südtiroler Seite der Dolomiten so sehr, dass man über Baurestriktionen und Fahrverbote nachdenken muss, während im Belluno die Orte allmählich aussterben und viele Infrastrukturen kaum noch genutzt werden, wo doch die Landschaft sehr ähnlich ist? Warum sind die Berghütten in den Südtiroler Dolomiten teilweise Monate im Voraus ausgebucht, während im Belluno fast keine Wanderer unterwegs sind? Hat Südtirol nur das bessere Tourismusmarketing oder tatsächlich die schöneren Berge? Otto wundert sich darüber, wie groß die ökonomischen und sozialen Unterschiede innerhalb der selben Gebirgskette – und innerhalb des gleichen Staates – sein können.

Adam und Tigra wundern sich darüber, wie groß die Unterschiede zwischen zwei direkt benachbarten Berghütten sein können. Oben die urtümlich-gemütliche Gschnagenhardtalm, ein Stück weiter unten die große, moderne Geisler Alm. Auf der einen hat Reinhold Messner Teile seiner Kindheit verbracht, auf der anderen feiert gerade ein jüdisches Pärchen seine Hochzeit. „Lass uns in die Gschnagenhardtalm gehen, die ist doch viel gemütlicher", schlägt Tigra vor. – „Aber die Geisler Alm ist bekannt für ihre ausgezeichnete

Küche", erwidert ihre Schwester. – „Mann, ich hab Hunger, könnt ihr euch vielleicht einfach mal entscheiden", unterbricht ein genervter Jan.

Ramon entscheidet sich dafür, wirklich nochmal übers Grödner Joch zu fahren. „Ich hab das Gefühl, dass ich noch einen fünften Pass schaffe, und dann kann ich gleich durch Gröden ins Eisacktal zurück." – „Ok, passt. Dann trennen sich hier unsere Wege!" – „Fährst du jetzt so zurück, wie wir gekommen sind?" – „Ich denke ich werde auf der Hauptstraße bleiben, bergab sind die Tunnels ja nicht so schlimm." – „Na dann: Gute Heimfahrt! Und bis bald mal wieder!" Kurze Umarmung mit obligatorischem Schulterklopfen. – „Ach und Ramon, schick mir doch mal den Link von diesem Fahrradwettbewerb, das klingt spannend!" – „Ja, mach ich!", sagt er und ist schon wieder in Bewegung.

Er meint es also wirklich ernst: Nach der Anfahrt aus Bruneck und der kompletten Sellarunde will er tatsächlich nochmal aufs Grödner Joch, also nochmal auf 2.121 Meter hinauf. Aber auch Ramon ist nicht ganz unbesiegbar: Früh merkt er den Unterschied, dass er jetzt alleine unterwegs ist und keinen Antreiber mehr dabei hat, mit dem er sich gegenseitig den Berg hochpushen kann. Mit jedem Höhenmeter werden seine Beine ein kleines bisschen schwerer, so einfach wie heute Vormittag ist die Auffahrt für ihn nicht mehr. In Kolfuschg überlegt er gar, eine Verschnaufpause einzulegen. Vielleicht sogar nochmal eine kurze Einkehr? Hm. Während er darüber nachdenkt, schickt sein Unterbewusstsein Signale an die Beine, einfach weiterzutreten. Als er sich letztendlich dafür entscheidet, dass er eine weitere Einkehr verdient hat nach den ganzen Kilometern und Höhenmetern, die er heute schon gemeistert hat, hat er schon fast das Ortsende erreicht. Jetzt ist es egal, jetzt kann er auch weiterfahren.

Günther wollte eigentlich in Corvara eine kurze Einkehrpause machen, aber jetzt hat er schon fast das Ortsende erreicht. Jetzt ist es egal, jetzt kann er auch weiterfahren. Es ist viel besser, wenn er die Pause erst in Kolfuschg macht, dann sind es schon wieder ein paar Höhenmeter weniger, die er nach der Pause noch zurücklegen muss. Knapp 500 sind es von Kolfuschg aus noch. Nicht mal mehr ein Fünftel der Tages-Gesamtleistung. Das wird ja wohl zu schaffen sein. Günther strahlt seit den Spinatspätzlen, vor allem aber seit er so mühelos über den Campolongopass geglitten ist, eine neue Zuversicht aus. Seine Fahrradflaschen sind zwar schon wieder fast leer, aber seine Beine fühlen sich wieder überraschend fit an.

Annas Trinkflasche ist leer, aber ihre Beine fühlen sich wieder überraschend fit an. „Du kannst gerne einen Schluck von mir haben, ich hab noch", bietet ihre Freundin an. „Oder wir kehren eh gleich ein." – „Du meinst in der Steinhütte da unten?" – „Ja, das müsste die Lavaredohütte sein." – „Ist es nicht cleverer, bis zur Auronzohütte durchzuziehen, dann können wir so lange einkehren, bis der Bus fährt?“ – „Die Auronzohütte ist halt nicht so schön, da sind diese ganzen Motorrad-Deppen. Und der Bus fährt nachmittags eh alle 30 Minuten.“ – „Na gut, wenn's unbedingt sein muss, dann kehren wir halt jetzt gleich nochmal ein“, sagt Anna mit genau dem sympathischen Lächeln, an das Otto so oft denken muss. „Heiße Schokolade?“ – „Jaa, super Idee! Mit Sahne!“

Bevor sie die Hütte betreten, machen die beiden noch ein paar Fotos von den umliegenden Bergen. Sie haben ja nicht nur die Drei Zinnen zum Greifen nahe, sie blicken auch auf Cristallogruppe, Zwölferkofel und vieles mehr. Anna spricht ihre Freundin darauf an, dass die Wanderwegweiser anders aussehen als noch auf der Drei-Zinnen-Hütte. Die Freundin erklärt: „Wir haben ja oben am Sattel die Grenze überquert.“ – „Welche Grenze?“ – „Ins Belluno. Oben war noch Südtirol. Im Belluno und in Südtirol werden unterschiedliche Wegweiser verwendet.“

Auch auf der Rückfahrt muss Otto wieder an die Unterschiede zwischen Südtirol und Belluno denken. Auf der Hinfahrt war er im Pustertal in einem modernen Elektrotriebzug unterwegs, der dort zweimal pro Stunde fährt. Im Piavetal sitzt er jetzt in einem alten Dieseltriebwagen, der hier nicht mal alle zwei Stunden fährt. „FIAT 1979“ steht auf der Metallplakette an der Außenseite des Triebwagens. So riecht er auch. Die Lokführerin ist deutlich jünger als das Gefährt, das sie steuert. Der Schaffner versucht verzweifelt, ein Fahrradticket auszustellen für einen Zug, der ja offiziell gar keine Fahrräder mitnimmt – und tatsächlich steht Ottos Tourenrad vor dem Dienstabteil am hinteren Zugende, vom Passagierabteil getrennt durch eine Tür mit der Aufschrift „Zutritt verboten“. Die Fahrradmitnahme war erst nach einer längeren Diskussion mit dem außergewöhnlich freundlichen und entgegenkommenden Schaffner möglich, die Ausstellung eines Tickets für das Fahrrad scheint eine nächste große Hürde zu sein.

Während der Schaffner immer noch versucht, das Ticket auszustellen, versucht Otto, durch das kleine Frontfenster Blicke auf die Strecke zu erhaschen. Die zierliche Fahrerin sitzt neben ihm mit übereinandergeschlagenen Beinen auf einer unbequemen Mischung aus Bürosessel und Barhocker. Ihre rot lackierten Fingernägel ruhen auf einem Fahrtschalter, der gut in die Alteisen-Sammlung oder in ein Eisenbahnmuseum passen würde.

Während die junge Fahrerin den alten Triebwagen durch enge Kurven und kurvenreiche Tunnels manövriert, schweifen Ottos Gedanken ab zu einer anderen Frau. Er stellt sich vor, dass Anna, 26, neben ihm sitzen und ihn durch das Piavetal fahren würde. Dann hätte er endlich das, was er sich seit Wochen, ja seit Monaten, erträumt. Und das, was er heute Morgen mutmaßlich knapp verpasst hat.

Er wacht aus seinem Tagtraum auf und schaut auf die Tachonadel, die rund um die 50 km/h wackelt, während der Zug wackelt, wie wenn er bei 150 km/h

Schüttelfrost bekommen hätte. Endlich hat es der Schaffner geschafft, ein Fahrradticket auszustellen und Otto kann zurück zu seinem Sitzplatz gehen. Schade eigentlich. Er hätte gerne noch ein bisschen länger vorne auf die Strecke geschaut und von seiner Anna geträumt.

Anna und ihre Freundin stehen in Toblach am Bahnsteig und warten auf den Zug. Um 16:55 Uhr soll er fahren, also wird er gleich kommen. Es ist naheliegend, von wem Anna gerade träumt. Sie steht jetzt genau da, wo er heute Morgen stand. Warum stand er da eigentlich? Wollte er dem Zug beim Abfahren zuschauen? Hatte er etwas im Zug liegen gelassen? Oder – nein, das kann nicht sein. Wieso hätte er ihr hinterherschauen wollen. Er kennt sie ja gar nicht. Sie haben sich ja auch im Zug gar nicht gesehen. Oder hatte er etwa – als sie geschlafen hatte?

„Anna! Was ist denn?“ – „Wie, warum?“ – „Na, was träumst du denn so rum?“ – „Ich träum doch –“ – „Ach, mal wieder dein T… gutaussehender junger Mann?“ Beide müssen lächeln. Der Zug fährt ein, die beiden steigen ein. „Steigst du in Brixen nochmal mit aus, wollen wir zusammen Abendessen?“ – „Hm, mir ist es fast lieber, wenn ich gleich nach Hause fahre und direkt duschen und zu Hause essen kann. Naja, und natürlich, damit ich rechtzeitig zum Tatort zu Hause bin. Heute kommt ein Stuttgarter Tatort, und ich finde ja Stuttgart voll toll. Du weißt ja, dass mein Ex-Freund aus Stuttgart kommt und ich da immer voll gerne war.“ – „Du willst also gleich bis nach Naturns durchfahren?“

Eigentlich könnte er ja auch gleich bis nach Vilpian durchfahren. Ramon umgeht gerade den Umgehungstunnel von St. Christina, indem er durch das Ortszentrum fährt. Und denkt darüber nach, wie er ab St. Ulrich weiterfahren soll. Nochmal den Panider Sattel hoch, und als Belohnung die schöne Strecke am Hang entlang über Kastelruth und Seis? Oder am Grödner Bach entlang nach Waidbruck und da schon auf den Eisacktalradweg einschwenken? Ramon entscheidet sich für letzteres, Steigungen und Pässe hat er jetzt für heute wirklich genug. Auf dem Bahntrassenradweg nach Bozen und weiter an der Etsch entlang bis Vilpian, das dürfte ja maximal eineinhalb Stunden dauern, viel Zeit würde er also nicht sparen, wenn er in Waidbruck auf die Bahn umsteigt. Bis zum Tatort sollte er auf jeden Fall zu Hause sein, auch mit dem Fahrrad. Und den Tatort will er heute nicht verpassen, die Stuttgarter haben immer tolle, spannende Fälle. Also ja, wieso eigentlich nicht mit dem Fahrrad bis nach Hause fahren.

Wieso eigentlich nicht mit dem Fahrrad bis nach Hause fahren? Günther steht auf der vierten und letzten Passhöhe des Tages. „Jeuf de Frea Grödner Joch passo Gardena“ steht auf dem Schild, vor dem er sich gerade hat fotografieren lassen. Zu den unvermeidlichen Aufklebern der Motorradgruppen gesellt sich auf dieser Tafel ein Aufkleber mit dem Logo der Stadtwerke München. Warum auch immer. Ab jetzt geht es nur noch bergab, denkt er sich. Und zwar unabhängig davon, ob er „nur" zurück zum Bahnhof in Waidbruck fährt oder ob er gleich bis Bozen durchfährt. Er freut sich über seinen Entschluss, bis nach Hause zu radeln, wie wenn er schon da wäre. Die Dunkelheit wird ihm an diesem längsten Abend des Jahres keine Probleme bereiten, seine Frau auch nicht. Und zum Tatort müsste er es auch rechtzeitig schaffen. Heute kommen die Stuttgarter Kommissare, nach Münster und Dortmund sein persönlicher Platz 3 in der Liste der Lieblingskommissare.

Herrlich, denkt er sich mit Blick auf die nun folgenden Serpentinen, klickt die Schuhe in die Pedale und stürzt sich in die ersten Abfahrtsmeter. Fast 1.900 Höhenmeter trennen ihn noch von Bozen. 1.900 Höhenmeter lang bergab. Das wird ein Spaß.

„Das war ein Spaß", erinnert sich Anna an die Wanderung zurück. Sie hat mittlerweile Bozen erreicht. In den letzten drei Stunden ist sie in drei Bussen und Zügen mehr als 2.000 Höhenmeter bergab gefahren. Wenn alles nach Fahrplan läuft, kommt sie um 20:06 Uhr in Naturns an. Dann schnell aufs Fahrrad schwingen, den letzten Kilometer zurücklegen und um 20:15 Uhr auf der Couch sitzen. Aber nicht auf der eigenen Couch, sondern ein Stockwerk tiefer auf der Couch ihrer Eltern. Die hat den Vorteil, dass es da warmes Essen gibt.

In Sigmundskron dauert's mal wieder etwas länger, bis der Gegenzug kommt. Annas Blick wandert von ihrem Buch auf ihre Armbanduhr. Sie fragt sich, ob sie schneller von den Drei Zinnen zu Hause gewesen wäre, wenn sie mit dem Auto gefahren wäre. Dann schaut sie aus dem Fenster. Und sieht die MeBo. Und dort sieht sie den Stau. Stoßstange an Stoßstange, wie wenn es sich um einen einzigen großen Parkplatz handeln würde. Sie grinst zufrieden und wendet den Blick wieder in ihr Buch.

Mehr als 120 Seiten hat sie dieses Wochenende schon gelesen, und das, obwohl sie ja die meiste Zeit mit ihrer Freundin unterwegs war und sich mit ihr unterhalten hat. Sie hat immer wieder das Gefühl, dass sie im fahrenden Zug schneller und konzentrierter lesen kann als anderswo. Irgendwann wird sie mal Vergleichszeiten stoppen.

„Schaut mal da rechts! Soll ich mal Vergleichszeiten stoppen?" Adam und Tigra, die kurz nach der Ausfahrt Eppan im Stau stehen, sind kurz verblüfft. Sie wissen nicht, wovon Jan redet. Dann wenden sie ihren Blick nach rechts – und sehen den bunten Zug durch die Obstfelder fahren. Und mit einem Schlag sind sie beide sauer. Noch saurer als vorher. Waren es vorher vor allem Stillstand und Stau, die sie wütend gemacht haben, so ist es jetzt der kleine Besserwisser auf der Rücksitzbank, dem in dieser beschissenen Situation nichts Besseres einfällt, als auf die Überlegenheit seines Lieblingsverkehrsmittels hinzuweisen. Dass seine Frage eine Provokation ist, war Jan klar.

Dass ihn Adam gleich mit „DU KANNST JA AUSSTEIGEN UND DEINEM SCHEISS ZUG HINTERHERRENNEN UND EINSTEIGEN" anbrüllen wird, das hat ihn dann doch überrascht. Nicht nur Jan traut sich wieder, provokativ zu sein, seit die Tante nicht mehr im Auto sitzt; auch Adam traut sich wieder, cholerisch zu sein, seit die Schwägerin nicht mehr im Auto sitzt. Tigra übernimmt schlagartig die Rolle, die sie immer übernimmt: die Vermittlerin zwischen Provokation und Cholerik, zwischen Eisenbahn und Auto, zwischen Rücksitzbank und Fahrersitz. „Komm, Adam, du musst ihn ja nicht gleich so anbrüllen." – „ICH BRÜLL AN WEN ICH WILL!" – „Du solltest weniger Auto fahren, dann hättest du weniger Bluthochdruck und wärst ein ausgeglichenerer Mensch", traut sich natürlich niemand zu sagen. Jan traut sich auch nicht, darauf hinzuweisen, dass sie nicht im Stau stehen, sondern dass sie der Stau SIND. Dass Stau nicht etwas ist, das einfach da ist und das man nicht ändern kann, sondern dass Stau dadurch entsteht, dass zu viele Menschen gleichzeitig Auto fahren statt sich auf unterschiedliche Uhrzeiten oder effizientere Verkehrsmittel zu verteilen. Nein, Jan weiß, dass jedes weitere Wort als eskalierende Provokation verstanden wird und schweigt sicherheitshalber.

Tigra legt ihre linke Hand auf die rechte Hand von Adam, die auf dem Schaltknüppel liegt. Was auch immer seine rechte Hand da macht, ein anderer Gang als der Erste war schon länger nicht mehr eingelegt. Sie versucht, ihn zur Ruhe zu bringen. Dabei ist sie es, die durchaus beunruhigt ist: Wenn der Stau noch länger dauert, wird sie den Anfang vom Tatort verpassen. Dabei kommt doch heute ihr geliebter Richy Müller alias Hauptkommissar Thorsten Lannert.

Otto wird aufgrund der langen Umstiegszeit in Trento nicht rechtzeitig zum Tatort zu Hause sein. Lannert und Bootz, die Stuttgarter Kommissare, ermitteln heute in Sachen Stuttgart 21, das will er unbedingt sehen. Wenn schon nicht „live", dann halt direkt danach in der Mediathek. Während er am Bahnhof von Bassano del Grappa ein Magnum mit Espressogeschmack schleckt, überlegt er, ob es schonmal einen Tatort mit Mobilitätsthema gab. Ihm fällt keiner ein. Vielleicht der Berliner Tatort, der überwiegend in der U-Bahn gespielt hat. Und klar, es gibt immer mal wieder Autounfälle im Tatort. Und für besonders stimmungsvolle Großstadt-bei-Nacht-Bilder lässt man immer eine Stadtbahn oder S-Bahn durchs Bild fahren – an der Otto aus dem Stegreif die Stadt erkennen würde. Beim Münsteraner Tatort ist es sicher kein Zufall, dass der sympathische Kommissar Thiel Fahrrad fährt, während der arrogante, unsympathische Börne immer Auto fährt. Außerhalb der Fahrradstadt Münster fahren die Kommissare – vom verpeilten Saarbrücker Vespa-Stellbrink, dem Nach-Nachfolger von Fahrrad-Palu, einmal abgesehen – ja meistens Auto. Zufälligerweise meistens ein Auto, das in der Nähe der Einsatzorte gebaut wurde.

Otto muss seine Tatort-Gedanken einstellen und in den Zug einsteigen. Die vor ihm liegende, von steilen Felsen eingerahmte Fahrt durch das Brentatal wird der Höhepunkt seiner langen Rückreise. Beim Blick auf den schönen Radweg, der durch das Tal führt, träumt er schon von der nächsten großen Tour. Beim Halt in Primolano legt er den Finger auf die Landkarte und fängt an zu träumen: Was, wenn man – er bewegt den Finger auf der Landkarte Richtung Osten – ein kurzes Verbindungsstück zwischen Primolano und Feltre bauen würde? Dann gäbe es eine durchgehende Bahnverbindung am Südrand der Dolomiten, von Trento bis Belluno und Calalzo, und man müsste nicht den riesigen Umweg über Bassano del Grappa fahren. Es gibt ja sogar Idealisten, die von einem Wiederaufbau der Dolomitenbahn Calalzo – Cortina – Toblach träumen. Dann könnte man in einem Zug einmal rund um die Dolomiten fahren.

Erstmal fährt Otto durch das Valsurgana und genießt den Blick auf Berge und Seen, während die Kopfhörer ihm ein schönes Hörbuch ins Ohr sprechen, das ihn ein bisschen schläfrig macht. Die große Schleife, in der sich der Zug nach Trento hinunterwindet, verschläft er.

„Günther, du wirst doch nicht den Tatort verschlafen wollen!" Seine Frau dreht ihm den Zeigefinger in die Seite. „Nein, niemals!", sagt er im gespielten Befehlston und richtet sich schwerfällig auf. Aus dem Fernseher dröhnt die bekannte Tatort-Melodie, von der gar nicht so bekannt ist, dass Udo Lindenberg ihr Schlagzeuger ist.

Günther hätte statt dem Bier doch eine Cola aufmachen sollen. Oder doch ein paar Höhenmeter weniger fahren. Nein, auf keinen Fall, ganz schlechte Idee. Er möchte nicht einen einzigen Höhenmeter heute missen, auch wenn ihm vor allem die Höhenmeter auf dem Aufstieg zum Pordoijoch einiges abverlangt hatten. Er legt den Arm um seine Frau, freut sich über das heute Erreichte und auf den Krimi. 152,5 Kilometer kann er in sein Fahrradwettbewerb-Fahrtenbuch eintragen. Sein neuer Gesamtkilometerstand ist 2.870.

180,2 Kilometer hat Ramon gerade in der Fahrradwettbewerb-App gespeichert. Sein neuer Gesamtkilometerstand ist 3.018. Jetzt legt er das Handy zur Seite, Second Screen und Twitter braucht er nicht, wenn der Tatort gut ist. Und der heute ist gut.

Anna findet den Tatort wie erwartet gut. Schöne Wanderung, entspannte Zugfahrt, spannender Tatort. So sieht für sie der perfekte Sonntag aus.

Tigra würde den Tatort auch gut finden. Aber sie sieht ihn noch nicht. Sie sieht nur die roten Rücklichter im zähflüssigen Verkehr zwischen Forst und Töll. Ein perfekter Sonntag sieht anders aus.

Passeiertal und Inntal

Der Wecker klingelt um 5:40 Uhr. Aufstehen! Es ist heute aber kein „Neeein! Ich muss aufstehen und Arbeiten!" Es ist ein „Jaaa! Ich darf aufstehen und Fahrrad fahren!" Der Schlafanzug wird gegen das Fahrradtrikot getauscht, der Bauch wird mit Cornflakes und die Fahrradflasche mit Wasser gefüllt. Windjacke und Müsliriegel in die kleine Tasche am Oberrohr, Sonnenbrille und Bananen in die Trikottaschen, los geht's.

An der Etsch entlang nach Meran, durchs Passeiertal, übers Timmelsjoch, durchs Ötztal und Inntal, bis nach Innsbruck. Mit dem Zug zurück. Das ist sein Plan für heute. Günther hat nicht nur zum ersten Mal seit Wochen wieder ein freies Wochenende, er freut sich auch, dass die Hitzewelle vorbei ist und er jetzt mal wieder etwas weniger anstrengend schöne Touren machen kann.

Die Saharahitze hatte Südtirol zwei Wochen lang voll im Griff, die Meteorologen durften beinahe täglich neue Rekorde verkünden. Der wärmste Juli aller Zeiten, die heißeste Nacht aller Zeiten, die höchste je gemessene Temperatur. Insbesondere im Etschtal und auf den Hochplateaus Ritten und Seiser Alm wurde wegen der hohen Ozonwerte von intensiver sportlicher Betätigung vor allem in den Abendstunden abgeraten. Ramon ist natürlich trotzdem weiterhin Rennrad gefahren. Warum soll er bestraft werden für den Schaden, den andere anrichten? Mit Fahrverboten für Autos würde man die Ozonwerte wieder in den Griff kriegen, Sportverbote für Fahrradfahrer führen aus Ramons Sicht nur dazu, dass die Autofahrer einen Freifahrschein ausgestellt kriegen und die Atmosphäre weiterhin zerstören können wie sie wollen.

Heute muss er sich um seine Gesundheit weniger Sorgen machen, Temperaturen und Ozonwerte sind deutlich gesunken. Sein Freund Matthias macht gerade Urlaub in Graubünden, da liegt es nahe, gemeinsam auf Tour zu gehen. Die zwei haben in den vergangenen zehn Jahren schon einige Höhenmeter gemeinsam geschrubbt, vom Nufenenpass in der Schweiz bis hin zu dieser unerwartet steilen Endmoräne auf Usedom. Der Plan für diesen Samstag: Berninapass. Anreise zum Munt la Schera Tunnelportal, das ist von Vilpian ungefähr genauso weit entfernt wie von Matthias' Urlaubsort Laax. Weil die Züge auf der Vinschgaubahn zu klein sind für die vielen Fahrräder, die mitfahren wollen, gibt es ab 8 Uhr ein Fahrradmitnahmeverbot. Vor 8 Uhr darf man in Meran aber noch mit Fahrrad einsteigen. Das heißt: Abfahrt in Vilpian um 7:24 Uhr.

Um 7:24 Uhr hat Günther gerade Vilpian passiert. Hier, bei Flusskilometer 86,5, reichen die Apfelplantagen rechts ganz nah an den Radweg heran, mit schwarzen Netzen werden sie vor Hagel und hungrigen Radfahrern geschützt. Die Äpfel sind richtig grün und groß geworden in den letzten Wochen.

Nach der nächsten Linkskurve ziehen sich die Äpfel wieder auf die andere Seite der Bahntrasse zurück. Radweg und Bahntrasse werden durch einen grünen Zaun voneinander getrennt. Günther wundert sich über den grünen Zaun – warum muss man Eisenbahn und Fahrräder voreinander schützen?

Günther wird aus seinen Gedanken gerissen, als sich von hinten der Zug Richtung Meran nähert. Wenn man mit dem Zug von Bozen nach Meran schleicht, hat man oft das Gefühl, dass man mit dem Fahrrad wohl schneller wäre. Von Haustür bis Haustür gemessen ist das auch tatsächlich so. Aber wenn man hier am grünen Zaun entlangradelt und hört, wie sich von hinten der Zug nähert, und man dann das Rennrad beschleunigt und versucht, das Tempo vom Zug mitzugehen, hat man nicht die geringste Chance. Auch dann nicht, wenn man sich so anstrengt, wie das Günther gerade tut. Während hinter den Zugscheiben Menschen auf bequemen Lodensitzen dösen und lesen, sitzt Günther mit verbissenem Gesichtsausdruck auf einem harten Ledersattel und kämpft.

Ramon sitzt auf einem bequemen Lodensitz und döst. Gedanklich geht er die Tour für heute nochmal durch. Tagestouren mit drei Pässen sind nie einfach. Aber er hat viel trainiert in den letzten Wochen, er ist sich sicher, dass er es schaffen wird. Er blickt aus dem Fenster und sieht, dass schon die ersten Rennradfahrer unterwegs sind. Es sieht außerdem so aus, wie wenn es leicht regnen würde.

Die paar Regentropfen, die sich bis auf den Radweg verirren, ignoriert Günther. Die nächtlichen Gewitter sind abgeklungen, es ist so kühl wie schon lange nicht mehr. 21° C heute Morgen in Bozen, das fühlt sich nach den Erfahrungen der letzten Wochen direkt kalt an. Auf dem kalten Wasser der Etsch fließt eine Nebelschicht mit, die sich noch vor der Salurner Klause von den ersten Sonnenstrahlen wieder auflösen lassen wird. Noch ist die Texelgruppe am Horizont von Wolken verhüllt. Aber der Wetterbericht hat versprochen, dass es am Vormittag aufklaren und schön werden soll.

Die ersten drei anderen Rennradler hat Günther an der Reschenbrücke gesehen, noch vor Siebeneich kam ihm die erste Vierergruppe entgegen, seitdem füllt sich der Radweg zusehends. Immer mehr tollkühne Männer auf ihren fast fliegenden Kisten. Sie haben wohl alle denselben positiven Wettbericht gehört. Sie fahren aber alle Richtung Gardasee und Verona, wo das Wetter jetzt schon schön ist. Nur Günther fährt in Richtung der grauen Nebelsuppe, die man hinter Meran erkennt.

Die graue Nebelsuppe, die man Richtung Meran erkennt, schreckt Otto nicht ab. Er ist überzeugt davon, dass sich die Sonne bald durchsetzen wird und er seine Radtour ins Passeiertal genießen kann. Er radelt vorerst nur bis zum Bahnhof Sigmundskron, dann wird er bis Meran den Zug nehmen. Wenn alles nach Plan läuft, wird ihn Daniel dort am Bahnhof schon erwarten, damit sie gemeinsam die Tour ins Passeiertal starten können. Otto sieht glücklich aus, nur die Sonne sieht er noch nicht.

Die Sonne sieht Günther noch nicht, aber die Rampe. Die kleine Rampe nach dem Bahnhof Lana-Burgstall bringt wie immer etwas Abwechslung in den ansonsten doch recht langweiligen Radweg entlang der Etsch. Die Rampe runter könnte man auf über 40 km/h beschleunigen und seine aktuelle Fitness daran messen, wie lange man das Fahrrad auf über 40 km/h hält. Könnte man. Macht Günther heute aber nicht, weil er seine Kräfte für das Timmelsjoch aufsparen will. Der Sprint hinter Vilpian reicht ihm fürs Erste.

Am Kreisverkehr in Sinich wechselt er auf die Straße. Stadtverkehr Meran oder der Beschilderung zum Timmelsjoch folgend die Zusatzsteigung an den Gärten von Trautmannsdorf vorbei? Er entscheidet sich falsch: Für die zusätzlichen Höhenmeter, auf Rüttel-Asphalt und mit sehr viel Verkehr. Keine ruhige Idylle mehr, kein leiser Fahrradweg mehr, sondern die Verkehrshölle. Scooter, Autos und Transporter blasen ihm stinkende Abgase um die Ohren. Er schaltet in immer noch kleinere Gänge und hat das Gefühl, überhaupt nicht mehr voranzukommen. Zum ersten Mal heute, aber dafür gleich sehr konkret, stellt er sich die Frage, ob er die Tour nicht doch lieber abbrechen sollte. Wenn er sich mit der Steigung nach Trautmannsdorf schon so schwer tut, wie soll er dann aufs Timmelsjoch hochkommen?

„Wenn du in die Kühltruhe so schwere Sachen packst, wie sollen wir dann den Ofenpass hochkommen?", scherzt Adam. Tigra packt Picknick für zehn Leute in die Tasche, dabei sind sie nur zu dritt. „Wie viele PS hat unser Auto?", fragt sie. – „120."– „Mit 120 PS müsste es das Auto gerade so schaffen, die Kühltruhe auf den Pass zu bringen." – „Das Auto schon, aber denkst du, ich trage das dann alles im Rucksack, wenn wir wandern?" – „Wir können ja manches schon im Auto essen oder für nach der Wanderung im Auto lassen".

Ein genervter Jan, der extra früh aufstehen musste, nur um jetzt wieder die sinnlosen Diskussionen seiner Eltern ertragen zu müssen, gibt durch ein

Seufzen zu verstehen, dass er mit Frühstücken seit etwa 10 Minuten fertig und seitdem bereit zum Aufbruch ist.

„Bereit zum Aufbruch?“ – „Zu Befehl!“ – „Dann los! In 15 Minuten fährt der Zug“. Den Fahrplan hatte Anna rausgesucht und mit ihren Eltern diskutiert, ob man denn nun nur nach Rabland fahren und von dort zu Fuß zur Seilbahn gehen oder ob man tatsächlich kompliziert mit Umstiegen in Töll und Partschins mit dem Bus bis zur Seilbahn fahren soll. Die aus Anna und ihrer Mutter bestehende Fußgeherfraktion hat sich mit dem Argument „da sind wir schneller an der Seilbahn und können die Wanderung früher starten“ gegen die aus Annas Vater bestehende Busfahrerfraktion mit deren Argument „aber ihr wisst schon, dass wir später auf dem Meraner Höhenweg noch genug zu Wandern haben?“ durchgesetzt.

Otto hat sich bei der Routenplanung durchgesetzt. Den Radweg ins Passeiertal ist er nämlich noch nie gefahren, und er geht sich genau aus, um pünktlich zur Konferenz wieder in Meran zu sein. 20 Kilometer sind es von Meran bis St. Leonhard. Otto und Daniel gehen davon aus, dass sie St. Leonhard gegen halb elf erreichen werden.

Um 9:05 Uhr hat Günther St. Leonhard erreicht. Noch liegt seine Durchschnittsgeschwindigkeit über 20 km/h. Aber das wird sich bald ändern: Wer mit dem Fahrrad durchs Passeiertal nach St. Leonhard kommt und noch weiterradeln möchte, für den geht es nun auf jeden Fall steil bergauf. Die beliebtesten Ziele zur Weiterfahrt sind Jaufenpass und Timmelsjoch. Das Timmelsjoch ist der deutlich schwierigere und höhere von den beiden Pässen, die Passhöhe liegt auf über 2.500 Metern Höhe und somit 1.800 Meter höher als St. Leonhard.

Auf der Passeiertalstraße war der Verkehr nicht so schlimm wie befürchtet. Jetzt, wo Günther deutlich langsamer fährt und somit deutlich häufiger überholt wird, kommt es ihm vor, wie wenn der Verkehr seit St. Leonhard deutlich stärker geworden wäre, obwohl ja die Mehrzahl der Autos über den Jaufenpass weiterfährt.

Nach wie vor kommen einzelne andere Radler entgegen, zuletzt in St. Leonhard eine Reiseradlerin mit vier Gepäcktaschen am Fahrrad. Nach wie vor hat Günther aber heute noch nicht einen anderen Radfahrer gesehen, der in seine Richtung gefahren wäre. Alle anderen haben anscheinend nicht nur den Südtirol-Wetterbericht nachgeschaut, sondern auch den für Nordtirol…

Auf den Abstecher in das Ortszentrum von St. Leonhard hatte Günther verzichtet, in der Hoffnung, dass es auch 300 Höhenmeter weiter in Moos noch die Möglichkeit gibt, die Getränkevorräte aufzufüllen. Jetzt ist er in Moos beim Metzger und stellt fest, dass das kein geeigneter Ort für ein zweites Frühstück ist: Keine Getränke, keine belegten Semmeln, keine Schokolade oder Riegel. Also nichts, was dem Radfahrer helfen würde. Bäcker gibt es rund um den Platz keinen. Also doch Supermarkt-Frühstück. Günther ist überrascht, dass der Supermarkt so früh schon so voll ist.

Anna ist überrascht, dass der Meraner Höhenweg so früh schon so voll ist. Das wird heute keine Wanderung durch die Bergeinsamkeit. Regelrechte Heerscharen der Knickerbocker-Armee lassen sich mit den verschiedenen Seilbahnen aus dem Tal in die Höhe katapultieren, um hinterher ins Tal runterschauen zu können. Klar, der Vinschgau und der Meraner Höhenweg sind schön, aber sind sie soo schön, dass man gleich in Hundertschaften ausrücken muss?

Schon nach einer halben Stunde ist Anna klar: Ja, der Weg ist wirklich soo schön, dass ihn jeder unbedingt mal erwandert haben sollte. Auch wenn es natürlich eine Unverschämtheit ist, dass die anderen alle ausgerechnet heute wandern müssen, wo Anna hier mit ihren Eltern wandert.

---

29 € sind natürlich eine Unverschämtheit. Soo lange ist die Postbusfahrt von Mals über den Ofenpass zum Abzweig nach Livigno nicht, dass man dafür samt Fahrradmitnahme fast 2 % von Ramons Monatsgehalt kassieren müsste. 5 € kommen noch dazu für den Shuttlebus durch den Tunnel Munt la Schera, wo Radfahren seit mehreren Jahren amtlich verboten ist. Da merkt Ramon mal wieder, wie verwöhnt man in Südtirol von den günstigen Südtirol Pass-Tarifen ist.

Der Postbusfahrer hat das Rennrad sicher auf dem Hänger verstaut und kurvt den Bus sicher durch enge Ortsdurchfahrten. Spektakulärer Höhepunkt ist gleich nach Fahrtbeginn die Einfahrt durch das Stadttor in das mittelalterliche Ministädtchen Glurns, links und rechts vom Außenspiegel fehlen jeweils etwa zwei Zentimeter bis zu den Steinen des Stadttors. Aber auch im Val Müstair erfordern die mittelalterlichen Straßenschluchten, dass der Busfahrer sein Gefährt gut beherrscht. In Santa Maria in Müstair ist an einer Hauswand sogar eine Metallplatte befestigt, die Lkw- und Busaußenspiegel zwangs-einklappt, bevor diese an der Hauswand entlangschrabben. Auf dem Rückweg wird Ramon genau dieselbe Strecke mit dem Fahrrad zurücklegen, sie wird dann aber deutlich weniger spektakulär aussehen als jetzt aus dem großen, hohen Postbus-Fenster heraus.

Wenn er nach vorne oben blickt, sieht Adam die Rückscheibe des Postbusses. Der Postbus zieht einen Anhänger, auf dem drei Fahrräder baumeln. Adam fährt schon ziemlich lange hinter diesem Postbus her. Er tobt: „Herrgott nochmal! Wie langsam will der denn noch fahren! Ja, genau, brems noch ein bisschen, 35 km/h ist wirklich zu schnell. Himmel Arsch Scheißdreck!" – „Papa, wenn ich nicht Scheißdreck sagen darf, darfst du das auch nicht!" – „Halt DU dich da raus! Du würdest wahrscheinlich am liebsten da vorne drinsitzen." – „Ja, würde ich! Dann würde ich viel mehr sehen. Wenn man weiter oben sitzt und größere Fenster hat, sieht man nämlich viel mehr!" – „Halt's Maul!"

Jetzt ist es Zeit für Tigra, einzuschreiten. Den Postbus anbrüllen und auf ihn einreden, das ist zwar, wenn man mal darüber nachdenkt, ein ziemlich komisches Verhalten, aber gesellschaftlich akzeptiert. Den eigenen Sohn beleidigen und beschimpfen, das geht zu weit. Das bringt Tigra ihrem Mann gegenüber zum Ausdruck, indem sie seinen Vornamen faucht. Adam rechtfertigt sich: „Ach, ist doch wahr! Soll er doch das nächste Mal Lahmarsch-Bus fahren, wenn ihm unsere Scheiben zu klein sind." Jan versucht sich ein Grinsen zu unterdrücken. „Die Aussicht ist hier im Auto nicht das Einzige, was beschränkt ist", denkt er sich. Sagen tut er stattdessen: „Mach ich auch, und ihr auch. Dann wirst du sehen, wie viel entspannter Bus fahren im Vergleich zu Auto fahren ist."

Der erhobene Zeigefinger zu seiner Rechten signalisiert Adam, dass er darauf jetzt besser nichts erwidern sollte. Stattdessen spielt er auf dem Lenkrad Schlagzeug und setzt sein recht einseitiges Zwiegespräch mit dem Postbus fort. „Du Drecksau, wart nur, sobald du aus dem Ort raus bist, wirst du überholt, aber sowas von."

Gesagt, getan: Der Motor heult auf, im zweiten Gang bis 80 km/h, erst am Anhänger vorbei, dann am Bus.

Ramon wird von einem aufheulenden Motor aufgeschreckt. Ist das der silberne Opel, der da gerade überholt? Kann ein einziges Auto so viel Lärm machen? Anscheinend ja, sonst ist grad kein anderes Fahrzeug in der Nähe.

Noch während der Opel überholt, wird der Bus langsamer. Ramon fürchtet, dass Gegenverkehr kommt. Aber der Bus wird deshalb langsamer, weil er abbiegen will, er verlässt die Hauptstraße und fährt in den Ort Valchava.

Im Rückspiegel sieht Adam, dass der Bus abbiegt. „Wie, der biegt ab, wo will der denn hin? Das heißt – das Überholmanöver war vollkommen sinnlos, ich wäre ihn eh gleich losgeworden?" Adam wird vom Beifahrersitz aus in seinen Überlegungen unterbrochen: „Was hättest du gemacht, wenn da jetzt Gegenverkehr gekommen wäre?" – „Kam ja keiner." – „Und wenn er gekommen wäre?" – „Hätte er halt bremsen müssen." – „Du hast echt einen Knall! Wenn du das nächste Mal drei Menschenleben aufs Spiel setzen willst, sag vorher Bescheid, dann bleibe ich zu Hause." Von der Rücksitzbank ertönt es: „Und ich fahre Bus!" Adam, dem klar ist, dass er es diesmal zu weit getrieben hat mit seiner cholerischen Emotionalität, dem bewusst wird, dass das ganz schön hätte ins Auge gehen können, und der als einziger weiß, dass das Überholmanöver komplett sinnlos war, versucht, sich seine Zweifel nicht anmerken zu lassen: „Kriegt euch mal wieder ein! Wir hätten doch nicht ewig hinter dem Scheiß Bus hertuckern können."

Jetzt sagt erstmal keiner was. Wie so oft bei gemeinsamen Autofahrten sind alle in erster Linie sauer aufeinander, erst in zweiter Linie achten sie darauf, durch welch wunderschöne Landschaft sie gerade fahren. Adam lenkt durch die ersten Serpentinen, es geht nun steiler bergauf.

Gleich hinter Moos geht es in den ersten Serpentinen steiler bergauf. Heute ist einer dieser Samstage, wo sich halb Holland mittags auf Deutschlands Autobahnen trifft. Das eine Viertel verlässt Südtirol am Morgen, das zweite Viertel kommt am Nachmittag in Südtirol an. Teilweise überholen Günther mehr gelbe Nummernschilder als weiße Nummernschilder. Aber nicht nur die Niederlande, auch Frankreich, Dänemark, Luxemburg, Belgien, Ungarn, Deutschland, Österreich und Italien: Diverse Nummernschilder sind auf dem Timmelsjoch vertreten. Die Europäische Union ist hier und heute so vereint wie sonst im Moment eher selten. Die Fahrzeugauswahl reicht vom voll beladenen, aber schwach motorisierten Volvo Kombi bis hin zum stark motorisierten, aber kaum beladbaren Jaguar Coupé.

Günther gefällt diese Straße. Es geht auf der rechten Talseite am Hang entlang aufwärts. In den vielen kurzen Tunnels kann man als Radfahrer pfeifen und von der Lautstärke des eigenen Echos überrascht sein. So lange, bis wieder ein Motorrad oder Auto in den Tunnel reinfährt und man denkt, dass unter der Lärmkulisse gleich das gesamte Gebirgsmassiv zusammenkrachen wird.

Tunnel Nummer 10 ist schon etwa eine Fahrradstunde und 600 Höhenmeter von Moos entfernt. Nach dem Tunnel macht Günther eine erste Pause. Die Freifläche vor dem Gasthaus kann fast schon als Aussichtsplattform bezeichnet werden. Der Blick wandert hinunter nach Rabenstein. Zwei Bananen und zwei Fotos, dann geht es weiter.

Jan und Tigra essen zwei Bananen, Adam macht zwei Fotos. „Hach, ist das schön hier." – „Hörst du den Bach rauschen? Und wie klar die Luft hier oben ist. Einfach herrlich. Findest du nicht auch, Jan?" Jan quält sich ein „ja, schön" heraus, zwingt sich also dazu, ausnahmsweise nicht den Spielverderber zu spielen und darauf hinzuweisen, wie schön klar die Luft auch unten im Tal sein könnte, wenn nicht alle immer Auto fahren würden. Und er findet es hier oben ja tatsächlich schön. So, wie es hier aussieht, stellt er sich Kanada vor.

Mit dem Shuttlebus ist man relativ schnell in Kanada. Einfach drei Kilometer durch den Munt-la-Schera-Tunnel fahren, und schon ist man in einer Fels- und Nadelwald- und Seenlandschaft, die auch in Alberta oder British Columbia liegen könnte. Ganz schön frisch ist es hier auf 1.800 Metern Höhe. Der Griechische Wein, der aus den Radiolautsprechern im Shuttlebus dröhnt, passt nicht so ganz zur Kälte.

Auf der 130 Meter hohen Staumauer überquert der Shuttlebus die Grenze von der Schweiz nach Italien, auf beiden Seiten der Staumauer stehen die entsprechenden Zollstationen. Der Shuttlebus verabschiedet seine drei Passagiere kurz vor der italienischen Zollstation. Wieder Ledersattel unter dem Po, immer noch griechischen Wein im Ohr. Ramon und Matthias radeln durch lange Lawinengalerien etwa neun Kilometer lang am Seeufer entlang Richtung Livigno. Ist so wie das Blut der Erde… Der See blinzelt smaragdgrün ins grelle Sonnenlicht. Komm, schenk mir ein… Viele Rennradfahrer kommen entgegen. Liegt es daran, dass ich immer träume von daheim…

Livigno liegt in der Lombardei und dennoch nördlich der Alpenhauptkamm-Wasserscheide. Die zollfreie Zone ist ein beliebter Wintersport- und Volltankort. Den Hängen an der Seite sieht man an, dass es hier im Winter sehr viele Skipisten gibt. Die zahlreichen Sportgeschäfte versuchen verzweifelt, auch im Sommer gute Geschäfte zu machen und setzen alles auf die Karte Mountainbike. Den beiden Herren Rennradlern kommt das entgegen, so können sie ihre französischen Ventile nochmal auffüllen, bevor es zurück in die Schweiz geht.

Das Privileg, zollfrei zu sein, verlieh einst Napoleon, damit der im Winter schwer erreichbare Ort ganzjährig bewohnt wird. Mittlerweile ist es dank gut ausgebauter Straßen ganzjährig kein Problem mehr, Livigno zu erreichen, aber das Zollfrei-Privileg existiert noch immer. Deshalb die hohe Tankstellen-Dichte und die überdimensionierten Schnapsregale in den Supermärkten. Ein Liter Diesel kostet 88 Cent, Schnaps ist etwas teurer. In Müstair hatte der Liter Diesel noch 1,63 CHF gekostet, die Schnapspreise in der Schweiz will man wahrscheinlich gar nicht wissen.

Nach dem Abzweig Richtung Bormio wird der starke Verkehr zum Glück etwas schwächer. Auf der Passauffahrt zur Forcela di Livigno sind nun deutlich mehr Fahrräder unterwegs als Autos und Motorräder. Die Steigung ist anfangs sanft, sodass die Anzeige auf dem Smartphone selten die 20-km/h-Marke unterschreitet.

Die Straße führt am rechten Hang entlang, schon früh erblickt man die Passhöhe. Bis dorthin ist es aber noch ein langer, zunehmend steiler Weg. Die Anzeige auf dem Smartphone nähert sich mittlerweile der 10-km/h-Marke, aber immerhin schaffen sie die komplette Auffahrt ohne Pause. Ramon gibt das Tempo vor, Matthias hängt am Hinterrad. In der letzten Lawinengalerie vor der Passhöhe zieht Ramon das Tempo etwas an, Matthias bleibt dran. Ramon beschleunigt noch ein bisschen mehr, Matthias bleibt dran. Wenn Ramon unauffällig seine Pupillen nach rechts bewegt, kann er neben der Straße den Schatten von Matthias' Vorderrad erkennen. Er würde also aus dem Augenwinkel bemerken, wenn Matthias zum Angriff ansetzt. Nie, nie, nie wird er die Auffahrt zum Klausenpass vor mittlerweile acht Jahren vergessen: Matthias hatte einen schlechten Tag erwischt – der einzige schlechte Tag von Matthias, an den sich Ramon erinnern kann – und war auf der nachmittäglichen Auffahrt zum Klausenpass zu nichts mehr zu gebrauchen. Aber statt Matthias einfach stehenzulassen und alleine den Pass hinaufzujagen – es wäre das bis dahin erste Mal in der gemeinsamen Radlgeschichte gewesen, dass Ramon Matthias auf einer Passauffahrt bezwungen hätte –, hat sich Ramon kollegialerweise zurückgehalten und Matthias Serpentine für Serpentine den Hang hinaufgezogen. Bis hinauf zur Passhöhe. Beziehungsweise bis etwa 50 Meter vor der Passhöhe. Da hat nämlich Matthias seine nicht mehr vorhandene Kraft zusammengenommen, ist aus dem Windschatten ausgeschert und als erster an der Passhöhe angekommen. Und hat sich dafür gefeiert. Aber so richtig. Ramon hätte ihn erschlagen, erwürgen und erschießen können. Und danach teeren und federn. Was für eine Schmach, was für eine Unverschämtheit.

Die unvergessliche Erinnerung an den Klausenpass sitzt Ramon im Nacken. Sowas wird ihm nicht nochmal passieren. Er rechnet fest mit dem Angriff. Je später Matthias zum Angriff ansetzt, desto gefährlicher, weil keine Zeit für einen Konter bleibt. Wenn Matthias erstmal aus dem Windschatten raus ist und mit Schwung überholt, dann ist es schon zu spät. Ramon muss den Angriff im Keim ersticken. Seine Kurzatmigkeit ist der Seehöhe und dem Tempo geschuldet. Aber auch der Nervosität. Er schaut abwechselnd auf die vor ihm liegende Straße und auf den neben ihn geworfenen Schatten von Matthias' Vorderrad. Der Angriff müsste jetzt bald kommen. Die Passhöhe ist zum Greifen nahe. Die Linkskurve vor dem Rifugio Tridentina, dann die Rechtskurve vor der menschenleeren Zollstation, dann kommt die Passhöhe. Ramon tritt, was die Beine noch hergeben. Matthias auch. Ramon wartet auf den Angriff von hinten. Der Angriff – kommt nicht. Matthias denkt nicht im Entferntesten an einen Angriff. Er freut sich einfach nur, die Passhöhe gemeistert zu haben und die Aussicht zu genießen. Seine erste Passhöhe seit mehr als einem Jahr.

Ein regelrechter Passhöhen-Orgasmus setzt ein. Die Glücksgefühle, die ausgeschüttet werden, wenn man mit dem Fahrrad die Passhöhe erreicht, sind schwer zu beschreiben. Wer das noch nie gemacht hat, wird es nicht nachvollziehen können, aber bergauf radeln kann tatsächlich so glücklich machen wie Ramon und Matthias jetzt sind.

Matthias ist komplett aus der Übung, seit er nicht mehr in den Alpen wohnt. Für Ramon sind Passhöhen Routine. Aber die Passhöhe vor Matthias zu erreichen, das ist alles andere als Routine.

Annas Vater ist wandertechnisch ein bisschen aus der Übung, für Annas Mutter hingegen ist der Meraner Höhenweg fast schon Routine. „Hier sieht es wirklich zu jeder Jahreszeit komplett anders aus", weiß sie zu berichten. „Am liebsten bin ich hier im Herbst, wenn alles so schön bunt ist, es nicht mehr so heiß ist und man am Horizont schon den ersten frischen Schnee sieht." – „Wahrscheinlich ist es dann auch nicht mehr so voll", mutmaßt Anna. Aber ihre Mutter muss sie enttäuschen: „Doch, ist es. Statt der deutschen Familien, die auf die Sommerferien angewiesen sind, sind dann halt die deutschen Pensionisten hier, die in der Nebensaison verreisen können, wenn die Unterkünfte günstiger sind. Dass man auf die hohen Gipfel im Herbst schon nicht mehr raufkommt, ist für die meisten Pensionisten-Urlauber ja keine große Einschränkung." – „Hm", beteiligt sich Annas Vater erstmals am Gespräch. „Was ist schlimmer, deutsche Familien oder deutsche Rentner?" – „Pssst, nicht so laut, wir sind hier in der Minderheit", scherzt Anna.

Ihr Gespräch wird unterbrochen von zwei entgegenkommenden bundesdeutschen Wanderern. Pensionisten, die sich Südtirol anscheinend auch in der Hauptsaison leisten können. Das sind wahrscheinlich die Schlimmsten. „Wadde mool uff de Schiraldoo", ruft die Eine zum Anderen, wie wenn der einen Kilometer entfernt wäre. Er ist aber direkt vor ihr. „Ah, wo bleibe se dann?", brüllt der Andere, offenkundig auch er schwerhörig. Nächsten Montag heißt er wahrscheinlich wieder Gerhard, so wie an 350 Tagen im Jahr. Aber in den zwei Wochen Italienurlaub hört er auf den Namen Giraldo. Nächsten Montag heißt der Lu-I-dschi auch wieder Ludwig und die Dschu-li-a wieder Julia.

Anna schaut ihre Eltern an, ihre Eltern schauen sie an, und alle drei wissen sie, was sie sich mit diesen Blicken sagen wollen. Die lautstarke Pensionisten-Wandergruppe in ihren Trekkingsandalen weiß es hoffentlich nicht. „98 % der deutschen Urlauber sind ja echt voll in Ordnung –", wird Anna kurz darauf sagen. – „Aber die Parfüm-Stinker gerade eben waren die anderen 2 %", wird ihr Vater lachend ergänzen.

Annas Mutter bleibt bei Prozentzahlen: „Würde mich mal interessieren, wie viel Prozent der Wanderer hier oben deutsche Urlauber sind. Viele Südtiroler wissen vielleicht gar nicht, wie schön der Meraner Höhenweg ist". Anna schlägt vor: „Ich kann ja nachher auf der Hütte mal auf Wikipedia nachschauen, ob das schonmal jemand untersucht hat."

Ramon schaut auf Wikipedia nach, was da zur Passhöhe steht. „Die Forcela di Livigno ist der einzige Pass zwischen der Schweiz und Italien, wo man aus der Alpensüdseite aus der Schweiz auf die Alpennordseite nach Italien hin wechselt." Für ihn ist es jetzt natürlich umgekehrt: Von Italien in die Schweiz, von der Nordseite auf die Südseite. Egal, Hauptsache, das Wetter bleibt schön.

Noch ein paar Passhöhenfotos mit der Handykamera und die Zwischenzeit checken, dann klemmt Ramon das Smartphone wieder in die Halterung am Lenkrad. Bevor sich die beiden in die Abfahrt stürzen, diskutieren sie noch kurz, warum man sich auf Passstraßen mit Serpentinen immer leichter tut als auf schier endlosen schiefen Ebenen, wo man den Höhen-Fortschritt zwar auf dem Smartphone ablesen, ihn aber nicht wirklich sehen kann.

Günther erlebt dieses Phänomen auf Passstraßen immer wieder, aber er versteht noch immer nicht, warum er sich mit Serpentinen leichter tut als mit langen schiefen Ebenen. Unmittelbar oberhalb der Baumgrenze hatte sich die Straße in Serpentinen einen Steilhang hinauf gewunden, von den oberen

Serpentinen konnte man hinunter auf die unteren Serpentinen blicken wie auf eine Modelleisenbahn. Günther hatte das Gefühl, richtig schnell richtig viel Höhe zu gewinnen. Jetzt führt die Straße als schiefe Ebene lange hangparallel Richtung Nord-Nordost. Die Steigung ist vermutlich identisch mit dem Serpentinenabschnitt davor, aber Günther hat nicht mehr das schöne Gefühl, wirklich Höhe zu gewinnen.

Schon seit St. Leonhard schiebt er sich mit etwa der selben gemächlichen Geschwindigkeit den Berg hinauf, mit der sich die Wolken über den Berg schieben, sodass immer wieder ein neues Stück Straße freigegeben wird, ohne dass man bislang mal bis nach ganz oben hätte schauen können. Auch so eine alte Passstraßen-Erfahrung von Günther: Wenn man – wie zum Beispiel am Stilfser Joch – die Passhöhe schon von Weitem sieht, fühlt sich die Auffahrt viel länger und zäher an als wenn die Passhöhe – wie am Timmelsjoch – plötzlich unvermittelt vor einem auftaucht.

Es ist mittlerweile 12 Uhr Mittag. Günther verbringt eine Bananen- und Riegelpause auf gut 2.200 Metern Höhe. Knapp 300 Höhenmeter trennen ihn also noch von der Passhöhe. Wird er das Timmelsjoch heute zum ersten Mal mit dem Fahrrad überqueren? Alles spricht dafür. Zwei Mal musste er schon abbrechen, einmal wegen einem bevorstehenden Gewitter, einmal wegen zu viel Schnee. Der dritte Anlauf soll nun den Durchbruch bringen. Noch 270 Höhenmeter. Auch heute kein Kinderspiel, aber heute ist es absolut machbar. Noch 240 Höhenmeter, hier musste er beim letzten Mal abbrechen. Noch fühlen sich die Beine frisch an. Noch 210 Höhenmeter. Auch die Temperatur ist mittlerweile ziemlich frisch. Noch 190 Höhenmeter. Die Luft ist zwar schon merklich dünner, aber gegen weniger Sauerstoff hilft langsamer fahren. Noch 170 Höhemeter. Er holt das Rennrad-Pärchen, das ihn während der Bananenpause überholt hatte, wieder ein. Vor dem letzten Tunnelportal machen sie eine Pause. Er grüßt sie im Vorbeifahren und fährt in den Tunnel.

Dieser 16. – beziehungsweise 17., wenn man den am Quellenhof im Passeiertal mitzählt – und letzte Tunnel auf der Auffahrt zum Timmelsjoch ist mit 555 Metern zugleich der längste. Im Tunnel ist es deutlich kälter und feuchter als es vor dem Tunnel war. Aber wenn man den Tunnel auf der anderen Seite verlässt, wird es nicht wieder wärmer. „555 Meter" klingt nicht lang, aber gefühlt führt der Tunnel in eine andere Klimazone. Von Vegetationszone kann man mittlerweile nicht mehr wirklich sprechen. Günther landet in einer rauen, fast vegetationslosen hochalpinen Landschaft.

Überall liegen große Steinblöcke. Noch 120 Höhenmeter. Der Wind treibt die Wolken direkt über die Straße, sodass Günther immer wieder im Nebel verschwindet. Noch 100 Höhenmeter. Nicht weit von der Straße entfernt erinnern Schneefelder an den längst vergangenen letzten Winter. Noch 80 Höhenmeter. Als er von einem Jeep überholt wird, muss Günther riechen, dass Katalysatoren auf knapp 2.500 Metern Höhe offensichtlich nicht mehr anständig funktionieren. Luftdruck und Sauerstoffkonzentration sind weit entfernt von Laborbedingungen. Noch 60 Höhenmeter. Günthers Beine sind mittlerweile auch weit entfernt von Laborbedingungen. Er fährt noch langsamer, dann spürt er kein Zwicken und keinen Schmerz mehr. Und wenn mal kein stinkendes Verbrennerfahrzeug in der Nähe ist, atmet er tief ein und genießt die Höhenluft.

Die obligatorische Colapause macht er etwa 40 Höhenmeter unterhalb der Passhöhe. Das hat er im Laufe seines Rennradfahrerlebens gelernt: je länger die Pause auf der Passhöhe, desto ekelhafter, weil kalt, die Abfahrt. Lieber eine längere Pause kurz vor der Höhe, sich nochmal schnell warmfahren, oben am Pass dann nurmehr eine kurze Pause, und sich mit Restwärme und Windjacke in die Abfahrt stürzen.

Otto und Daniel hatten beim Start in St. Leonhard kurz überlegt, die Windjacken anzuziehen. Im Passeiertal ist es aber warm genug, um auch auf der „Abfahrt" zurück nach Meran kurzärmlig radeln zu können. Erwartungsgemäß kommen sie talabwärts deutlich schneller voran als auf dem Hinweg. An der nagelneuen Radbrücke in Lazag machen sie eine kurze Pause. „Glaubst du, dass in Zukunft auch im Passeiertal mehr Radtouristen unterwegs sind, jetzt, wo sie den Radweg so schön ausbauen?", fragt Franz. – „Der Verkehrswissenschaftler in mir sagt: ja! Nach dem Motto ‚Built it and they will come' – wann immer neue Verkehrsinfrastruktur gebaut wird, egal ob Fahrradweg, Autobahn oder Hochgeschwindigkeits-Bahnstrecke, wird diese danach auch genutzt. Jede neue Infrastruktur generiert quasi neuen, zusätzlichen Verkehr." – „Wenn ich das jetzt auf den Küchelbergtunnel anwende…" Otto muss grinsen. Er weiß genau, was Daniel jetzt sagen will, und fällt ihm zustimmend ins Wort: „Ganz genau. Der Tunnel wird als ‚Entlastungstunnel' angepriesen, der die Meraner Innenstadt vom Durchgangsverkehr entlasten soll. Weniger Lärm und Abgase, mehr Verkehrssicherheit, die üblichen Versprechungen bei Umfahrungsstraßen. Wenn die Meraner clever sind und gleichzeitig mit der Tunneleröffnung strikte Durchfahrtsbeschränkungen, City-Maut oder weiträumige verkehrsberuhigte Zonen einführen, dann kann der Tunnel für Meran selbst tatsächlich eine Entlastung bringen. Wenn die Meraner nicht so clever sind, die Tunneleröffnung mit Verkehrsbeschränkungen zu kombinieren, wird es den selben Jo-Jo-Effekt geben wie zum Beispiel in Naturns: Unmittelbar nach der Tunneleröffnung nimmt der Verkehr im Zentrum erstmal ab, aber dann merken plötzlich alle, vor allem die Einheimischen: Hoppla, da ist ja gar kein Verkehr mehr auf der Straße, jetzt lohnt es sich ja plötzlich wieder, mit dem Auto zu fahren – und schwuppdiwupps ist wieder fast genauso viel Verkehr wie vor der Tunneleröffnung." – „Also wenn Meran gleichzeitig mit der Tunneleröffnung Verkehrsbeschränkungen einführt, würdest du den Küchelbergtunnel als sinnvoll betrachten?" – „Grundsätzlich ja. Man kann sich natürlich über den Kosten-Nutzen-Faktor unterhalten – die Verkehrsentlastung ist ja sehr teuer erkauft. Mit Radwegeausbau, Fahrverboten, ÖPNV-Ausbau, Citymaut und Mobilitätsmanagement könnte man das auch billiger hinkriegen, das wäre aber für die Verantwortlichen viel schwerer durchzusetzen. Würde ja dann so aussehen, wie wenn man jemandem was wegnehmen oder verbieten will. Durch den Tunnel erweckt man den Eindruck, dass alle gewinnen." – „Aber es ist doch auch so, dass alle gewinnen!" – „Die Meraner gewinnen – und auch das nur, wenn sie clever sind. Aber alle anderen, vor allem im Passeiertal, werden verlieren." – „Wieso das? Für die wird es doch viel einfacher, irgendwo hinzukommen, weil sie nicht mehr mitten durch Meran müssen." – „Ja, schon. Aber nur, wenn sie mit dem Auto fahren. Der Bus wird ja wahrscheinlich auch in Zukunft durch die Meraner Innenstadt fahren, da ändert sich nichts. Also gibt es einen Wettbewerbsvorteil für das Auto. Und Menschen, die bislang mit dem Bus gefahren sind, werden vielleicht geneigt sein, auf das Auto umzusteigen." – „Aber wenn man mal davon absieht, dass wir beide Autofahren für etwas Schlechtes halten – für die meisten Bewohner im Passeiertal ist der Tunnel doch eine Supersache, weil sie dann viel Zeit sparen." – „Wie kommst du darauf, dass sie Zeit sparen?" – „Na, ist doch klar: Wenn sie bislang zum Pendeln nach, sagen wir mal Lana, pro Richtung 40 Minuten gebraucht haben, brauchen sie künftig nur noch 30 Minuten. Also sparen sie jeden Tag 20 Minuten. Ist doch logisch." – „Ja, klingt logisch. Aber ist trotzdem falsch. Schon seit der Industrialisierung wendet der Mensch im täglichen Durchschnitt den selben Zeitaufwand für seine Mobilität auf. Unsere Verkehrsmittel sind immer schneller geworden, aber gleichzeitig sind unsere Wege immer länger geworden. Früher ist man 600 Meter zu Fuß in die Fabrik gependelt, später dann sechs Kilometer mit der Straßenbahn, heute 60 Kilometer mit dem Auto. Zeit gespart haben wir noch nie, wir sind nur immer schneller geworden." – „Also du glaubst, dass die Leute aus St. Martin in Passeier demnächst weitere Strecken ins Büro pendeln?" – „Natürlich nicht alle und nicht zwangsläufig. Aber es kann schon sein, dass der ein oder andere sich heute für einen Job in Eppan oder Auer gar nicht erst bewerben würde, weil er keine Lust auf das ewige Pendeln hat – und wenn der Tunnel erstmal eröffnet ist, würde er sich vielleicht doch bewerben, weil dann ja auch Eppan und Auer mit vertretbarem Zeitaufwand erreichbar sind." – „Ok, ich verstehe langsam, worauf du hinauswillst." – „Aber jetzt lass uns noch einen Schritt weiter denken – auf die Gefahr hin, dass sich das für dich dann heute Nachmittag bei meinem Vortrag alles wiederholen wird: Die Nadelöhre zwischen Bozen und Meran sind ja seit dem Bau der MeBo beseitigt. Das Nadelöhr Meran wird durch den Küchelbergtunnel beseitigt. Wo entsteht das nächste Nadelöhr?" – „Du glaubst, dass sich der Verkehr zukünftig in Riffian und Saltaus stauen wird?" – „Ich würde viel Geld darauf wetten! Umfahrungstunnel helfen immer nur dem Ort, der umfahren wird. Talaufwärts führen sie IMMER zu mehr Verkehr, weil plötzlich mehr Leute mit dem Auto fahren. Und das Nadelöhr verschiebt sich einfach talaufwärts – man setzt einen Teufelskreis in Gang, der so lange läuft, bis jeder einzelne Ort einen

Umfahrungstunnel hat. Und wenn dann jeder Ort einen Umfahrungstunnel hat, ist Autofahren so attraktiv geworden, dass auch die Umfahrungstunnel bald überlastet sind und eine zusätzliche Schnellstraße gefordert wird. Spielen wir mal ein Gedankenspiel durch: Küchelbergtunnel in Betrieb, danach kommt ein neuer Umfahrungstunnel für Riffian und Saltaus. Was macht der deutsche Tourist, der in Algund übernachtet und bislang über Brennerautobahn und MeBo angereist ist?" – „Du meinst, er wird zukünftig nur bis Sterzing Maut bezahlen und dann über Jaufenpass und Passeiertal anreisen, weil das in Zukunft die schnellere Route ist? Dann werden sicher St. Martin und St. Leonhard auch bald einen Umfahrungstunnel fordern." – „Wir können sogar noch einen Schritt weiter denken: Wenn sie wirklich die furchtbare Idee umsetzen, einen Straßentunnel unter dem Stilfser Joch zu bauen – dann können wir wetten, wie lange es dauern wird, bis jemand auf die Idee kommt, einen Tunnel unter dem Jaufenpass zu bauen. Das wäre dann ja schließlich die schnellste Verbindung zwischen Innsbruck und Meran, wenn nicht gar zwischen München und Mailand – und du hättest sicher schnell ein paar schlaue Bauunternehmer und Volkswirtschaftler zusammen, die dir ausrechnen, was für einen riesengroßen volkswirtschaftlichen Nutzen dieser Tunnel hätte, weil er ja angeblich so viel Zeit spart." – „Ist das dein Ernst? Ein TUNNEL unter dem JAUFENPASS?" – „Pssst, sag das nicht so laut, sonst kommt wirklich bald jemand auf so eine bescheuerte Idee!" Beide müssen lachen.

„Wollen wir mal langsam weiterfahren?", schlägt Otto vor. Er will ja schließlich nicht seinen eigenen Vortrag verpassen, auch wenn er ihn in großen Teilen gerade eben gehalten hat. „Ja, gleich", antwortet Daniel. „Aber warte mal kurz, eine Frage hab ich noch: Dieses ‚Built it and they will come' – funktioniert das auch andersrum?" – „Nichts bauen – dann kommt auch keiner?" – „Haha, nein. Noch ein Schritt weiter. Sowas wie ‚destroy it, and they will disappear'." – „Verkehrsinfrastruktur abreißen, und der Verkehr verschwindet wieder?" – „Ja, genau. Ich meine, das wird natürlich kein Politiker dieser Welt machen. Eine Straße, die einmal gebaut wurde, reißt man ja nicht wieder ab. Würde ja zum totalen Chaos führen, weil die Leute plötzlich nicht mehr auf die Arbeit kommen und keine Touristen mehr kommen." – „Doch, es gibt Politiker, die das machen! Und völlig abwegig ist es ja auch gar nicht. Jede Straße, die einmal gebaut wurde, muss ja gepflegt und gewartet werden. Das kann ganz schön ins Geld gehen, insbesondere natürlich bei Tunnels und Brücken. Und irgendwann stellt sich die Frage, ob man sich das alles überhaupt noch leisten kann und leisten können will." – „Du glaubst, Südtirol muss in Zukunft Tunnels wieder zuschütten, weil wir uns die Instandhaltung nicht mehr leisten können?" – „Naja, in Südtirol sehe ich die Gefahr nicht unbedingt. Aber anderswo stellt man sich diese Fragen sehr konkret. Dieser ganze Beton-Wahnsinn, den man in den 1960er und 70er Jahren bis in die Innenstädte hinein verlegt hat, der ist extrem teuer. In San Francisco und Seoul und anderen Städten gibt es Stadtautobahn-Viadukte, die haben sie nach langer Diskussion tatsächlich wieder abgerissen." – „Und da ist jetzt seitdem Dauer-Verkehrschaos, oder wie?" – „Davor hatten alle gewarnt, ja. Aber das Gegenteil ist der Fall: In San Francisco hat die Lebensqualität und Aufenthaltsqualität extrem profitiert. Das Gebiet, wo früher die Autobahnbrücke war, ist jetzt auch bei Touristen super beliebt, Stichwort Pier 39 und Fisherman's Wharf. Die Händler, die sich einst vehement gegen den Abriss der Autobahn ausgesprochen hatten, freuen sich heute. Und der Bürgermeister, der teilweise bedingt durch die verärgerten Händler 1992 seine Wiederwahl verloren hat, wird heute mit einem Denkmal für seine Vision und seinen Mut geehrt, die Autobahn einfach abzureißen." – „Und in Seoul?" – „In Seoul hatte die Autobahn über einen verdreckten, quasi betonierten Fluss geführt. Die haben jetzt nicht nur kein hässliches Betonviadukt mehr mitten in der Stadt, sondern sie haben auch den Fluss und alles außenrum begrünt und verschönert und somit eine beliebte Grünanlage gewonnen." – „Und der Verkehr? Hat sich der Straßenverkehr jetzt nicht einfach nur in die umliegenden Wohngebiete verlagert?" – „Nein, interessanterweise nicht. Wie hast du so schön gesagt: Destroy it, and they will disappear. Ein Teil der Leute fährt jetzt halt mit der U-Bahn oder mit dem Fahrrad, weil Auto fahren nicht mehr so attraktiv ist wie es vorher war. Manche unnötigen Wege werden vielleicht gar nicht mehr gemacht. Und selbst wenn die Leute weiterhin alle Auto fahren würden, gäbe es ohne Autobahn vermutlich weniger Stau als mit Autobahn." – „Hä?" – „Schau mal bei Wikipedia nach, was das ‚Braess-Paradoxon' ist. Das Paradoxon zeigt, dass es Straßen gibt, die allein durch ihre Existenz den Verkehr verlangsamen. Wenn ich in einem Netz gleichwertiger Straßen eine Straße habe, die irgendwie anders – in der Regel schneller – ist als alle anderen, stürzen sich alle auf diese Straße. Und verursachen somit Stau. Beispiel New York: Seit man Teile des Broadways in eine Fußgängerzone umgewandelt hat, ist der Stau in Manhattan nicht mehr, sondern weniger geworden. Ganz grundsätzlich hat eine Pkw-Fahrspur eine Kapazität von 2.000 Personen pro Stunde, eine Busspur hat eine Kapazität von 9.000 Personen pro Stunde, ein Fahrradstreifen von 14.000 Personen pro Stunde, ein Straßenbahngleis von 22.000 Personen pro Stunde – je mehr Pkw-Fahrspuren man durch Busspuren oder Straßenbahnen oder auch Fahrradstreifen ersetzt, desto mehr Verkehr kann man in der selben Zeit auf der selben Fläche abwickeln und desto weniger Stau gibt es! Eine einzige Straßenbahn ersetzt eine 600 Meter lange Autoschlange!"– „Auf Südtirol übertragen: Bist du dafür, die Brennerautobahn einfach abzureißen, sobald der Brennerbasistunnel eröffnet wird?" – „Nein, bloß nicht die Brennerautobahn abreißen! Das wäre doch ein toller Radweg!" Sie müssen erneut beide lachen. Diesmal steigen sie danach wirklich auf den Sattel und fahren weiter.

Ramon steigt wieder auf den Sattel und fährt weiter. Er hatte gerade in der Serpentine das Gefühl, dass ihm das Vorderrad ein bisschen weggerutscht ist. Nur ein Gefühl, oder ist es wirklich weggerutscht? Der Luftdruck passt auf jeden Fall, scheint alles zu stimmen. Komisch. Die Angst ist jetzt auf jeden Fall mit an Bord, er fährt deutlich langsamer als vorher. Auf den Abfahrten ist er Matthias sowieso genauso hoffnungslos unterlegen, wie er ihm früher auch auf den Auffahrten unterlegen war.

Matthias wartet an der Schweizer Zollstation. Die befindet sich direkt am Abzweig von der Berninapassstraße und ist ebenfalls menschenleer. Schengen, dieses kleine Dorf in Luxemburg, hat einiges bewirkt im europäischen Zusammenwachsen.

Die Auffahrt zum Berninapass startet für Bahn und Auto im italienischen Tirano. Für Matthias und Ramon startet sie heute erst 200 Höhenmeter unterhalb der Passhöhe. Unterhalb des Piz Lagalb, mit Blick auf die Gletscher von Piz Palü, Piz Bernina und Co., strampeln sie auf der nun deutlich breiteren, aber dennoch nicht allzu stark befahrenen Straße gleichmäßig aufwärts. Sie wundern sich über den leisen Asphalt, der die Rollgeräusche der Rennräder fast vollständig verschluckt. Eine Pilotstrecke für Flüsterasphalt mitten auf einer hochalpinen Passstraße? Oder ist das einfach die Schweizer Präzisions-Standard-Straßenbauweise? Während Ramon sich zu dieser Frage Gedanken macht, gewöhnen sich seine Oberschenkel allmählich daran, dass es nun wieder bergauf geht.

Mit einer fast schon unverschämten Leichtigkeit überholen die beiden eine Gruppe von schwer bepackten Reiseradlern, mit denen sie sich später auf der Passhöhe unterhalten werden. Kurz darauf, in einer Serpentine nach links, macht Ramon den Test: Auf der Außenseite der Serpentine, wo man das Fahrrad auch bergauf kurzzeitig fast rollen lassen kann, schaltet er unauffällig zwei Gänge hoch und tritt danach in der gewohnten Trittfrequenz weiter. Er beschleunigt also, ohne dass es der Hintermann sofort merkt. Danach geht er in den Wiegetritt und beschleunigt noch weiter, sodass er seine Geschwindigkeit deutlich steigert, aber es der Hintermann nun natürlich merkt. Ergebnis: Matthias muss abreißen lassen. Ramon hat es geschafft, Matthias bergauf abzuschütteln. Wow, das hätte er früher nie geschafft.

Er lässt Matthias wieder ranfahren und entschuldigt sich für den kurzen Test. In trauter Zweisamkeit und in relativ hohem Tempo legen die beiden das Schlussstück zum Berninapass zurück. Auf 2.328 Metern, dem höchsten Punkt der heutigen Tour, warten das Passhöhen-Schild und eine bärensichere Mülltonne. Die verdiente Pause wird mit Snickers und Müsliriegeln zelebriert.

Wikipedia schreibt: „Zur Nutzung der Wasserkraft wurden am Nord- und am Südende des Lago Bianco Staumauern errichtet.“ Ein See mit zwei Staumauern? Ohne Wiki wäre das den beiden nicht aufgefallen. Sie lesen noch kurz, dass hier oben mehrere Seen nach ihrer Farbe benannt wurden. Und dass die Berninabahn als höchste Alpentransversale gilt. Ansonsten freuen

Sie sich, dass sie den zweiten und höchsten Pass des Tages so mühelos erreicht haben.

Nicht ganz mühelos, aber Günther hat den einzigen und höchsten Pass des Tages erreicht. Um 12:46 Uhr steht er zusammen mit den beiden Rennradfahrern, die er vor dem Tunnel zurück-überholt hatte, und zahlreichen Motorrad- und Autofahrern auf dem Timmelsjoch. Vom futuristischen Blechkasten aus genießt er nochmal die Aussicht Richtung Italien. Richtung Österreich sieht man nichts als Wolken. Die anderen beiden Rennradfahrer beginnen die Abfahrt in die Richtung, aus der sie gekommen waren. Günther wird später im Ötztal merken, dass das die richtige Entscheidung gewesen wäre. Er entscheidet sich aber für Norden. Er will ja nicht nur zum ersten Mal überhaupt das Timmelsjoch mit dem Fahrrad bezwingen, er will es auch überqueren und die Fahrradschuhe heute Abend erst in Innsbruck endgültig aus den Pedalen lösen.

Etwa 200 Meter lang macht die Abfahrt Spaß, dann setzen die ersten Windböen ein. Günther tastet sich relativ langsam bergab, um die Kontrolle über das windanfällige Rennrad nicht zu verlieren.

Während man in Südtirol immer mal wieder was von Naturpark (Texelgruppe) gelesen hat und Landschaftsschutz groß geschrieben wird, ist auf der österreichischen Seite des Timmelsjochs nicht nur die Straße gefühlt doppelt so breit und erstmals seit Stunden wieder mit einem Mittelstreifen ausgestattet. Es ist auch plötzlich alles zugebaut. Große Hotels, Liftanlagen und Skischneisen säumen die umliegenden Berge. An der Mautstation wird es ab dem nächsten Winter – neben der neuen, großzügig dimensionierten Talstation einer 10er-Kabinenbahn und einem Restaurant mit Panoramaterrasse – ein 3.000 Quadratmeter großes Motorradmuseum geben. Ein Motorradmuseum mitten im Hochgebirge? Damit noch mehr von diesen Idioten hier oben die Luft verpesten und die Berge verlärmen? Günther schüttelt den Kopf über so viel Unvernunft, freut sich aber gleichzeitig, dass er keine Maut zahlen muss und die Volldeppen auf ihren tollkühnen Maschinen an der Mautstation rechts überholen kann.

Ramon und Matthias werden auf der Passabfahrt von einer Gruppe von Motorradfahrern überholt. Ramon schwankt zwischen Neid und Bewunderung ob der Tatsache, wie professionell sie sich in die Kurve legen. Er ist früher selber Motorrad gefahren, irgendwann war es ihm aber zu langweilig, fünfmal am Tag die selbe Serpentinenstraße hoch und runter zu fahren. Sich die Passhöhe mit Muskelkraft zu erarbeiten gibt ihm deutlich mehr Befriedigung als die Passhöhe mit Motorkraft zu erreichen. Obwohl er sich natürlich aus eigener Erfahrung gegen den Vorwurf wehrt, Motorradfahren sei kein Sport. Da muss man schon Fliehkräfte aushalten und Gewichte stemmen können. Kein Hobby für Memmen – und wenn doch, dann für ganz starke. Die Memmen unter den Motorradfahrern sind aus seiner Sicht die Reise-Motorradfahrer, die mit ihren großen Alukoffern überall rumschleichen und sich meistens nicht mal ordentlich in die Kurven legen. Vor denen hat er weniger Respekt. Aber die rücksichtslosen Arschlöcher, für die Motorradfahrer oft gehalten werden, sind sie Ramons Meinung nach auf jeden Fall nicht.

Aus Fahrradfahrersicht neigt Günther zu der Einschätzung, alle Motorradfahrer seien rücksichtslose Arschlöcher. Vergleichbar mit der Einschätzung, die Wanderer gegenüber Mountainbikern haben. Wie bei den Mountainbikern gibt es aber auch bei den Motorradfahrern viele Abstufungen vom Uneingeschränkt-Supernetten bis hin zum Komplett-Volldepp. Zumindest zwei Gruppen unterscheidet Günther: die Reisemotorradfahrer und die Sportmotorradfahrer. Erstere haben große silberne Koffer auf dem Motorrad, überholen mit Sicherheitsabstand, fragen auch mal nach dem Weg, interessieren sich für Natur und Kultur und parken ihre Maschinen durchaus auch mal auf dem Parkplatz eines Museums. Die Sportmotorradfahrer hingegen haben zwar oft wenig im Kopf, dafür aber eine GoPro-Kamera auf dem Kopf. Sie denken, dass die Straße ihnen gehört und betrachten Radfahrer als Kakerlaken, die ihnen die Ideallinie versauen. Sie schonen weder sich noch ihre Motorräder noch ihre Mitmenschen noch die Umwelt. Und sie nerven Günther auch an diesem Samstagnachmittag auf dem Timmelsjoch mit ihren gewagten Überholmanövern.

Es ist sicherlich gewagt, eine Tagung am Samstagnachmittag zu organisieren. Ist es dann nicht schwierig, Publikum anzulocken, weil alle, Einheimische wie Touristen, in den Bergen sind? Der bereits 20 Minuten vor Veranstaltungsbeginn gut gefüllte Saal im Meraner Kurhaus zeigt, dass es doch funktionieren kann. Im Publikum sitzen nicht nur Einheimische, sondern auch viele Touristen. Der demographische Wandel ist im Saal greifbar, die meisten Anwesenden stammen aus der Vergangenheit. Die Veranstaltung nennt sich „die Mobilität der Zukunft".

Wenn man den Veranstaltungstitel mit den auf dem Programmflyer angekündigten Inhalten vergleicht, dann scheint die Mobilität der Zukunft in erster Linie aus Fahrrädern und Eisenbahnen zu bestehen. Ein Vertreter des TIS wird vom in Meran geplanten Fahrradverleihsystem berichten, eine Vertreterin der Bezirksgemeinschaft Burggrafenamt über deren Anstrengungen, den Verkehr in und um Meran umweltverträglicher zu machen; der Direktor der STA wird davon berichten, wie in wenigen Jahren der dann durchgehend elektrifizierte und beschleunigte Zugverkehr zwischen Vinschgau, Meran und Bozen ablaufen wird; ein Vertreter der EURAC wird mit Blick auf den Küchelbergtunnel über „die Verkehrswirkung von Umfahrungsstraßen" referieren.

Dieser Referent heißt Otto Müller und steht gerade in Obermais unter einer Dusche.

„Dusch mal schneller, Otto, in 20 Minuten fängt die Tagung an!" – „Bin gleich fertig, kannst dir schon die Schuhe anziehen!" Lachend ruft er hinterher: „Du verpasst eh nicht viel, wenn wir ein bisschen zu spät kommen, mein Vortrag ist ja erst ganz am Ende." – „Deinen Vortrag kenn ich jetzt ja eh schon!" – „Haha, stimmt." – „Willst du eigentlich noch was essen, bevor wir starten?", fragt Daniel mit einem Apfel im Mund. – „Nein, danke, passt schon."

„Willst du noch einen Nachtisch essen, Anna?" – „Nein, danke, passt schon." Anna wendet sich gleich wieder von ihrer Mutter ab und der jungen Mutter am Nachbartisch zu. Diese hat ihr Kind auf dem Schoß sitzen, das mit einem roten Spielzeugauto über den Tisch fährt und dabei „brumm, brumm" sagt. Die junge Mutter erklärt der etwa einjährigen Tochter, dass das Duplo-Auto ein umweltfreundliches Elektroauto ist. Und das macht gar nicht „Brumm, brumm", sondern nur ganz leise „bssssss, bsssss". Das Baby schaut kurz verwundert seine Mutter an, dann widmet es sich wieder dem roten Auto und sagt „brummm, brummm". Die Mutter wirft ihre ökologisch-idealistischen Erziehungsideale noch nicht über Bord, sie versucht es weiterhin mit „bsssssss, bsssssss". Und siehe da: Bei der nächsten Runde, die das rote Auto über den Hüttentisch fährt, macht es „brummm bsssss". Ein Hybrid-Auto. Immerhin, ein erster Schritt ist gemacht.

Der Vater des brumm-bsssss-Kindes kommt zurück an den Tisch, er war anscheinend telefonieren. Er legt sein Smartphone auf den Tisch. Und nun passiert das, was sämtliche Jugendstudien seit Jahren behaupten: Das kleine Kind ignoriert das rote brumm bssss und drückt stattdessen auf dem schwarzen klingeling herum. Bei der Wahl zwischen Smartphone und Auto entscheidet sich die jüngere Generation für das Smartphone. Anna wird von diesem Forschungsergebnis berichten und die Interessen der jüngeren Generation berücksichtigen, wenn es demnächst um die Ausarbeitung des neuen Naturnser Mobilitätsplanes geht.

Währenddessen hat ihr Vater schon bezahlt – Mist, er war schon wieder schneller! Naja, wird sie halt die Kaffee- und Kuchenpause nachher übernehmen. Also: Rucksäcke aufsetzen und weiter geht's. Vom Hochganghaus bis Hochmuth ist es noch eine ganze Ecke. „Anna, wie schnell waren wir denn jetzt eigentlich bisher?", will die Mutter wissen. Wahrscheinlich hat sie Anna nur deshalb das GPS-Gerät zum Geburtstag geschenkt, damit sie jetzt immer die eigene Geschwindigkeit erfragen kann. „Schnitt in Bewegung: 3,8 km/h", liest Anna vom Display ab.

„38 km/h" liest Ramon auf dem Handy-Display. Er klebt am Hinterrad von Matthias. Er muss sich kaum anstrengen und fährt trotzdem mit fast 40 km/h durch die Ebene. Herrlich. Der Gegenwind heute Vormittag bei Livigno wird dadurch ausgeglichen, dass sich die Beiden jetzt vom starken Rückenwind durch das Inntal fegen lassen.

Der Radweg im Engadin ist leider größtenteils nicht asphaltiert, also nicht rennradtauglich, aber die Bundesstraße zum Glück nicht so stark befahren wie befürchtet. Zwischen Samedan und La Punt-Chamues-ch (ja, der Ort heißt wirklich so) war das Tal eher breit und nicht ganz so spannend, jetzt, auf den letzten Kilometern vor Zernez, ist die Straße landschaftlich richtig beeindruckend. Es geht immer wieder leicht auf und ab und nach rechts hinunter kann man immer wieder Blicke in die Schlucht des rauschenden Inn erhaschen.

Nach einer Baustellenampel-Zwangspause ist Zernez erreicht und somit der ideale Ort für eine verspätete Mittagspause, bevor der Anstieg Richtung Ofenpass beginnt. Matthias geht in den Coop und kauft ein Bündel Bananen und zwei Coladosen.

„Kann ich nochmal die Coladose haben?“ Keine Reaktion von elterlicher Seite. „Bitteee.“ – „Geht doch“, sagt Tigra und reicht Jan die Dose. Er trinkt einen großen Schluck und lässt einen noch größeren Rülpser von sich. Sofort greift sich Adam die Dose, trinkt auch einen Schluck und lässt auch einen großen Rülpser von sich. „Kindsköpfe“, denkt sich Tigra und schüttelt den Kopf. Freut sich aber natürlich, dass den zwei Dauer-Streithähnen die frische Luft offensichtlich gut tut. „Wenn ihr hier ständig rumrülpst, verstecken sich die Murmeltiere alle vor euch“, warnt sie ihre beiden Männer. Adam dreht seinen Kopf unbemerkt zur Seite, lässt einen kurzen Pfiff aus dem Mund und sagt dann sofort: „Da! Habt ihr das auch gehört? Da war ein Murmeltier!“ – „Mann, Papa, das warst du!“, sagt Jan und gibt seinem Papa einen leichten Stoß auf die Brust, woraufhin der sich theatralisch auf die Wiese fallen lässt. „Häuptling Winnetou ist schwer verletzt“, krächzt er und bringt die anderen beiden zum Schmunzeln. Der Apachenhäuptling sorgt dafür, dass diese Wanderung als eine besonders lustige in Erinnerung bleiben wird.

Jede gute Tagung hat einen großen Redner, einen Motivator, der dafür sorgt, dass die Tagung in Erinnerung bleiben wird. Er sorgt dafür, dass die Zuhörer den Saal mit dem Wunsch verlassen, ab sofort viel mehr und viel besser und viel engagierter die Welt zu retten. Um am Tag darauf festzustellen, dass auch der Tag darauf nur 24 Stunden hat und erstmal alle neuen E-Mails beantwortet werden müssen, bevor die Welt gerettet werden kann.

Der Redner hat nicht nur einen großen Namen, sondern auch eine große Brille und ein zu großes Jackett. Er ist Professor der „Psychologie des Verkehrswesens“. Und zeigt gerade eine Folie mit einem Bild mit einem Mann, der einen Holzrahmen an seinem Oberkörper fixiert hat und mit diesem etwa vier mal zwei Meter großen Holzrahmen über eine innerstädtische

Straße spaziert. Links und rechts von ihm parken Autos, hinter ihm fahren bzw. stehen Autos auf der Straße. „Ich frage Sie jetzt NICHT, wer der Mann auf diesem Bild ist. Das kann ich ihnen verraten: Das ist Professor Hermann Knoflacher von der TU Wien. Ich frage Sie stattdessen – und diese Frage habe ich von Professor Knoflacher geklaut: Was ist komisch an diesem Bild?“ Das Publikum ist sich natürlich einig, aber nur wenige trauen sich, die Finger in die Höhe zu strecken. „Na ja, dass da der Typ, der, wie heißt, er, Knoflacher? Dass der mit so einem Holzgerüst rumläuft.“ – „Sind Sie sich alle einig, dass der Mann mit dem Holzgerüst das Seltsame auf diesem Bild ist?“ – „Ja klar.“ – „Mit diesem Holzgerüst symbolisiert Professor Knoflacher den Platzbedarf eines Pkw. Er will zeigen: Wenn Kisten aus Blech mit dieser Größe durch die Stadt fahren dürfen, warum darf ich als Fußgänger dann nicht genauso viel Platz für mich beanspruchen? Angeblich sind doch alle Menschen gleich, also warum sollte der autofahrende Mensch mehr Platz kriegen als der zu Fuß gehende? Das natürliche Verhalten des Menschen ist es seit Jahrtausenden, sich zu Fuß zu bewegen. Unnatürlich hingegen ist es, viel Platz zu beanspruchen, wenn man sich in einer engen Stadt bewegt. Wir haben uns aber in den letzten Jahrzehnten so sehr an das Unnatürliche – an das Auto – gewöhnt, Professor Knoflacher bezeichnet es gar als einen Virus, der uns befallen hat, dass uns auf diesem Bild der Fußgänger auf der Straße als etwas Unnatürliches auffällt, während wir die Autos in der Innenstadt, also im Lebensraum des Menschen, für etwas völlig Natürliches halten.“

Der kleine Professor mit dem großen Namen und der großen Brille lässt das Gesagte kurz wirken, dann zeigt er eine neue Folie. Mehrere Autos werden einem Bus gegenübergestellt. Es geht nicht nur um den geringeren Platzbedarf des Busses, es geht auch um die Insassen der Fahrzeuge: In einem Auto sieht man einen Südtiroler Bergbauern mit blauer Schürze; in einem zweiten Auto eine asiatisch aussehende Frau; im dritten Auto ein junges Pärchen mit einem kleinen Kind auf der Rücksitzbank; im vierten Auto sitzt ein indischer Rosenverkäufer. Im Bus sitzen auch alle diese Personen: der Bergbauer, die Familie, der Rosenverkäufer, die Asiatin. Aber sie sitzen alle im selben Fahrzeug, in fröhliche Gespräche oder spannende Bücher vertieft, egal ob Familie oder Single, ob blaue Schürze oder rote Rose. „Was ich Ihnen mit diesen zugegebenermaßen etwas klischeehaft dargestellten Personen zeigen will: Das Auto separiert unsere Gesellschaft. Zwischen zwei unterschiedlichen Autos findet keine soziale Interaktion statt. Menschen unterschiedlicher sozialer Gruppen begegnen sich nicht mehr, wenn alle Alltagswege nurmehr mit dem Auto zurückgelegt werden. Das Sozialklima leidet, wenn große Teile des Tages in klimatisierten, geschlossenen Räumen verbracht werden. Unsere Eltern haben auf dem Weg zum Supermarkt, den sie selbstverständlich zu Fuß zurückgelegt haben, von den anderen Dorfbewohnern erfahren, was es Neues gibt im Ort. Heute erfahren wir auf dem Weg zum Supermarkt vielleicht aus dem Autoradio, wie die Präsidentschaftswahl in Litauen ausgegangen ist.

Aber was vor unserer eigenen Haustür passiert, kriegen wir überhaupt nicht mehr mit.“ Er lässt die Aussage ohne weitere Erklärung stehen. Und wartet 20 Sekunden, bis sich alle ausreichend gewundert haben.

„Kommen wir noch einmal zurück zu der Sache mit dem öffentlichen Raum und dem Platzbedarf. Schauen Sie sich mal bitte dieses Luftbild an.“ Die anwesenden Südtiroler erkennen sofort, dass auf der Leinwand die Innenstadt von Bozen zu sehen ist. Auf dem Luftbild wirkt das Gebiet rund um die Lauben wie ein großes, zusammenhängendes Gebäude. Am unteren rechten Bildrand sieht man den Bahnhof, am linken Bildrand den Siegesplatz, dazwischen die komplette Altstadt und die Talferwiesen. „Das ist ein Satellitenbild von der Innenstadt von Bozen, hereingezoomt auf eine Sichthöhe von 1,36 Kilometern“, sagt er. „Ich zeige Ihnen jetzt noch ein anderes Satellitenbild, das in genau demselben Maßstab dargestellt ist, also wieder Sichthöhe 1,36 Kilometer“. Er klickt auf den Pointer, das Publikum blickt auf das neue Bild. Man erkennt Schleifen, wahrscheinlich aus Asphalt, und graue Gebäudekomplexe. Verwunderte Blicke im Publikum, nur wenige erkennen es auf Anhieb. „Das ist die Autobahnabfahrt Bozen Süd“, erfolgt nach kurzer künstlerischer Pause die Erklärung. Ja, natürlich! Jetzt kann man das Schleifengewirr der MeBo und der Brennerautobahn zuordnen. Noch bevor man Wasserstoffzentrum und Müllverbrennungsanlage verorten kann, erfolgt die nächste Anweisung vom Podium: „Und jetzt passen Sie mal auf, was ich als Nächstes mache!“ Er dreht die Ansicht von Bozen etwas. Und er legt die beiden Bilder übereinander. Er legt die Autobahnabfahrt über die Altstadt. Die Altstadt verschwindet vollständig. Von der Sparkassenstraße bis zur Bindergasse, von der Vintlergasse bis zum Dom: Alles verdeckt vom Asphaltwirrwarr in Bozen Süd. „Vergleichen Sie die Dimensionen! So viel Platz, wie uns im Mittelalter ausgereicht hat, um eine vollständige Stadt anzulegen, in der tausende Menschen leben konnten, brauchen wir heute, um mit unseren Autos von einer Schnellstraße auf eine Autobahn zu wechseln.“ Kurze Pause. „Diese Struktur hier“ – er schaltet wieder auf das erste Bild – „die wurde für Menschen gebaut. Diese Struktur hier“ – er schaltet auf das zweite Luftbild – „die wurde für Autos gebaut. Nach dem 2. Weltkrieg haben wir angefangen, unsere Städte und Ortschaften nicht mehr für Menschen auszulegen, sondern für Autos. Was der Krieg nicht zerstören konnte, das haben die Städtebauer und Verkehrsplaner in der zweiten Hälfte des 20. Jahrhunderts zerstört.“

Während er diese Behauptung aufstellt, zeigt er im Hintergrund Fotos, die ihm Recht zu geben scheinen. Gründerzeit-Altbauten in Berlin, die gesprengt werden, um Platz für eine Stadtautobahn zu schaffen. Ein Drive-Through-Geldautomat in Kanada, bei dem man aus dem Autofenster heraus Geld abheben kann. Ein „Fußgänger verboten“-Schild neben einer vielspurigen Straße mitten in Wien.

„Wir haben uns an Dimensionen gewöhnt, die alles andere als normal sind“, erklärt er vor einem Foto mit einem Güterzug mit Kesselwagen. „Wir tanken in Südtirol jedes Jahr 350 Millionen Liter Diesel und Benzin. Das entspricht einem Güterzug, der vom Brenner bis nach Rom reicht. Das ist weder ökologisch korrekt noch ökonomisch sinnvoll."

Er klickt auf seinen Pointer, die nächste Folie wird angezeigt. „Und jetzt schauen Sie sich mal dieses Bild an!" Er lässt das Bild wirken. Ein paar Personen haben erschrocken reagiert, als das Bild aufgerufen wurde. Ein paar andere schütteln auch zehn Sekunden danach noch den Kopf. „Die selbe Frage wie vorhin: Was ist auf diesem Bild seltsam?" Man sieht auf dem Bild fünf Personen, mutmaßlich Flüchtlinge, die auf dem Standstreifen einer Autobahn spazieren. Vor Ihnen die Beschilderung der Autobahnausfahrt „Pocking, Ruhstorf a.d. Rott, Bad Füssing", neben ihnen fahrende Lkws und ein Pkw mit Anhänger.

Aus der dritten Reihe kommt die vom Vortragenden erhoffte Antwort: „Das ist doch gefährlich! Die können doch nicht an der Autobahn entlanggehen." Die Reaktion im Publikum zeigt, dass diese Meinung allgemein geteilt wird. Irgendwo ruft jemand: „Die spinnen doch! Das ist doch lebensgefährlich!"

Der Vortragende nimmt den Ball auf: „Sie würden also sagen, es ist ein seltsames Verhalten, dass die – nennen wir sie mal so – Flüchtlinge da zu Fuß unterwegs sind?" – „Ja, natürlich! Das ist doch eine Autobahn! Sieht man doch an dem Schild", kommt es von irgendwo in der linken Saalhälfte. Der Vortragende muss zufrieden grinsen. Volltreffer, genau das wollte er hören. Jetzt holt er weit aus, bis kurz hinter Adam und Eva. Nach etwa dreieinhalb Minuten karrikaturenlastigen Ausführungen zu Evolutionstheorie, Sozialregime und Machtverständnis hat der Herr Professor das Publikum da, wo er es haben möchte: Es denkt wirklich darüber nach, was auf diesem Bild das unnatürliche Verhalten ist. Ist es wirklich unnatürlich, wenn Menschen zu Fuß unterwegs sind? Oder ist es unnatürlich, wenn Menschen mit 40 Tonnen schweren Gefährten, gezogen von der Stärke von 500 Pferden, in der zehnfachen Geschwindigkeit einer Pferdekutsche an Menschen vorbeirasen, die zu Fuß unterwegs sind und dadurch deren Leben gefährden? Wer auf diesem Bild ist der Gefährder? Die „Fußgänger auf der Fahrbahn", vor denen im Radio als Gefahrenquelle gewarnt wird? Oder etwa doch die Lkw-Fahrer, die nicht vom Gas gehen und lieber fünf Menschenleben gefährden als die pünktliche Lieferung ihrer Ware? Gäbe es die Autos und Lkws nicht, wäre es überhaupt nicht gefährlich, dort zu Fuß zu gehen. „Und es sollte für keinen Menschen irgendwo auf dieser Welt gefährlich sein, zu Fuß unterwegs zu sein, weil es das natürlichste dieser Welt ist, wenn Menschen zu Fuß unterwegs sind."

Wo auch immer der Herr Professor diesen Satz geklaut hat, er klingt plausibel.

Der Herr Professor ist noch lange nicht am Ende. Er spricht über die Gefahren, die vom Verkehr ausgehen. Über die „Kollateralschäden der Mobilität, die für unsere mobile Gesellschaft zur alltäglichen Routine gehören". Er widersteht der Versuchung, sich dem Thema mit Zahlen zu nähern. Nicht weltweit 1,2 Millionen Verkehrsunfallopfer pro Jahr, nicht 403.000 Feinstaubtote pro Jahr alleine in Europa. Nein, der Psychologe will nicht mit Zahlen überzeugen. Er ist überzeugt, dass Zahlen das Publikum nicht erreichen, nicht zum Nachdenken anregen. Und er will, dass die Leute nachdenken. Dass sie Routinen in Frage stellen.

Erstmal stellt allerdings wieder er eine Frage: „Wer von Ihnen hat Angst oder ein irgendwie ungutes Gefühl, wenn er an Autos denkt?" Er steht vor einem großformatigen Bild, das ein Auto zeigt, und schaut ins Publikum. Niemand meldet sich. „Wer von Ihnen kennt jemanden, der einmal in einen Autounfall oder Motorradunfall verwickelt war und sich dabei verletzt hat oder gar getötet wurde?" Zögerlich gehen ein paar Finger in die Höhe, noch zögerlicher noch ein paar mehr Finger. Ein Tuscheln und Raunen geht durch den Raum, das nicht auf Zufriedenheit mit seiner Methodik schließen lässt. Er wartet kurz, dann klickt er zur nächsten Folie. Sie zeigt einen großen Mann mit Turban, Bart und Maschinengewehr. Vor dem großen Mann mit Turban, Bart und Maschinengewehr steht der kleine Mann mit Brille, Jackett und Pointer und sagt: „Jetzt stellen Sie sich einmal vor, ich hätte dasselbe eben nicht mit Autos gefragt, sondern mit islamistischen Terroristen. Ich bin überzeugt, bei der ersten Frage hätte es deutlich mehr Meldungen gegeben, bei der zweiten Frage hingegen weniger Meldungen."

Jetzt hat er das Publikum gespalten. Manche nicken beschämt, sie finden irgendwie auch, dass objektiv betrachtet die Angst vor Terroristen eigentlich zu Unrecht größer ist als die Angst vor Kraftfahrzeugen. Viele andere fangen kopfschüttelnd an, noch lauter zu tuscheln. „Perverser Vergleich", „Unsinn", „Unterstellung" würde der Vortragende hören, wenn er näher an den tuschelnden Mündern wäre. Er musste damit rechnen, dass negative Reaktionen kommen. Aber diese Reaktionen sind ja genau das, was er erreichen wollte: Er wollte provozieren. Er wollte erreichen, dass das Publikum Dinge, Gegebenheiten, Gewohnheiten, Personen in Frage stellt. In diesem Fall stellt das Publikum erstmal den Vortragenden und seine Methoden in Frage. Aber ein Publikum, das ihn aufgebracht kritisiert, während er vorträgt, ist ihm lieber als ein Publikum, das einschläft, während er vorträgt.

„Es gefällt mir, dass Sie mich hinterfragen. Behalten Sie dieses Verhalten bitte bei. Hinterfragen Sie auch andere. Hinterfragen Sie die Medien, die ihnen nach jedem Terroranschlag tagelang Angst vor weiteren Terroranschlägen machen, aber tausende Verkehrstote einfach unerwähnt lassen. Die ihnen vorgaukeln, Autofahren im Winter sei viel gefährlicher, nur weil sie Ihnen dann Fotos von spektakulären Unfällen präsentieren können. Ein Autofahrer, der gegen eine Straßenlaterne rutscht oder eine Massenkarambolage auf verschneiter Fahrbahn geben natürlich schöne Fernsehbilder her, aber Autofahren ist vor allem dann gefährlich, wenn schnell gefahren wird, und das wird vor allem im Sommer. Hinterfragen Sie auch den Politiker, der sagt, er tue alles für die Sicherheit aller Bürger, und gleichzeitig lässt er zu, dass Autos ungestraft mit mehr als 30 km/h durch Wohngebiete fahren können, obwohl längst nachgewiesen ist, wie viele Menschenleben man retten könnte, wenn man innerorts nur 30 km/h fahren dürfte. Hinterfragen Sie die deutschen Autohersteller, die sagen, die fehlende Unterstützung durch die Politik sei Schuld an der schleppenden Einführung der Elektromobilität, die aber selbst schon immer jegliche ökologische Entwicklung vom 3-Wege-Kat über den Rußpartikelfilter bis zum Hybridantrieb immer so lange als unmöglich und unfinanzierbar abgelehnt haben, bis die japanischen und amerikanischen Hersteller gezeigt haben, dass es doch geht."

Er legt wieder eine kleine künstlerische Pause ein und viele im Publikum sind gespannt, was er wohl als Nächstes bringen wird. Er bringt aber nichts mehr. „Alle, die ein Happy End erwartet haben, muss ich enttäuschen. Die dringend notwendige Verkehrswende hat bislang kein Happy End erreicht, und so wird auch mein Vortrag unvollendet bleiben. Ich hoffe, dass ich den ein oder anderen von Ihnen zum Nachdenken anregen konnte und lade Sie herzlich dazu ein, ihr persönliches Mobilitätsverhalten zu hinterfragen. Vielen Dank für Ihre Aufmerksamkeit."

Während er mit einem siegesbewussten Lächeln die offensichtlich auswendig gelernten Abschlussworte vorträgt, blinken auf der Leinwand hinter dem Redner noch einmal ein paar Folien aus seinem Vortrag auf und werden dann in Miniaturform auf der Schlussfolie aneinandergereiht. Wahrscheinlich ein psychologischer Trick, damit die Zuhörer am Schluss nochmal die Inhalte des Vortrags in Erinnerung gerufen bekommen und darüber nachdenken. Das Publikum ist ziemlich verwirrt, aber schon auch ein bisschen begeistert von diesem unkonventionellen Redner. Um Punkt 15 Uhr verlässt er die Bühne.

Um Punkt 15 Uhr starten Ramon und Matthias in Zernez die Auffahrt zur dritten Passhöhe. Bislang 82 Kilometer mit einer Reisegeschwindigkeit von 20 km/h und einem Schnitt in Bewegung von 25 km/h sagt das Handy. Das ist relativ viel, wenn man das Höhenprofil berücksichtigt. Aber es wird auf den nächsten Kilometern weniger werden.

Vom Inntal verabschieden sie sich nun. Würden sie dem Inn und vor allem dem Inn-Radweg weiter folgen, dann würden sie eine wunderschöne Landschaft und vor allem wunderschöne Ortschaften wie Guarda passieren. Hässlich wird das Inntal erst in Österreich, wo Lärm und Abgase der Autobahn dominieren und eine scheinbar planlose Wohnbau- und Gewerbeentwicklung dem Tal beinahe jeglichen natürlichen Charme geraubt hat.

Günther wäre froh, wenn er das ach so hässliche österreichische Inntal endlich erreichen würde. Stattdessen kämpft er sich immer noch durch den hässlichen Regen im Ötztal. Vom Timmelsjoch bis hinunter nach Sölden hatte er mit starkem Gegenwind zu kämpfen, der aus der Abfahrt das Gegenteil von einem Vergnügen gemacht hatte. In Sölden völlig erschöpft erstmal eine viel zu teure Frust-Currywurst mit Pommes in sich reingestopft. 20 Minuten nach der Currywurst begann dann der erste stärkere Regenfall. Schnell gesellten sich zu Regen und Sturm auch Donner und Blitz, noch schneller verschwand Günther unter dem schützenden Dach einer Bushaltestelle.

Das Gewitter lässt nach, der Regen klingt ab, Günther macht sich wieder auf den Weg. Weiter talabwärts, weiter gegen den Wind, mittlerweile auf einer patschnassen Straße. In Oetz erwischt ihn das nächste Gewitter. Er findet Zuflucht in einer Bäckerei, die zum Glück bis 17 Uhr offen hat. Ein Cappuccino am Nachmittag? Eigentlich ein teutonischer Sündenfall, aber an Tagen wie diesen und zumal außerhalb Italiens sei er gestattet. Zucker und Koffein gegen Blitz und Donner.

Zucker und Koffein haben ihre Wirkung nicht verfehlt, Ramon fühlt sich auch auf der dritten Passauffahrt des Tages noch fit. Aber er weiß, dass Matthias im Zweifel den stärkeren Antritt hat. Wenn Ramon als Erster oben sein will, muss er sich also rechtzeitig absetzen. Mit Ausdauer kann er Matthias vielleicht schlagen, mit Kraft hat er keine Chance. Oben heißt in diesem Fall nicht die Passhöhe, Matthias wird nur bis zum Abzweig nach Livigno mitfahren, wo sein Leihwagen parkt. Von Zernez weg steigt die Straße relativ lange an, erreicht eine Art Peak und führt dann bis zum Abzweig nach Livigno wieder bergab. Dort beginnt dann der eigentliche Schlussanstieg zum Ofenpass. Ramon will als Erster am Peak sein. Anders als Matthias – der die Strecke heute Morgen mit dem Auto gefahren ist – weiß er aber nicht, wie weit der Peak noch entfernt ist. Nachdem er die letzte Lawinengalerie passiert hat, setzt er zum Überholen an. Im Vorbeifahren stellt er Matthias die rhetorische Frage, dass es wohl nicht mehr lange sein wird bis zum höchsten Punkt. Damit ist Matthias auch darüber informiert, dass Ramon vor dem höchsten Punkt nicht mehr warten wird. – „Doch, ist schon noch ein Stück". Ramon achtet nicht so sehr darauf, was Matthias da sagt. Er achtet mehr darauf, wie er es sagt: halbwegs außer Atem. Schwächelt Matthias etwa? Geht ihm die Puste aus? Diese Chance sollte sich Ramon nicht entgehen lassen und sich jetzt absetzen, sonst holt ihn Matthias wieder ein, sobald er wieder besser bei Kräften ist.

Ramon hätte auch darauf achten sollen, was Matthias gesagt hat. „Ist schon noch ein Stück". Aber Hallo ist das noch ein Stück! Um nicht ganz unfair zu sein, versucht Ramon, Matthias ungefähr auf gleichbleibender Distanz zu halten und sich nicht zu weit abzusetzen. So muss Matthias nicht alleine hochstrampeln, und Ramon hätte genug Zeit und Kraftreserven, um einen eventuellen Angriff von Matthias kontern zu können.

Nach einer kurzen flachen Passage startet der letzte Anstieg, den sie heute beide gemeinsam zurücklegen. Nun gilt es, Alles oder Nichts: Ramon gibt sich Mühe, das Letzte aus seinen Waden und seinem Rennrad rauszuholen, er wird tatsächlich noch ein bisschen schneller und nimmt die Hürde scheinbar mühelos, aber nicht ganz schmerzfrei. Matthias ist abgehängt.

Auf der Abfahrt, die Ramon gewohnt ruhig angehen lässt, kommt Matthias wieder heran. Im Vorbeifahren klopft er Ramon auf die Schulter und sagt ein einziges Wort, das in diesem Moment sehr viel bedeutet. Nach all den Jahren, all den gemeinsamen Radtouren und all den Serpentinen, in denen Matthias immer der eindeutig bessere und stärkere Radfahrer von den beiden war, klopft ihm Matthias auf die Schulter und sagt: „Respekt". Ramon freut sich über diesen Ritterschlag.

Günther freut sich, dass er bei beiden Gewittern die Möglichkeit hatte, sich unterzustellen. Noch mehr freut er sich, dass er das Pech bringende Ötztal nun endlich hinter sich gebracht hat und der Regen nun tatsächlich endlich aufhört. Aus dem engen Ötztal wird das breite Inntal, aus den kleinen blauen Flecken am Himmel wird doch noch einmal richtig freundliches Wetter.

Günther fasst sämtliche Motivation zusammen, die er in seinem durchnässten Körper noch finden kann, und nimmt sich fest vor: Der 19-Uhr-Zug in Innsbruck geht sich aus! Das sind noch knapp zwei Stunden für knapp 50 Kilometer. Und endlich kein Gegenwind mehr. Er klickt den zweiten Schuh ins Pedal, schaltet aufs große Kettenblatt und strampelt los. Wo nimmt er auf einmal diese Kraft her? Völlig egal, wo sie herkommt. Schön, dass sie wieder da ist. „Los geht's! Innsbruck, ich komme!"

Kurz darauf biegt er in einer beherzten Schräglage links ab und holt Schwung für die leichte Steigung, die auf eine Brücke hochführt. Mit immer noch deutlich über 20 km/h fährt er am Ende der Steigung auf die Brücke auf – KLIRR!

Was war das für ein Geräusch? Ist er über irgendwas drübergefahren? Oder ist etwa – scheiße, ja, sie ist. Im Hinterrad. Eine Speiche gebrochen. Das Rad dreht sich nurmehr zäh und unrund, an den Bremsbacken bleibt es förmlich stecken. Weiterfahren? Keine Chance. Reparieren? Keine Ersatzspeiche dabei. Reparieren lassen? In Österreich auf dem Land am Samstag nach 17 Uhr – keine Chance. Zu Fuß weiter und das Rennrad nach Innsbruck tragen? Haha, witzig. Es bleibt nur eine einzige Möglichkeit: Aufgeben. Der Kilometerzähler steht bei 154. Der Bahnhof „Silz im Oberinntal" ist zum Glück nicht weit entfernt. Im Schneckentempo bewegt sich Günther auf dem Rad, dass ihn heute unversehrt das Timmelsjoch hat bezwingen lassen, auf die Ortschaft zu. Am Bahnhof wartet er ziemlich lange auf die nächste S-Bahn. Wie viele Kilometer er in der Zeit hätte radeln können, wenn die Speiche nicht gebrochen wäre…

„Und wenn eine Speiche gebrochen ist, der Reifen platt ist oder sonst irgendwas nicht funktioniert – dann schickt man einfach eine kurze Meldung an den Betreiber und kann das Fahrrad an der nächstbesten Station austauschen." Der Vortragende erklärt, wie öffentliche Fahrradverleihsysteme mit auf das ganze Stadtgebiet verteilten Verleihstationen funktionieren. Und dass sie sich von New York bis Hamburg, in Innsbruck und in Trient bereits etabliert und bewährt haben. Und dass sie eine wichtige Ergänzung zum öffentlichen Nahverkehr sind.

Der Vortragende scheint recht überzeugt von diesen Verleihsystemen, das Publikum im Meraner Kurhaus ist es nicht. Er tut sein Bestes, um den kritischen Nachfragen zu kontern. Er redet davon, dass man Bergabfahrten teurer machen könnte als Bergauffahrten, damit die Fahrräder in beide Richtungen genutzt werden. Und dass es natürlich E-Bikes geben müsste, damit auch Otto Normalfahrradfahrer nach Dorf Tirol hochkommt. Und dass der Parkplatz der Hochmuth-Seilbahn wahrscheinlich nicht mehr so groß sein müsste, wenn es an der Talstation eine Fahrradverleihstation gäbe.

Anna und ihre Eltern stehen in der Kabine der Hochmuth-Seilbahn und steuern auf den großen Parkplatz an der Talstation zu. „Anna, schaust du gerade nach, wann der nächste Bus fährt?" – „Ja – aber das dauert leider noch eine Weile. Es lohnt sich, wenn wir zu Fuß zum Busbahnhof gehen, wo der Anschlussbus nach Meran startet, dann kriegen wir einen früheren Bus." – „Welcher Busbahnhof? In Dorf Tirol?!" – „Ja, die nennen das tatsächlich so. Gemeint ist der kleine Platz, wo der Bus nach Meran startet." – „Wäre das schön, wenn unsere Fahrräder jetzt an der Talstation stehen würden – und wir einfach nur runter nach Meran rollen müssten. Das wäre unschlagbar schnell und würde richtig Spaß machen." – „Haha, stimmt, super Idee. Die sollten da an der Talstation mal ein paar Fahrräder bereitstellen. Am besten so, dass man sie in Meran am Bahnhof wieder abgeben kann und nicht in den Zug quetschen muss."

Matthias quetscht sein Fahrrad in den Kofferraum und wird Ramon noch ein Stück hinterherfahren. Sie haben gerade diskutiert, ob sie im Hotel Parc National nochmal kurz einkehren wollen.

Ramon ist in der leichten Steigung vor dem Hotel 23 km/h gefahren, deutlich schneller als er das von sich selbst gewohnt ist. Aber er merkt auch, dass ihn die Kräfte so langsam verlassen und der Hunger zunimmt. Lange Pause sollte er sich keine mehr gönnen, sonst wird die letzte Passhöhe doch noch eine große Hürde.

„So, haben wir die letzte Hürde also auch noch genommen. Da vorne auf dem Hotelparkplatz sehe ich schon das Auto stehen!", freut sich Adam. „Papa, können wir da erst ein Eis essen, bevor wir nach Hause fahren?", fragt Jan. – „Da müssen wir erst mal schauen, ob die überhaupt Eis haben."

Sie haben. Adam, Tigra und Jan erreichen das Hotel und setzen sich an einen der Holztische vor dem großen weißen Gebäude. Tigra liest den Schriftzug „Hotel Parc Naziunal – Il Fuorn" und fragt sich, ob das rätoromanisch ist. Jan liest die Speisekarte und fragt sich, ob er nicht doch lieber einen

Apfelstrudel will. Adam liest gar nichts, er beobachtet den Rennradfahrer, der auf dem Parkplatz steht und Richtung Straße starrt, wie wenn er auf etwas warten würde. „Diese verdammten Rennradfahrer", denkt sich Adam, „die denken immer, dass ihnen die ganze Straße gehört. Und jetzt scheint ihm auch noch der ganze Parkplatz zu gehören." Ein weißes Auto biegt auf den Parkplatz und fährt zu dem Rennradfahrer hin. Der Autofahrer und der Rennradfahrer unterhalten sich kurz, dann verabschieden sie sich und fahren in unterschiedliche Richtungen weiter.

Matthias und Ramon haben sich nach kurzer Überlegung doch gegen eine Einkehr im Hotel entschieden. Auf dem Hotelparkplatz verabschieden sich die beiden, Matthias fährt zurück nach Laax, Ramon strampelt weiter gen Ofenpass. Eine breite schwarze Straße, außenherum nichts als scheinbar unberührte grüne und graue Natur. Auf der schwarzen Straße ein Rennrad, das sich ohne weitere Pause auf die Passhöhe zubewegt.

Außer Bananen, Snickers und Müsliriegel hat Ramon seit dem zweiten Frühstück in der Vinschgaubahn nichts mehr Vernünftiges zu sich genommen. Der Topf, in dem er heute Abend Nudeln kochen wird, wird ein großer sein. Die 100-Kilometer-Marke ist geknackt, 100 Höhenmeter fehlen noch. „Denke schneller als du fährst" steht auf einem Plakat, an dem er vorbeifährt. Ob die Motorradfahrer im Vorbeirasen die Botschaft verstehen?

Für Ramon ist es kein Problem, schneller zu denken, als er fährt. Er fährt nämlich mittlerweile ziemlich langsam. Aber er schafft auch noch die letzten Höhenmeter bis zur Passhöhe. Um 17:13 Uhr erreicht er schließlich den Ofenpass und schießt zwei Passhöhenfotos mit Wolken und ohne Matthias. 2.149 m. ü. M. zählt der niedrigste Pass des Tages, das ist immer noch fast 2.000 Meter höher als Bozen. Windjacke über die Brust, Banane in den Bauch, dann geht es abwärts.

Um 17:16 Uhr erreicht Adams Opel den Ofenpass. Keine Fotos, keine Banane, Adam will nach Hause. Gleich nach der ersten Serpentine sieht er einen Rennradfahrer vor sich. Es ist der, den er vorher auf dem Hotelparkplatz gesehen hatte. „DIE DRECKSAU!", flucht er plötzlich. Tigra und Jan erschrecken, sie haben keine Ahnung, was das jetzt wieder soll. „Das hab ich genau gewusst, dass ich den vornedran haben werde. Diese Rennradfahrer sind echt eine Landplage!" Man kann nicht wirklich sagen, dass Adam jetzt langsamer fahren muss, schließlich ist der Rennradfahrer in den Kurven deutlich schneller als ein Auto. Aber Adam fährt jetzt einfach schneller, damit sich sein Gefühl manifestiert, er würde ausgebremst. „Der glaubt wohl, er sei schneller als ich!", empört er sich. – „Nein, Adam, er IST schneller als du, der kann doch ganz anders in die Kurven gehen", folgt eine Erklärung vom Beifahrersitz, die er gar nicht angefordert hatte. – „Vielleicht sammelt der auch Kilometer für den Fahrradwettbewerb", mutmaßt Jan auf der Rücksitzbank. – „Das ist mir Wurscht, was der sammelt, Hauptsache ich kann den jetzt bald überholen. Auf der nächsten Gerade krieg ich ihn!" – „Adam, bitte jetzt nicht schon wieder so ein gefährliches Überholmanöver!", warnt Tigra und hält sich mit der rechten Hand ganz fest am Griff über der Beifahrertür fest. – „Der fährt zum Glück wenigstens rechts am Rand, den kann ich überholen, ohne auf die Gegenfahrbahn zu müssen", denkt sich Adam und macht das auch.

„So eine Drecksau, der hätte ja schon mal ein bisschen auf die Gegenfahrbahn fahren können, wenn kein Gegenverkehr kommt", denkt sich Ramon. Er wird nie verstehen, was Autofahrer so geil daran finden, Radfahrer mit so wenig Abstand wie möglich zu überholen. Was, wenn der Radfahrer noch nicht mitkriegt, dass er überholt wird, und einem Schlagloch ausweichen muss? Dann ist er schlimmstenfalls tot. Nur weil der Autofahrer den aus gutem Grund vorgeschriebenen Mindestabstand beim Überholen nicht eingehalten hat.

Ramon versucht, sich nicht weiter über den Autofahrer zu ärgern und stattdessen die Abfahrt zu genießen. Und die ist tatsächlich ein Genuss. Der Ofenpass zählt zu seinen absoluten Lieblingspässen. Gar nicht so sehr wegen den Serpentinen – so viele sind es ja gar nicht – und dem relativ geringen Verkehr, sondern vor allem wegen der Landschaft. Die ist irgendwie anders als bei den meisten anderen Pässen in der Umgebung und wirklich herausragend schön.

„Die Landschaft hier ist wirklich herausragend schön", schwärmt Adam. – „Und die Baustellenampel ist rot!", ruft Tigra. – „Stimmt", denkt sich Adam und macht eine Vollbremsung. „Hab ich schon vorher gesehen", lügt er. Wo genau da eine Baustelle sein soll, ist noch nicht ersichtlich, aber sie stehen jetzt erstmal und warten auf den Gegenverkehr.

Ramon sieht den Opel, der ihn gerade so knapp überholt hatte, vor sich an einer Baustellenampel stehen. Er lässt das Rad ausrollen und freut sich direkt über die kurze Verschnaufpause. Verschnaufpause ist der falsche Ausdruck, man ist ja nicht außer Atem auf der Abfahrt, eher eine Konzentrationspause. Das Anstrengende, wenn man mit dem Rennrad Abfahrten hinunterschießt, ist ja, dass man die ganze Zeit konzentriert sein muss. Ramon hätte Lust darauf, dem Opel den Spiegel einzutreten und seinem Fahrer kurz zu erklären, welche Vorteile das Überholen mit Sicherheitsabstand mit sich bringt. Keine Lust hat er darauf, hinter ihm stehen zu bleiben und seine Abgase einzuatmen. Das Arschloch lässt an der Baustellenampel nämlich den Motor laufen. Also rollt Ramon am Opel vorbei und stellt sich vor der Ampel an den Rand der Straße.

„JA SPINNT DER?", schreit Adam, als er sieht, dass ihn der Rennradfahrer überholt. Intuitiv ballt er eine Faust und will diese auf die Hupe fallen lassen – aber Tigras intuitiver Handgriff unterbindet sein Vorhaben. „Lass den Scheiß! Wenn du hupst, wirst du ihn so erschrecken, dass er vom Rad fällt!" – „Aber er muss mich ja nicht überholen. Er wird ja wohl selber checken, dass er langsamer ist als ich. Ich hab den Depp jetzt die ganze Baustelle lang vornedran!"

Das rote Ampellicht erlischt. Adam gibt Vollgas, überholt den Rennradfahrer, der anscheinend noch gar nicht mitgekriegt hat, dass die Ampel umgesprungen ist, und fährt triumphierend als Erster in den Baustellenbereich.

Ramon ist beim Umspringen des Ampellichts am Straßenrand stehengeblieben, um die zwei Autos, die hinter ihm standen, vorbeizulassen. Der vordere von beiden beschleunigt mit Vollgas und fährt viel zu schnell in den Baustellenbereich. „Solche Vollidioten müsste man echt konsequent aus dem Verkehr ziehen", denkt sich Ramon, „das wäre ein wirksamer Beitrag zu Verkehrssicherheit und Verkehrsvermeidung".

„Die erste wichtige Säule, um Verkehr nachhaltiger zu machen, ist also die Verkehrsvermeidung", erklärt Otto die Powerpointfolie. „Denn der umweltfreundlichste Verkehr ist der Verkehr, den es gar nicht gibt. Wenn statt drei Autos mit jeweils einer Person eine Fahrgemeinschaft mit drei Personen unterwegs ist, dann wurden Fahrzeugkilometer vermieden. Auch wenn ich einen Supermarkt im Ortszentrum baue, wo die Leute in der Nähe wohnen, sodass nicht jeder erst zwei Kilometer zu einem Supermarkt im Gewerbegebiet fahren muss, dann wurde Verkehr vermieden.

Der Verkehr, der sich nicht vermeiden lässt, sollte nach Möglichkeit mit umweltfreundlichen Verkehrsmitteln wie Bus, Bahn, Fahrrad und zu Fuß zurückgelegt werden, die zweite Säule ist also die Verkehrsverlagerung. Der Autoverkehr, der dann immer noch übrig bleibt, weil er nicht vermieden oder verlagert werden konnte, sollte möglichst umweltfreundlich, zum Beispiel mit Elektrofahrzeugen, abgewickelt werden. Man nennt diese dritte Säule Verkehrsverbesserung."

Otto lässt das Publikum bei mehreren Mobilitätsmaßnahmen raten, in welche der drei Säulen sie passen. Zuletzt fragt er: „In welche dieser drei Säulen passen Umfahrungstunnel?" Otto kann in vielen Gesichtern die Ratlosigkeit ablesen. „Also Verkehrsvermeidung können wir ausschließen, das ist von meinem Vortrag hoffentlich hängen geblieben", fängt Otto an, die Antwort selbst zu geben. „Und ein Straßentunnel, durch den nur Autos und Lkw fahren, trägt natürlich nicht zu einer Verlagerung auf umweltfreundliche Verkehrsmittel bei." Im Publikum nutzt jemand Ottos Kunstpause für die Zwischenfrage: „Dann bleibt ja nur noch Verkehrsverbesserung übrig, aber das bringt der Tunnel doch auch nicht, wenn das stimmt, was sie erzählt haben." – „Doch, doch, Verkehrsverbesserung bringt der Tunnel natürlich schon – unter den von mir genannten Bedingungen und Einschränkungen. Wenn der Tunnel dafür sorgt, dass es weniger Stau gibt und wenn der Tunnel dafür sorgt, dass es im Ortszentrum weniger Lärm und weniger giftige Abgase gibt, dann trägt er zu einer Verbesserung des Verkehrs bei, auch wenn er weder Verkehr vermeidet noch Autoverkehr verlagert."

Otto ist damit fast am Ende seines Vortrags angekommen. Die Skepsis im Publikum ist groß, ob das wirklich stimmt, was er da erzählt hat. Ein Fragesteller bringt die Skepsis auf den Punkt: „Wenn Umfahrungstunnel wirklich so viel Nachteile haben, wie Sie das sagen, warum werden sie dann überhaupt gebaut?" Otto versucht in kurzen und einfachen Sätzen, die Interessen der verschiedenen Akteure zusammenfassen. Die Politiker, die wiedergewählt werden wollen und deshalb den Bürgern lieber teure Geschenke – wie z. B. Umfahrungstunnel – machen, als sie – z. B. mit Fahrverboten – zu ärgern. Die Bauunternehmen, die stets neue Bauaufträge brauchen, um ihre Maschinen auslasten zu können. Große Teile der Wirtschaft, die auf gut ausgebaute Straßen angewiesen sind, damit sie mit großen Lkws schnell und günstig beliefert werden können und keine Wettbewerbsnachteile haben. Die Bewohner, die sich natürlich für Umfahrungstunnel stark machen, weil sie endlich vom Verkehrslärm erlöst werden wollen. „Wenn man jeden einzelnen Tunnel für sich betrachtet, profitieren auf den ersten Blick also alle von diesen Tunnels, deswegen werden sie gebaut. Nur wenn man den Blick von oben auf das große Ganze richtet, stellt man fest, dass die da unten sich in einem teuren Teufelskreis befinden und Umfahrungsstraßen nur dazu führen, dass man immer noch mehr Umfahrungsstraßen braucht. Die Politik und auch der normale Bürger haben diesen Blick von oben nicht, dafür sind wir Wissenschaftler zuständig. Vom Elfenbeinturm aus kann man nämlich ganz gut nach unten schauen", lächelt Otto selbstironisch und erntet in Form von vereinzelten Lachern die erhoffte Reaktion im Publikum.

Anna erntet in Form von schnellem Nicken die erhoffte Reaktion bei ihren Eltern. Auch die wollen in Meran noch ein Eis essen. Es ist noch viel zu warm und viel zu schön, um Meran gleich wieder zu verlassen. „Kann man irgendwo in Altstadtnähe aussteigen?", fragt ihre Mutter. – „Weiß ich nicht genau, ich leite die Frage mal an den Busfahrer weiter."

„Haben Sie noch eine weitere Frage an den Redner? – Ich sehe im Moment keine erhobenen Finger – Kein Problem, die Redner werden Ihnen auch anschließend im Foyer noch für weitere Rückfragen zur Verfügung stehen, außerdem werden Ihnen jetzt im Foyer auch ein paar Häppchen und Getränke zur Verfügung stehen." Die Moderatorin bedankt sich für das zahlreiche Erscheinen und sie sagt noch irgendwas anderes, aber das geht im allgemeinen Stühlerücken unter. Sie hat das Büffet zu früh erwähnt, das Publikum hat sich gedanklich schon von der Bühne weg und zu den Häppchen und Getränken hin bewegt.

Anna und ihre Eltern haben sich von der Bushaltestelle vor dem Hotel Palace weg und zur Passerpromenade hin bewegt. Sie überqueren den Fluss. „Rund um Sandplatz und Kurhaus gibt es ja mehrere Eisdielen und Cafés, und seit sie die Freiheitsstraße verkehrsberuhigt haben, ist es da richtig schön", schlägt Anna ihrer Mutter vor. Währenddessen hat ihr Vater irgendeinen Arbeitskollegen getroffen, der ihm zur absolvierten Wanderung gratuliert.

Otto hat sich im Foyer wieder mit Daniel getroffen, der ihm zum gelungenen Vortrag gratuliert. Die beiden gehen kurz die Treppe runter und raus auf die Freiheitsstraße, weil Daniel eine rauchen will. „Wenn du nicht rauchen würdest, wärst du schneller als ich in St. Leonhard gewesen", kommentiert Otto die Nikotinsucht seines Freundes. – „Ach, ich konnte mich doch von dir ziehen lassen. Außerdem hab ich auf der Konferenz gerade gelernt, dass Dieselabgase gefährlicher für die Gesundheit sind als Zigaretten. Also kann ich auch weiterhin rauchen."

Daniel hat ausgeraucht, er entsorgt den Zigarettenstummel in einem seltsamen Betontrichter neben der Eingangstür, der im oberen Bereich wohl ein Aschenbecher sein soll. Otto ärgert sich derweil über das Schild „Fahrräder und Mopeds abstellen verboten" an einem Gebäude, in dem eine Veranstaltung zur nachhaltigen Mobilität stattfindet – und noch viel mehr über die furchtbaren Fahrradständer auf der anderen Straßenseite. Schwarze Ringe, in die man das Vorderrad stecken kann, wo man aber nicht den Rahmen anschließen kann. Für Fahrraddiebe ein Paradies, für Mountainbikefahrer die Hölle.

„Wollen wir wieder reingehen?", reißt Daniel Otto aus seinen Fahrradabstellanlagengedanken. In diesem Moment gehen drei Personen, mutmaßlich eine Tochter mit ihren Eltern, vom Sandplatz kommend auf das Kurhaus zu. Otto hat die drei noch nicht entdeckt. Er sagt: „Ja klar, lass reingehen. Ich muss eh noch schnell was erledigen." Daniel hält ihm die Tür auf, die beiden verschwinden im Kurhaus.

Anna blickt auf das Kurhaus und bleibt vor Schreck stehen. Der junge Mann, den sie gerade hat durch die Tür verschwinden sehen, war das? Der sah aus wie – das kann doch nicht, oder etwa doch? Das wäre ja – „Anna, was ist denn?" – „Äh, ich hab überlegt, ob ich vielleicht kurz in das Kurhaus gehen sollte." – „Wieso das denn?" – Äh ja, sehr gute Frage, Mama, wieso will ich da jetzt reingehen? „Ich will mir ein Programmheft holen", fällt Anna zum Glück schnell eine Begründung ein. – „Seit wann interessierst du dich denn für klassische Musik?", fragt der Vater. – „Ach, äh, die spielen da glaube ich nicht nur klassisches, da sind immer mal wieder auch andere Veranstaltungen." – „Ah wirklich, wusste ich gar nicht." Anna hat keine Ahnung, welche Veranstaltungen im Kurhaus stattfinden. Aber sie kann ihren Eltern ja nicht erzählen, dass sie glaubt, dass da gerade der Mann ihrer Träume, den sie nur von einem Zeitungsbild kennt, in das Kurhaus getreten ist. „Geh ruhig rein, wir warten hier“, sagt ihre Mutter.

Anna betritt das Kurhaus. Aus dem Obergeschoss kommen Menschen mit Häppchen in der Hand und Weißwein im Mund. Auf dem Weg hinab zur Garderobe wird alles runtergeschluckt. Offensichtlich ist hier gerade eine Veranstaltung zu Ende gegangen. Sie schaut durch das Foyer – und ja, sie sieht den Mann, der – der gerade mit „ihrem“ Mann zusammen draußen war. Alles oder nichts – sie traut sich, ihn anzusprechen. „Ähm, Entschuldigung, Sie haben sich doch gerade mit dem jungen blonden Mann unterhalten?“ – „Ah, Sie haben noch eine Frage an den Redner?“

Er war also ein Redner auf der Veranstaltung hier, das ist ja schonmal eine sehr hilfreiche Info. Was auch immer das für eine Veranstaltung war. „Ja, genau“, lügt Anna. „Wissen Sie, wo ich ihn jetzt finden kann?“ – „Nein, weiß ich leider nicht. Er hat gesagt, dass er noch kurz was erledigen muss. Ob er damit meint, dass er auf die Toilette muss, oder ob er zurück in den Saal ist, um sich beim Techniker zu bedanken oder was auch immer zu machen, keine Ahnung.“ – „Ah, ok. Naja, ich such ihn einfach mal. Danke auf jeden Fall!“

Anna geht unsicher die Treppenstufen hinauf und schaut in den Saal. Sie hofft natürlich, dass sie ihn finden wird. Aber selbst wenn sie ihn jetzt sehen würde, was soll sie dann sagen? „Äh hallo, du, wir kennen uns zwar nicht, aber ich hab dich draußen stehen sehen und dachte einfach, ich verfolge dich nach drinnen und quatsch dich mal an.“ Blödsinn. „Äh, sag mal, du machst doch auch bei diesem Fahrradwettbewerb mit?“ Komische Anmache. „Hallo, ich bin Anna, 26, und komme aus Naturns.“ Unsinn. „Hallo, ich bin Anna. Wir haben uns schon ein paar Mal fast gesehen.“ Noch dümmer. Was soll sie nur machen? Nervös tippt sie mit den Füßen auf den Boden. Den ganzen Saal durchsuchen? Bringt nichts. Vor dem Männerklo Wache schieben, bis er rauskommt? Total lächerlich. Außerdem gibt es im Kurhaus mehrere Toiletten.

Jetzt kommt ihr eine Idee. „Wenn ich ihn schon nicht finde, dann kann ich jetzt wenigstens rauskriegen, wie er heißt und wer er ist“, denkt sie sich und geht zum nicht mehr besetzten Empfangstresen. Tatsächlich: Dort liegen Programmflyer der Konferenz, die hier gerade zu Ende gegangen ist. Eine Mobilitätskonferenz, ist ja spannend. Wenn er wirklich einer der Redner war, muss er ja im Programmflyer stehen. Sie nimmt sich unbemerkt einen der Flyer und steckt ihn in die Hosentasche. Sie kommt sich wie deine deplatzierte Diebin vor, mit ihrer Wanderhose und ihren Wanderschuhen inmitten der Kongressteilnehmer mit ihren Saftgläsern und Sektgläsern. Noch ein letzter Kontrollblick – nein, nirgendwo sieht sie ihren Traummann. Vielleicht war er auch nie hier und sie hat sich das alles nur eingebildet. Anna verlässt das Foyer und geht wieder die Treppen hinunter.

Otto verlässt die Toilette und will wieder die Treppen hinaufgehen. Unterwegs begegnet ihm eine junge Frau, die ihn anspricht. Er lässt sich gerne von ihr aufhalten.

Jemand hält Anna die Tür auf – da fällt ihr ein, dass sie etwas vergessen hat: das Programmheft vom Kurhaus! Sie hat ihren Eltern ja erzählt, dass sie deshalb reingeht. Sie dreht sich also um und geht zurück zur Garderobe. Sofort sieht sie den Aufsteller, in dem die Programme lagern. Sie nimmt sich gleich zwei, damit ihre Eltern auch eins kriegen. Ein letzter Blick ins Treppenhaus: Nirgendwo ist der Mann, den sie sucht.

„Du, da hat dich eine junge Frau gesucht." – „Eine schwarzhaarige mit auffälligen Ohrringen? Die hat mich grad auf dem Gang zu den Toiletten gefunden." – „Nein, eine junge Blondine. Sah richtig gut aus – und das, obwohl sie so seltsame Trekkingklamotten anhatte. Wie wenn sie heute statt im Meraner Kurhaus auf dem Meraner Höhenweg gewesen wäre." – „Hm, schade. Vielleicht kommt sie ja nochmal wieder."

„Wir dachten schon, du kommst überhaupt nicht mehr wieder." – „Ja, sorry, ich hatte die Programmhefte nicht gleich gefunden. Und es war ziemlich voll da drin, da ging anscheinend gerade eine Tagung zu Ende. Ich hab euch übrigens auch ein Programmheft mitgebracht, hier!" – „Danke! Wir sollten uns das mit dem Eis übrigens vielleicht doch nochmal überlegen." – „Wieso das denn?" – „Schau mal Richtung Passeiertal!" – „Ach, die Wolken werden hoffentlich woanders hinziehen. Von ein paar Regentropfen will ich mir die Lust auf Eis jetzt nicht verderben lassen."

In den beiden Serpentinen oberhalb von Valchava waren ein paar erste Regentropfen gefallen. Vor dem Grenzübergang zurück nach Südtirol hat es dann erneut leicht geregnet und stark gewindet. Ab der Grenze war dann der Asphalt schlechter, aber das Wetter wieder besser.

Nun radelt Ramon durch Laatsch. Ein hübsches Dorf, wo der Dorfladen noch Dorfladen heißt. Er sieht einen Radwegweiser, der rechts Richtung Mals zeigt – und tatsächlich: Es gibt von hier aus neuerdings nicht nur einen glatt asphaltierten Radweg an der jungen Etsch entlang ins alte Glurns, sondern auch einen zum Radweg umfunktionierten Wirtschaftsweg, der eine verkehrsfreie und schnelle Verbindung zum Bahnhof Mals darstellt.

Dort angekommen, stellt Ramon fest, dass er vom Ofenpass nach Mals genau eine Stunde lang unterwegs war. Der Postbus wäre nur zwei Minuten schneller gewesen. Ramon schafft also den 18:20 Uhr-Zug und wird früher zu Hause sein als erwartet. 135 Kilometer trägt er in die Fahrradwettbewerb-App ein. Neuer Gesamtkilometerstand: 4.238.

Kurz vor dem Einsteigen schaut er nochmal nach Norden und sieht, dass Richtung Österreich noch immer dicke Wolken am Himmel hängen. Auf der österreichischen Seite des Alpenhauptkamms hat es wahrscheinlich den ganzen Nachmittag lang geregnet. Ramon ist trotz zunehmender Bewölkung und vereinzelter Tropfen bis zum Schluss trocken geblieben. Falls es jetzt doch noch zu regnen anfangen sollte, wäre ihm das egal, der Zug bietet ja Regen- und Windschutz.

Der Zug bietet zwar Regen- und Windschutz, aber der Fahrplan treibt Günther in den Wahnsinn. Um 18:53 Uhr kommt der Zug aus Silz in Innsbruck an, um 18:52 Uhr fährt der Zug zum Brenner ab. Wer erfindet denn bitteschön solche Nicht-Anschluss-Verbindungen? Warum ist er nicht einfach in Südtirol geblieben, wo nicht nur das Wetter, sondern auch der Zugfahrplan besser ist?! Nun also eine Stunde Zwangskonsum in Innsbruck, bis um 19:52 Uhr die nächste S-Bahn zum Brenner startet. Das Ganze auch noch umhüllt von Nikotin, weil nach ihm nur noch Raucher in das Lokal eingetreten sind und es mit dem Nichtraucherschutz in Österreich scheinbar noch nicht so weit hergeholt ist.

Günther tröstet sich damit, dass er heute immerhin 155 Kilometer auf dem Rennrad zurückgelegt hat. Er hat das Timmelsjoch bezwungen und viel schöne Landschaft gesehen. Damit hat er jetzt insgesamt schon 4.143 Kilometer für den Fahrradwettbewerb gesammelt. Eigentlich ein toller Tag. Trotzdem: Ein Happy End sieht anders aus.

So sieht ein Happy End aus: Alle drei Pässe scheinbar mühelos bezwungen, den ganzen Tag schönes Wetter genossen, viel Spaß mit Matthias gehabt, und jetzt kommt er um kurz nach acht nach Hause und stellt überrascht fest, dass seine Freundin schon am Kochen ist. Nicht vor Wut, sondern Penne all'arrabbiata. Ramon duscht sich und freut sich – über den gelungen Tag und auf das Essen.

Tigra freut sich über den gelungenen Tag, Adam freut sich auf den Spielfilm. Im ZDF kommt ein Krimi, der in München spielt. Da wollen sie ja demnächst hinfahren. Aber noch laufen die Nachrichten. Obama in Afrika, Gewitter in Südwestdeutschland, Nebel auf dem Pluto.

Nebel auf dem Pluto, Wagner-Festspiele in Bayreuth, Wetterbericht. Dann sind die Nachrichten vorbei, und Anna geht hoch in ihre Wohnung. Vorgeschobene Begründung: Sie will nicht diese XXL-Show mit Kai Pflaume sehen, sondern einen anderen Film. In Wahrheit schaut Anna gar keinen Film. Sie sitzt vor ihrem Schreibtisch, auf dem Schreibtisch liegen der aufgeklappte Laptop und der aufgeschlagene Kongressflyer. Sie geht die Namen der Vortragenden durch und tippt sie in das Suchmaschinen-Suchfeld ein. Der Professor kann es nicht sein, viel zu alt. Harald Reiterer kennt sie ja von der Fahrradwettbewerb-Eröffnungsveranstaltung, den kann sie von vornherein ausschließen. Das von der Bezirksgemeinschaft war eine Frau, kann er also nicht sein. Bleiben noch STA, TIS und EURAC. Anna googelt einen nach dem anderen, wird zunehmend angespannter und aufgeregter. Was, wenn er doch nicht dabei ist? Wenn es nur jemand war, der ihm ein bisschen ähnlich sah?

Der Direktor der STA – ist es nicht. Der Wissenschaftler vom TIS – nein, sieht ganz anders aus.

Jetzt ist nur noch ein Name übrig: Otto Müller, wissenschaftlicher Mitarbeiter am EURAC-Institut für Regionalentwicklung und Standortmanagement. Entweder der ist es – oder sie hat sich wirklich getäuscht, und das war jemand ganz anderes, der da vor dem Kurhaus stand. Oder der andere hat gelogen, und das war gar kein Vortragender, sondern nur ein anderer Tagungsteilnehmer. Hm.

Anna tippt „Otto Müller" in die Google-Bildersuche ein. Und drückt die Enter-Taste. Es öffnen sich sehr viele Bilder. Aber die meisten stammen von einem expressionistischen Maler gleichen Namens. Mist.

Neuer Versuch: Anna tippt „Otto Müller EURAC". Enter. Der Seitenaufbau lädt langsam – und spuckt die ersten Bilder aus – und Anna spuckt fast vor Freude auf den Bildschirm. Sie erschrickt selbst darüber, wie ihre Faust auf den Schreibtisch knallt und sie einen Freudenschrei fahren lässt. Das ist er! Er arbeitet bei der EURAC und heißt Otto Müller! Yabbadabba-Du.

Yabbadabba-Du! Otto freut sich über den gelungenen Tag. Über die schöne Radtour, vor allem aber darüber, dass sein Vortrag so super gelaufen ist. Es kommt sehr selten vor, dass er mit sich selbst zufrieden ist beim Vortragen, heute war so ein seltener Moment. Zum vollkommenen Glück fehlt jetzt eigentlich nur noch, dass Tinder ein Match mit Anna, 26, bestätigt. Oder sie ihm einfach so eine E-Mail schreibt.

Anna überlegt sich, ob sie ihm einfach so eine E-Mail schreiben soll, die Mailadresse hat sie auf der EURAC-Website schnell gefunden. Aber was sollte sie schreiben? „Lieber Herr Müller, ich habe heute in Meran ihren Vortrag gehört und war sehr begeistert über ihren Vortrag und ihren knackigen Hintern"? Sie muss selber lachen über so viel Schwachsinn. „Lieber Otto Müller, ich habe Ihren Vortrag heute in Meran leider verpasst, würde mich aber trotzdem gerne einmal mit Ihnen zum Thema Umfahrungsstraßen austauschen"? Da findet sie den most sexy Traumtyp alive, und dann kommt sie ihm mit Umfahrungsstraßen daher? Schwachsinn. „Lieber Otto, ich bin Anna, 26, aus Naturns, und würde dich gerne einmal kennenlernen." Sie tut auch das als Schwachsinn ab. Sie kann ja nicht ahnen, dass Otto sich über nichts mehr freuen würde als über genau diesen Satz.

Anna entscheidet sich schließlich dafür, gar keine E-Mail zu schreiben. Sie will geschickter vorgehen und überlegt sich, ob es nicht in nächster Zeit eine Möglichkeit geben könnte, ihn „zufällig" zu treffen. Stehen irgendwo Termine, wo er als Redner auftreten wird? Gibt es demnächst Veranstaltungen zu seinen Forschungsthemen? Was sind überhaupt seine Forschungsthemen? Anna liest sein Curriculum Vitae durch, das sich aus Veröffentlichungen, Vorträgen und wissenschaftlichen Dienstgraden zusammensetzt. Er kommt anscheinend aus Deutschland, müsste ungefähr 30 sein und beschäftigt sich mit verschiedenen Mobilitätsthemen. Im RegionalDevelopment-Blog hat er auch schon ein paar interessante Texte geschrieben, unter anderem zum Metrobus nach Kaltern. Ist er eigentlich auch auf Facebook?

Otto scrollt ein bisschen in Facebook rum, bevor er die DVD einlegt und eine neue Folge seiner Lieblingsserie schaut. Hätte er seinen Facebook-Account mit seinem echten Namen angelegt, würde ihm jetzt vielleicht eine Anna, 26, aus Naturns eine Freundschaftsanfrage schicken. Und die Vom-Suchen-und-immer-wieder-knapp-Verpassen-der-Liebe-Geschichte würde endlich ein Happy End finden. Aber für ein Happy End ist es noch viel zu früh. Wir sind ja erst in Kapitel 6.

München und Berlin

Das neue Ziel für den Start in die Urlaubswoche ist eine Sonnenuntergangswanderung zur Völseggspitze. Der ursprüngliche Plan war ein Wochenende in Schlern und Rosengarten mit zwei Hüttenübernachtungen. Aber wie nicht anders zu erwarten, waren am Ferragosto-Wochenende, wenn sich halb Deutschland und halb Italien zum Wandern in den Dolomiten treffen, alle Hütten ausgebucht. Also nun erstmal nur eine Freitagabendwanderung. Fahrt mit dem Auto nach Weißlahnbad bei St. Zyprian, von dort zu Fuß zur Tschafonhütte und weiter auf den Gipfel.

Mit dem Auto nach Weißlahnbad? Sollen die anderen ruhig machen. Günther hat sich spontan überlegt, mit dem Fahrrad zu fahren. Die Idee kam ihm erst, als er am Nachmittag im Zug saß, um von Brixen nach Bozen zurückzufahren. Wäre er früher darauf gekommen, hätte er sein Fahrrad am Morgen mitnehmen und sich gleich in Brixen auf den Sattel schwingen können. Er hat heute schon um 15:30 Uhr Feierabend, da hätte er es locker rechtzeitig von Brixen nach Weißlahnbad geschafft. Nun halt spontan von Bozen aus.

Spontan kann er sein, jetzt muss er beweisen, dass er auch schnell sein kann: Die beiden Autos mit seiner Frau und den Wanderkollegen starten in Bozen um 18 Uhr. Er sollte mit mindestens einer Stunde Vorsprung starten, wenn er die anderen in Weißlahnbad nicht warten lassen will. Also um 17 Uhr zu Hause starten. Die Zeit läuft.

Um 16:29 Uhr fährt sein Zug pünktlich in den Bozner Bahnhof ein. Er hat sich schon rechtzeitig an einer Tür platziert, die nahe am Treppenabgang liegt. Bevor es hinter ihm zur halbstündlichen Passagierstauung kommt, ist er schon in der Unterführung. Es kommen viele andere Reisende entgegen, die er aber ignoriert. Sein einziges Ziel ist, möglichst schnell die Treppe hoch und zum Ausgang zu kommen. So bemerkt er auch nicht, dass ihm in der Unterführung eine junge Frau entgegenkommt, die vor kurzem seine Kundin in der Aquarena war.

Anna trägt ihren Rucksack durch die Unterführung am Bozner Bahnhof. Auf die entgegenkommenden Personen achtet sie nicht, auch nicht auf den älteren Mann, der es ganz besonders eilig hat. Sie versucht stattdessen, sich auf die Ansage zu konzentrieren, die oben auf den Bahnsteigen gerade irgendwas zu ihrem Eurocity erzählt. Anna hat sich heute Nachmittag freigenommen, damit sie mit genug Umstiegs-Puffer und Zeit, ihrer Schwester noch ein paar Mitbringsel zu kaufen, Richtung Berlin fahren kann. Mit dem Eurocity um 16:34 Uhr will sie Bozen verlassen, ab München soll es dann mit dem Nachtzug weitergehen.

Auf dem Bahnsteig erkennt Anna sofort, was die Durchsage verkündet hatte. Nicht etwa die Einfahrt des Zuges. Von wegen 16:34 Uhr. „60 Minuten Verspätung“ steht auf der Anzeigentafel.

Die Pfeif-Melodie von Peter, Bjorn & John, die diesen Sommer auf sämtlichen Werbemonitoren in sämtlichen größeren Bahnhöfen Italiens läuft, verstummt, damit die weibliche Stimme vom Band zweisprachig wiederholen kann, was Anna gerade gelesen hat. Was ist denn jetzt schon wieder los? Wie kann sich dieser blöde Zug denn zwischen Venedig und Bozen eine Stunde Verspätung einfahren? Schnee oder Hochwasser kann es derzeit nicht sein. Vielleicht polizeiliche Ermittlungen alias Flüchtlinge rausschmeißen, Notarzteinsatz am Gleis alias Selbstmörder oder Verzögerungen im Betriebsablauf alias Unfähigkeit der Bahn, eine Ersatzlokomotive zur Verfügung zu stellen?

Anna hat in München genug Aufenthalt, der Anschluss Richtung Berlin ist auch bei einer Stunde Verspätung nicht gefährdet. Sie wird also auf den Eurocity warten und nicht versuchen, ob es irgendeine andere Möglichkeit gibt, schneller nach München zu kommen. Sie wird aber das Abendessen vermutlich von München in den Eurocity-Speisewagen verlegen. Es ärgert sie ein bisschen, dass die Bahn für ihre Unzuverlässigkeit auch noch belohnt wird, indem sie mehr Speisewagen-Umsatz verbuchen kann. Aber sei's drum, „nicht ärgern, nur wundern“ ist ein guter Vorsatz von Anna für dieses Jahr gewesen. Bei der Bahn kann man den manchmal brauchen.

Anna versucht, sich einzureden, dass sie jetzt nicht eine Stunde verloren hat, sondern eine Stunde gewonnen hat, in der sie noch etwas Sinnvolles machen kann. Wie wäre es mit der EURAC-Bibliothek? Seit sie weiß, dass der Mann ihrer Träume in der EURAC arbeitet, trägt sie die Idee mit sich herum, sich einen Bibliotheksausweis in der EURAC machen zu lassen. Nicht, um sich einen Film oder einen Wanderführer auszuleihen, nein, einfach nur, um „ihrem“ Otto Müller ein bisschen näher zu sein. Wer weiß, vielleicht kommt er ja just in dem Moment in die Bibliothek, wo sie da sitzt. Oder sie sind „zufällig“ gleichzeitig im EURAC Café.

Café. Gutes Stichwort. Auf Gleis 1 gibt es etwas versteckt eine Bar. So eine typische beige Trenitalia-Bahnhofs-Bar, in der vom Obdachlosen bis zum Oberarzt, vom Junkie bis zum Jura-Professor jeder seinen Espresso und sein Brioche billig kaufen und im Stehen oder auf Plastikstühlen zu sich nehmen kann. Oder auch mal ein erstes Glas Rotwein schon am Vormittag. Nichts da durchgestyltes globalisiertes Ketten-Franchising-Konzept mit Digitalanzeige, Einheitsmenü und Anglizismen. An den Decken dieser alt-ehrwürdigen, etwas grindigen, aber echt sympathischen Bahnhofsbars hängen Kronleuchter und Ventilatoren, die älter sind als jedes Franchising-Konzept. Dafür schmeckt der Kaffee immer frisch. Anna entscheidet sich für einen solchen Kaffee und gegen die EURAC. Sie setzt sich mit dem Kaffee an einen der freien Tische und beobachtet das Treiben auf den Bahnsteigen. Es gibt Schlimmeres, als mit leckerem Kaffee und gutem Buch eine Stunde in Bozen am Bahnhof zu sitzen. Wenn man ihr eine Stunde Zeit schenken würde, würde sie vermutlich am liebsten ein Buch lesen und einen Kaffee trinken wollen. Insofern hat sie durch die Zugverspätung nicht wirklich Zeit verloren. Eine Stunde im Stau stehen wäre deutlich langweiliger. Und zur EURAC gehen würde jetzt eh keinen Sinn mehr machen. Am Freitagnachmittag um 16:40 Uhr wird ihr Otto vermutlich schon im Wochenende sein und nicht mehr im Büro.

Um 16:40 Uhr fährt Otto den Computer herunter. Er muss das Büro verlassen, um kurz nach fünf startet sein Bus nach München. Das Fahrrad lässt er lieber in der EURAC-Tiefgarage und geht zu Fuß in die Südtiroler Straße, den dortigen Fahrradständern traut er nicht mehr, seit ihm da mal eine Taube auf den Sattel geschissen hat.

Kurz darauf steht er zusammen mit anderen Rucksäcken und den zugehörigen Reisenden an der sogenannten Fernbushaltestelle und wundert sich mal wieder über deren Lage und Ausstattung. Ein vollgespraytes kleines Abfahrtsschild vor einem als Flüchtlingswohnheim dienenden ehemaligen Hotel gegenüber einer verwahrlosten Baulücke. Keine digitale Abfahrtstafel, also keine Info, wann der Bus wirklich abfahren wird. Keine Überdachung, wenn es doch mal regnen sollte. Kurzum: Keine perfekte Lösung.

Der Fernbus verlässt Bozen etwa viermal täglich Richtung München, etwa viermal täglich ist er relativ voll. Ein gemischtes Publikum nutzt die noch recht neuen Busse: Studenten, Urlauber, ein paar Rentner – und ein wissenschaftlicher Mitarbeiter der EURAC. Etwa einmal monatlich fährt Otto nach München. Familie und Freunde treffen, Oktoberfest besuchen, ins Stadion gehen, Weihnachten feiern – irgendein Anlass findet sich immer.

Ein bisschen verbindet er auf den Fahrten nach München Freizeit und Beruf, er fährt nämlich deutlich aufmerksamer mit dem Fernbus, seit er sich für die EURAC auch wissenschaftlich mit ihm auseinandersetzt. „Die Auswirkungen neuartiger Fernbusangebote auf Tourismus und Verkehrsstärke entlang der Brennerachse", so der etwas sperrige Titel der Studie, an der er mitarbeitet. Der Untertitel ist nochmal genauso lang. Otto untersucht, wer warum mit diesen meist grünen Bussen wohin fährt und ob und wenn ja wie diese Personen die Strecke zurückgelegt hätten, wenn es den Bus nicht gäbe. Er will wissen, welche Auswirkungen diese meist grünen Busse haben, die innerhalb kürzester Zeit zum selbstverständlichen Teil des Straßenbildes geworden sind. Der optimistische Umweltschützer denkt sich: 150 Personen in 4 Bussen, das heißt bei durchschnittlicher Pkw-Besetzung 120 Autos weniger, das heißt deutlich weniger CO_2 und Stickoxide, also ein großer Gewinn für die Umwelt. Der pessimistische Umweltschützer denkt sich: Der Bus entzieht ausschließlich der Bahn Fahrgäste, weil ja niemand vom Auto auf ein Verkehrsmittel umsteigen wird, das im selben Stau steht, aber langsamer und weniger flexibel ist. Mit weniger Fahrgästen werden die Bahnverbindungen unrentabler und die internationalen Bahnverbindungen werden langfristig noch weiter ausgedünnt, was ein herber Rückschlag für den Umweltschutz wäre. Der optimistische Touristiker denkt sich: Das attraktive Busangebot führt nicht nur zu Verlagerungen von Zug oder Auto auf den Bus, sondern auch dazu, dass mehr Menschen als bisher Südtirol als Urlaubsziel entdecken und somit zu mehr Einnahmen für den Tourismus. Der pessimistische Touristiker denkt sich: Um Himmels Willen, Für-neun-Euro-in-den-Urlaubfahr-Billigtouristen wollen wir in Südtirol nicht haben, die sollen schön weiter nach Mallorca fliegen und den anständigen, hochpreisigen Tourismus in Südtirol nicht gefährden.

Manche machen sich also Hoffnungen, andere machen sich Sorgen. Wie bei so vielem, das neu ist und/oder von außen kommt. Otto versucht herauszufinden, wer Recht hat.

Günther hatte Recht: Abfahrt daheim um 17 Uhr ist tatsächlich möglich. Er schwingt sich auf den Sattel und tritt beherzt in die Pedale. Auf der Straße zum Verdiplatz, dann hoch zur Loretobrücke und links auf den Radweg. Günter schaut am Verdiplatz auf die alte Tankstelle und wundert sich über den Bauzaun. Fangen sie schon an mit dem Bau des Mobilitätszentrums? Hier soll ja was ganz tolles entstehen, mit unterirdischen Fahrradstellplätzen, Elektroauto-Ladestationen, Carsharing-Station, Mobilitäts-Infobüro und natürlich einem Cafè. Ein solches Mobilitätszentrum könnte tatsächlich Verkehrsgewohnheiten ändern.

Otto ist überzeugt, dass der Fernbus Verkehrsgewohnheiten ändern wird. Er ist Ausdruck einer Generation, die anders als die Generation ihrer Eltern nicht in geräumigen Einfamilienhäusern wohnt, sondern in engen Stadtwohnungen und deswegen weniger Berührungsängste vor engen Bussen und Sitznachbarn hat. Der Fernbus als Symbol einer ganzen Generation der „ständig Grünmobilen", wie sie Otto in seiner Arbeit bezeichnet, deren ökologisches Gewissen sie vom Fliegen und Autofahren abhält, deren internationale Vernetzung sie aber förmlich zum ständigen Unterwegssein zwingt? Diese These gilt es zu verifizieren. Bislang ist es nur die persönliche Einschätzung von Otto, der selbst niemals mit dem Auto nach München fahren würde.

„Warum fahren wir eigentlich mit dem Auto nach München und nicht mit Bus oder Bahn?" – „Weil das Quatsch wäre." – „Quatsch ist, dass wir jetzt hier rumsitzen, bis Papa endlich aus Meran nach Naturns gefahren ist, um dann mit Papa zusammen über Meran nach München zu fahren." – „Ach komm schon, für deinen Plan, dass wir Papa im Büro abholen, hätten wir ja heute Morgen schon das Auto packen müssen, und die Lebensmittel hätten ja in der ausgeschalteten Kühltruhe im Kofferraum nicht bis heute Abend überlebt." – „Und du bist wirklich ganz sicher, dass wir Lebensmittel nach München mitnehmen müssen, weil es dort keine Supermärkte gibt, in denen man einkaufen könnte?" – „In München schon, aber auf der Autobahn nicht. Und du wirst der Erste sein, der auf der Autobahn rumquengelt, dass er Hunger hat!" – „Ich werde auf der Autobahn nicht rumquengeln." – „Das wäre das erste Mal. Aber es wäre wirklich sehr schön."

Die alte Straße nach Tiers ist wirklich sehr schön. Günther fährt sie heute zum ersten Mal. Wenn man weiß, wo sie abzweigt – in Blumau, zwischen dem Abzweig nach Steinegg und dem Tunnel, wo sich die Straße Richtung Brenner und „Schlerngebiet" aufsplittet –, findet man sie auch. Offiziell ist die Straße schon seit mehreren Jahren für den Durchgangsverkehr gesperrt. Inoffiziell ist sie leider eine beliebte Ausweichroute zur deutlich längeren und verkehrsreichen neuen Tierser Straße. Und sie wurde in den letzten Jahren mit großem Aufwand – Lawinenschutzgalerien, Stützmauern etc. – ausgebaut. Dafür, dass es diese Straße offiziell gar nicht gibt, ist sie in einem Top-Zustand. Andere Länder auf der Welt würden sich freuen, wenn ihre Hauptstraßen in so einem Zustand wären.

Das Rauschen des kühlen Breibaches in der tief eingeschnittenen Schlucht macht die Hitze ein wenig erträglicher. Ein kleines Gemüsegärtchen-Treibhaus lenkt Günthers Blick nach rechts, die steilen Felswände lenken seinen Blick nach oben, das hupende Auto lenkt seinen Blick nach hinten. Es ist aber doch kein Spinner, der ihn an der Engstelle überholen will, sondern ein Kollege, der ihn grüßen will.

Unglaublich viele Eidechsen rennen erschrocken an den rechten Straßenrand und suchen im Schatten der Leitplanke Sicherheit vor Günthers Vorderrad. Wie die Zuschauer bei einem Radrennen stehen sie an der weißen Linie der Straßenbegrenzung und beobachten den vorbeifahrenden Radfahrer. Günther ist zwar außer Puste, kann sich aber dennoch nicht verkneifen, kurz zu den Eidechsen zu sprechen: „Bitte von der weißen Linie zurücktreten. Allontanarsi dalla linea bianca."

„Bitte von der gelben Linie zurücktreten. Allontanarsi dalla linea gialla", schallt es aus den Lautsprechern. Der Eurocity fährt endlich ein, tatsächlich fast eine Stunde zu spät. Anna hat sich heute den Luxus einer Sitzplatzreservierung gegönnt. Wagen- und Sitzplatznummer hat sie sich eingeprägt – nur:

Auf dem Bozner Bahnhof gibt es keinerlei Möglichkeit, herauszufinden, wo welcher Wagen zum Stehen kommen wird. Wagenstandsanzeiger, ob analog wie in Deutschland oder digital wie in Österreich, existieren keine. Anna weiß zwar aus Erfahrung, dass die 1. Klasse vorne und die 2. Klasse hinten ist, aber es gibt viele Waggons zweiter Klasse. Also hilft nur, sich mittig auf den Bahnsteig zu stellen, bei der Einfahrt des Zuges zu versuchen, die Waggonnummern zu entziffern und sich dann entsprechend in Bewegung zu setzen. Müssen das ältere Menschen mit viel Gepäck auch so machen? Wahrscheinlich schon. Kein Wunder, dass so wenige Menschen mit der Bahn in den Südtirolurlaub fahren, wenn man es ihnen so unnötig schwer macht.

Kein Wunder, dass Ramon so ungern auf die Malediven geflogen ist, er findet es hier tatsächlich unnötig langweilig. Er zählt die Palmen um ihn herum und stellt eine Hochrechnung an, wie viele Palmen es wohl auf der gesamten Insel gibt. Er schlürft an einem viel zu süßen Cocktail. Er fragt sich, wie das Meer hier so einen hellen kristallenen Blauton haben kann, der ihn ein bisschen an die Bergseen in den Kalkalpen erinnert. Er lauscht dem gleichmäßigen Rauschen des Meeres. Und er betrachtet ein Schild, das ihn vor dem Wechsel von Ebbe und Flut und somit vor einem Einschlafen am Strand warnt.

Ein Schild hatte zwar bald nach dem Beginn der Straße vor 20 % Steigung gewarnt. Die Straße durch das Tierser Tal ist aber nur selten richtig steil, meistens ist die Steigung deutlich geringer als 20 %. Günther erwartet, dass am oberen Ende der Schlucht, wo der Ort Breien kommt, die Steigung weiter nachlässt. Bei den meisten Tälern ist es ja so, dass der Einstieg steil ist und im oberen Teil wird es dann flacher. Er hätte sich vorher ein Höhenprofil anschauen sollen…

Direkt bei den ersten Häusern von Breien stehen erneut zwei Verkehrsschilder. Auf dem unteren eine schwarze „50" auf einem weißen Feld, umrundet von einem roten Ring. Auf dem oberen Schild ein schwarzes Dreieck, das eine Steigung symbolisieren soll, darüber die Angabe „24 %". Wow, 24 % Steigung. Könnte er gerade so schaffen. Für den Fall, dass er es eventuell doch nicht schafft, klickt er sicherheitshalber die Schuhe aus den Kombi-Pedalen. Aber wie soll man denn – auch mit einem Auto – auf dieser schmalen steilen Gasse durch den Ort 50 km/h fahren können? Eine recht großzügige Geschwindigkeitsbeschränkung. Günther wundert und ärgert sich oft über die großzügigen Geschwindigkeitsbeschränkungen und die mangelhafte Überprüfung ihrer Einhaltung. Es ist ja schön und gut, dass Straßen in Südtirol vor ihrer Eröffnung gesegnet werden. Aber der liebe Gott und seine Schutzengel und das weiße Kreuz hätten weniger Arbeit, wenn man sich zusätzlich zum göttlichen Segen um ein paar mehr irdische Radarmessgeräte kümmern und die Straßen nicht immer noch breiter ausbauen würde.

Kurz vor dem Ende der starken Steigung kläfft rechts ein Schäferhund. Zum Glück hat Günther vor der starken Steigung die Schuhe aus den Pedalen ausgeklickt, sonst wäre er jetzt wahrscheinlich vor Schreck mitsamt Fahrrad umgefallen. Nach dem Abzweig Richtung St. Kathrein kläfft rechts der Straße schon wieder ein Hund. Dieser Hund rennt sogar Richtung Straße, wird aber vom Herrchen – bzw. in diesem Fall vom Frauchen – erfolgreich zurückgepfiffen. Scheißköter. Die sind noch lauter und gefährlicher als Motorräder. Wofür braucht man hier eigentlich einen Wachhund? Welcher Einbrecher nimmt die Strapazen einer 24 %-Steigung auf sich, um in einen alten Bauernhof einzubrechen?

Der folgende etwas flachere Abschnitt dauert nicht lange, dann wird die Steigung erneut stärker. Diesmal bleibt sie stark. Es geht so lange an der linken Hangseite steil bergauf, bis man schließlich direkt an einem Tunnelportal die Neue Tierser Straße erreicht. Schweiß rinnt aus allen Poren und läuft von Günthers Unterarm in die Fahrradhandschuhe, tropft vom Kinn auf den Asphalt, verschweißt die Haare mit dem Helm. Heiß ist es, anstrengend ist es, aber schön ist es.

Am Ende des steilen Anstiegs angekommen biegt Günther auf die breite Straße ein und zieht am Schalthebel. Die Kette springt auf das mittlere Blatt, der Tritt in die Pedale beschleunigt das Rad auf eine seit Blumau nicht mehr gekannte Geschwindigkeit. Im leichten Auf und Ab – und leicht ist das hier im Vergleich zum Abschnitt davor definitiv – führt die Straße nach und durch Tiers und weiter Richtung St. Zyprian.

Der Großteil der Autos, die Günther überholen oder entgegenkommen, besteht aus Geländewagen, oder neudeutsch SUV. „Wofür auch immer diese Abkürzung steht, das U steht sicher nicht für umweltfreundlich", denkt sich Günther. Er fragt sich, ob heute der Tag des Försters ist, weil so viele Geländewagen unterwegs sind. Oder einfach nur der Abend der Arschlöcher. Vom VW-Skandal kann er noch nichts wissen, der wird erst in einem Monat aufgedeckt. Aber als Radfahrer, der die Abgase der überholenden Dieselautos einatmen muss, wundert er sich schon seit Jahren darüber, warum diese immer noch unangenehm stinken, obwohl ja die Abgasnormen eigentlich immer strenger werden. Nichtraucherlokale sind ein guter Anfang, aber will nicht mal jemand die Raucher auf der Straße verbieten und bei der Produktion von gesundheitsgefährdenden Dieselautos eine Vollbremsung erzwingen?

Zwischen Franzensfeste und Sterzing zwingt ein Polizeiauto den Bus zur Vollbremsung in einer Nothaltebucht. Dem Busfahrer ist relativ schnell klar, dass es sich beim Anliegen der Polizisten um ein Missverständnis handeln muss. Den Polizisten nicht. Vier Fahrgäste auf der Raststätte Eisacktal verloren? Kann nicht sein, da hat er gar nicht gehalten. Außerdem sind im Bus ja gar keine vier Plätze mehr frei, also können nicht vier Fahrgäste fehlen. Man könnte den Bus also nach einer Minute wieder weiterfahren lassen.

Die Kontrolle dauert 20 Minuten. Währenddessen sitzen die Fahrgäste im Bus und harren der Dinge, die da kommen. Jedes Mal, wenn auf dem Fahrstreifen daneben ein Lkw vorbeifährt, wackelt der ganze Bus. Und auf der Brennerautobahn fahren viele Lkws vorbei.

Endlich ist geklärt, dass es ein anderer grüner Bus war, der seine Passagiere vergessen hat. Warum bei so einem Vorfall die Polizei ermittelt, ist noch nicht geklärt. Endlich kann die Fahrt fortgesetzt werden. Jetzt gilt es, sich wieder in den dichten, fließenden Autobahnverkehr einzureihen. Aus dem Stand. Mit einem voll beladenen Bus. Bergauf. Kein leichtes Unterfangen. Und vor allem nicht ganz ungefährlich. War diese Polizeikontrolle diese Gefährdung wert? Und die 20 Minuten Verspätung, die der Bus jetzt mit sich spazieren fährt? Der Busfahrer wirkt nicht, wie wenn er das bejahen würde.

War der Szenenapplaus bei der Ankunft auf dem Parkplatz in Weißlahnbad die Mühe wert, sich mit dem Fahrrad hier hochzuquälen? Günther bejaht die Frage. Ihm hat die Tour großen Spaß gemacht, trotz oder gerade wegen der großen Anstrengung.

Das erste der beiden Autos mit den Mitgliedern seiner Wandergruppe hatte ihn kurz vor dem Parkplatz überholt und applaudiert ihm nun. Das zweite Auto erreicht den Wanderparkplatz erst fünf Minuten nach ihm und liefert ihm den kleinen Rucksack mit seinen Wandersachen, den er seiner Frau daheim in die Hand gedrückt hatte. Fahrradtrikot gegen Wanderklamotten tauschen, Fahrradschuhe gegen Wanderschuhe tauschen, Fahrrad an den Laternenmast binden, und los geht's Richtung Tschafonhütte und Völseggspitze. Ihn erwarten eine tolle Wanderung, eine tolle Hütte und ein toller Gipfel mit tollem Sonnenuntergangsblick. Toll.

Toll: Der lange Tunnel hat endlich ein Ende. Anna sieht mal wieder etwas anderes als Beton. Auf der alten Bahntrasse zwischen Gossensaß und Brenner gab es ein paar kurze Tunnels, durch die führt jetzt ein schöner Bahntrassenradweg. Auf der neuen Bahntrasse gibt es nur noch einen Tunnel, der ist aber sieben Kilometer lang. Anna blickt aus dem Fenster nach rechts auf die Autobahn. Überraschend wenig Verkehr, wenn man bedenkt, dass morgen Feiertag ist. Sie sieht einen grünen Bus nordwärts fahren. „Bin ich froh, dass ich im gemütlichen Eurocity sitzen und meine Beine ausstrecken kann und nicht in dem engen Bus sitzen muss", denkt sie sich. Und ahnt nicht im Entferntesten, wer da gerade in dem grünen Bus sitzt.

Otto blickt links aus dem Fenster auf den parallel fahrenden Eurocity und ahnt nicht im Entferntesten, wer da gerade drinsitzt. Er zählt die Waggons des etwa 150 Meter langen Zuges und rechnet kurz durch, wie viele Fernbusse es bräuchte, um den alle zwei Stunden verkehrenden Eurocity zu ersetzen. Anschließend verschwindet der Bus in einem 803 Meter langen Tunnel. Nach dem Tunnel wird Otto den Zug nicht wieder sehen, der bleibt am Brenner nämlich 15 Minuten lang stehen.

Der Zug bleibt am Brenner 15 Minuten lang stehen. Warum auch immer. Anna liest einfach ihr Buch weiter und gibt dem Drang, kurz auszusteigen, nicht nach. Auf dem Bahnsteig rauchen Zigaretten, im kleinen Kiosk neben dem Bahnsteig raucht Kaffee, auf dem Nebengleis raucht eine alte Rangierlok.

Wenn Adam rauchen würde, würde er sich jetzt eine Zigarette anzünden. Als Belohnung für die absolvierte Arbeitswoche. Und dafür, dass er den Rest der Familie und deren Gepäck in Naturns abgeholt hat und nicht einfach alleine nach München gestartet ist. Entspannt sitzt er am Steuer, lässig lenkt er das Auto mit einer Hand durch die Kurven der MeBo, mit der anderen Hand tastet er nach denen seiner Frau. Diese umschließt mit ihrer Linken die Rechte ihres Mannes und hat somit dessen Angriff vorerst abgewehrt. Adam lässt sich seine Enttäuschung nicht anmerken, grinst und freut sich darüber, dass er jetzt stundenlang Auto fahren darf. Unendliche Freiheit. Feierabend. Fröhlichkeit. Freude. Gleich ist Bozen Süd und somit die Autobahn erreicht.

Eschenlohe und somit die Autobahn ist erreicht, der zähflüssige Verkehr ist beendet, endlich kann der Busfahrer wieder auf 100 km/h beschleunigen.

Kaum ist er auf der Autobahn, wird er von einem schwarzen BMW überholt. Der BMW wird plötzlich langsamer. „EfficientDynamics“ steht auf dem Heck des Autos. „STOP! POLIZEI!“, blinkt es daneben. Nicht schon wieder. Diesmal geht es immerhin auf einen richtigen Parkplatz. Erneut die Ansage, bitte die Ausweise bereit zu halten. Und diesmal werden sie auch tatsächlich alle kontrolliert. Ein paar davon, zufälligerweise die von den Fahrgästen dunkleren Hauttyps, werden von den Polizisten mit zum Auto genommen und dort aufwändig und telefonisch geprüft. Scheint alles zu passen, es sind weder Flüchtlinge noch Schwerverbrecher an Bord (die bayerische Polizei macht da ja zum Glück eine Unterscheidung). Der eine Polizist steigt wieder ein und teilt die Ausweise aus. „Ich wünsch Ihnen allen noch eine gute Fahrt. Und übertreibt's beim Feiern nicht!“, verabschiedet er sich freundlich lächelnd. Otto muss grinsen: Da macht er extra ausführliche wissenschaftliche Befragungen, um rauszukriegen, warum die Menschen mit dem Fernbus fahren, und welche Zielgruppen der Fernbus anspricht, und der Polizist hat mit einem kurzen Blick in die Gesichter der jüngeren Fahrgäste schon erkannt, warum sie dieses Wochenende nach München fahren.

Günther fragt sich, warum alle anderen am Ferragosto-Wochenende nach München, an die Adria oder sonst wohin fahren, wo es daheim doch eigentlich am schönsten ist. „Die Aussicht ist ja echt der Wahnsinn!“, freut er sich am Gipfelkreuz. – „Und wo bist du jetzt mit dem Radl hochgefahren?“, fragt ihn seine Frau. Günther versucht, mit dem Zeigefinger die Route zu rekonstruieren. Die anderen Wanderer, mittlerweile sind sie alle am Gipfel angekommen, folgen ebenfalls seinen Ausführungen. Auch denen zu kläffenden Hunden und stinkenden Geländewagen. Günthers Frau fasst kurz zusammen, wie gefährlich das alles sei, was er da macht, mit den bissigen Hunden und den giftigen Abgasen und überhaupt, wenn er nachher bei Dunkelheit so schnell bergab fahre. Und er solle bloß auf sich aufpassen.

Als seine Frau ihre Ermahnungen kurz unterbricht, um nochmal einen anderen Fotostandort auszuprobieren, bevor die Sonne ganz verschwunden ist, haut ein anderes Mitglied der Wandergruppe Günther auf die Schulter und fragt: „Sag, Günther, hast du dir die ganzen Strapazen mit den vielen Höhenmetern nur angetan, damit du mal kurz deine Ruhe hast vor den ständigen Belehrungen deiner Frau?" Günther grinst vieldeutend und antwortet: „Du immer mit deinen Verschwörungstheorien."

Otto fängt an, sich Verschwörungstheorien zum Fernbusboom zurechtzubasteln. Warum unterstützt der Bund den Fernbus, der ja die größte Konkurrenz der bundeseigenen Bahn AG ist? Wenn der Bund sich für die Interessen der Bahn interessieren würde, würde er von den Bussen Autobahnmaut kassieren. Tut er aber nicht, während die Bahn pro Kilometer Strecke mehrere Euro Trassengebühren zahlen muss.

Ist die Benachteiligung der Bahn eine Wettbewerbsverzerrung? Oder ein kleiner Beitrag des Staates dazu, dass Wettbewerb überhaupt erst zustande kommt? Die Billigflieger wären in den 0er Jahren ja auch niemals so stark geworden, wenn sie genausoviel Mehrwertsteuer, Mineralölsteuer und Ökosteuer zahlen müssten wie die Bahn. Und wenn die von ihnen genutzten Regionalflughäfen nicht so hoch subventioniert werden würden. In den 10er Jahren sind es die Fernbusse, die niemals so stark geworden wären, wenn sie von Anfang an für die von ihnen verursachten Schäden hätten aufkommen müssen. Stattdessen dürfen sie kostenlos das teure deutsche Autobahnnetz benutzen und abnutzen und mit ihren nagelnden Dieselmotoren, die sie auch bei längeren Standzeiten niemals abstellen, bis in die Herzen der Innenstädte fahren, wo ihnen die Städte im Idealfall sogar noch moderne Busbahnhöfe errichten.

Warum spricht die deutsche Politik in Sonntagsreden von einer Verlagerung des Verkehrs auf die Schiene, um dann in der Montagssitzung des Verkehrsausschusses wieder sämtlichen Konkurrenten der Bahn den Rücken zu stärken? Otto weiß es nicht. Aber er profitiert ja eigentlich davon: Ohne die indirekte Subventionierung des Fernbusverkehrs würde er erstens gerade nicht so billig nach Berlin kommen. Und zweitens hätte er dann nicht so eine spannende Forschungsfrage.

Anna forscht gerade an der Frage, ob das mobile Internet im Zug gut genug ist, um WhatsApp nutzen zu können. Also um in kryptischen Kurzsätzen und global vereinheitlichten Grinsegesichtern mit anderen Mitgliedern des selben sozialen Netzwerks zu kommunizieren. „Was machen wir eigtl morgen Abend? Würd Tom u Bea dazu einladen", tippt sie in das Chatfenster. Ihre Schwester Kathrin ist online und antwortet gleich: „Ich geh morgen Abend aus. Vor allem davon, dass wir sehr viel Spaß haben werden *zwinkernder Smiley*" Anna grinst. Und schreibt: „Du und deine Zeugmas" – „Es heißt Zeugmata" – „Ah ok" – „Spaß beiseite: können Schlanders gehn."

In Berlin gibt es vieles, was es im Vinschgau nicht gibt. Fast 100 Kinos, mehr als 60 Einkaufszentren, neun U-Bahnlinien und unzählige Clubs zum Beispiel. Aber Schlanders gibt es sowohl im Vinschgau als auch in Berlin. So nennt sich eine Kneipe in „Kreuzkölln", dem trendigen Übergangsbereich von Neukölln und Kreuzberg. Zwei Südtiroler, die nach dem Studium an der Humboldt-Uni Berlin nicht gleich wieder verlassen wollten, haben sich ein Stück Heimat in die bundesdeutsche Hauptstadt geholt. Hier gibt es jetzt Forst vom Fass und Gewürztraminer im Glas, zum Knabbern kommt Schüttelbrot auf die Zirbenholztische. Die Bilder an der Wand könnten auch im Messner Museum in Sulden hängen, der Tresen könnte auch in einer Berghütte in der Texelgruppe stehen. Jeden Donnerstagabend gibt es einen Stammtisch der in Berlin lebenden Südtiroler, aber auch bei bundesdeutschen Südtiolurlaubern ist die Kneipe ein beliebter Sehnsuchtsort.

„Ja Schlanders is super *lachender Smiley*" – „Kannst deinen Otto auch einladen. Der ist dieses We ja vlt auch in Berlin" – „Hä wieso?" – „Scherz" – „Keine Scherze zu dem Thema!" – „Ok" – „Frag mich ob ich ihm doch mal mailen soll. weiß ja jetzt wer er ist" – „Mach doch" – „Was soll ich ihm denn schreiben?" – „k A. Lass morgen zusammen Mail formulieren *zwinkernder Smiley*" – „Mh weiß nich" – „Wo bist eigentlich?" – „Gleich München. Muss umsteigen" – „Na dann gute Fahrt noch! Sehn uns morgen früh Bahnhof!"

Anna freut sich auf das Schlanders. Und auf den Nachtzug. Und auf ihre Schwester. Auf die sie immer mal wieder ein bisschen neidisch ist, vor allem auf ihre coole Altbau-Stuckdeckenwohnung im coolen Berlin. Aber sie hat so ihre Zweifel, ob es eine gute Idee war, Kathrin von Otto zu erzählen. Eigentlich würde sie gerne mal zwei Tage lang nicht an ihn denken müssen. Sie kann ja nicht wissen, dass er sein Wochenende tatsächlich auch in Berlin verbringen wird. Und dass sie ihm jetzt im Moment sehr nahe ist.

Otto weiß natürlich nicht, dass Anna, 26, ihr Wochenende auch in Berlin verbringen wird. Und dass sie im Moment nur wenige Meter von ihm entfernt ist: Otto kommt in dem Moment am Zentralen Omnibusbahnhof (ZOB) an der Hackerbrücke an, als Annas Eurocity unter der Hackerbrücke hindurchfährt und in wenigen Sekunden den Münchner Hauptbahnhof erreichen wird.

Otto wundert sich über die Baustelle im noch recht neuen ZOB, aber er freut sich über den „Refugees Welcome"-Stand. Zwei Studentinnen versorgen an einem improvisierten Holztisch ankommende Flüchtlinge mit einem ersten

Getränk auf deutschem Boden und einer Kleinigkeit zu Essen. Die derzeitige Willkommenskultur in Deutschland macht Otto durchaus stolz – nicht auf sein Heimatland, sondern auf seine Generation. Eine Generation, die nicht mehr gewissenlos Regenwaldsterben und Ozonloch verursacht, sondern die Bioprodukte massentauglich gemacht, das Fahrrad als cooles städtisches Alltagsverkehrsmittel etabliert und „vegan“, „fairtrade“ und „Green Economy“ in den Alltagswortschatz aufgenommen hat. Die dafür gesorgt hat, dass große Unternehmen auch im „Umweltbericht“ gute Zahlen präsentieren wollen. Eine Generation, die keine Angst vor Ausländern hat, sondern Angst davor, dass die Ausländer verhungern könnten, wenn man ihnen nicht hilft.

„Nein, ganz so toll ist unsere Generation auch wieder nicht“, muss sich Otto eingestehen. Es gibt auch 30-jährige, die zu viel Fleisch essen, zu viel Auto fahren und den Wahlzettel zu weit rechts ankreuzen. Und nicht überall in Deutschland ist die Willkommenskultur so ausgeprägt wie hier in München. Berlin zum Beispiel ist mit dem Ansturm der Flüchtlinge ebenso überfordert wie mit dem Bau eines Flughafens, dem Ausstellen einer Wohngeld-Bewilligung oder der Ausschreibung des S-Bahnverkehrs. Nur dass es diesmal um Menschenleben geht.

Apropos Berlin: Otto fällt ein, dass er ja von München aus Achim anrufen wollte, der Kumpel, bei dem er übernachten wird. Achim wohnt nicht nur in Berlin, er kommt auch tatsächlich aus Berlin. Und das hört man am Telefon: „Ik kann dir morjen früh jerne am S-Bahnof Fridrichsfelde Ost abholen“, schlägt er vor. Otto wundert sich: „Es gibt ein Ost-Friedrichsfelde? Ich dachte Friedrichsfelde IST Ost?“ – „Haha, hasde recht. Aber sowat von! Hier is noch echter Osten. Hier jibts keene Jutebeutel aus nachwachsenden kompostierbaren Rohstoffen, sondern Einkaufstrolleys aus der Nachkriegszeit. Bionade jibt's ooch keene, sondern Schulle.“ – „Schulle?“ – „Na, Schultheiß Bier.“ – „Ach so.“ – „Und det einzige, was hier vegan ist, ist die Wiese in unserm Innenhof. Wobei, die wahrscheinlich ooch nüsch – oder is Hundekacke vegan?“ In Ottos Kopfkino baut sich ein gemütlicher Stadtbezirk auf mit einem Backsteinfassadengebäude, in dessen Erdgeschoss ein Bäcker – ja, ein Bäcker, kein Backshop – und eine Gaststätte einquartiert sind. Eine Gaststätte, die ihr Speisenangebot noch nicht auf ein schickes Kreide-Wandbord über dem Tresen, sondern auf einen altmodischen Kreide-Aufsteller vor der Eingangstür schreibt. Otto ist sich nicht so ganz sicher, ob er sich darauf jetzt wirklich freuen soll. Oder ob er nicht doch lieber im guten alten Schöneberg übernachten würde, in „Monte Bello“, wie er es aufgrund der vielen Italiener in Schöneberg gerne übersetzt.

„Gibt's sonst morgen viel Neues für mich?“, erkundigt sich Otto nach den installierten Updates seit seinem letzten Berlinbesuch. – „Viele neue Baustellen jibbet. Berlin wird nie fertig, weesde ja.“ – „Die U5 ist auch noch nicht fertig?“ – „Nö, aber die Straßenbahn zum Hauptbahnhof!“ – „Krass! Nur neun Jahre später als geplant!“ – „Wie sagt man so schön: Rom wurde ooch nich an einem Tag jebaut." – „Mag sein. Aber so lange wie in Berlin ham sie sicher nicht gebraucht!"

Achim fragt zum Abschluss des Telefonats: „Bringsde mir eigentlich ne Frau mit?" – „Ich hab doch selber keine Frau, wieso soll ich dann eine für dich mitbringen?" – „Ne, des meen ik doch, ob du endlich ne Frau hast, die du mitbringen kannst." – „Ich bin da recht ambitioniert an was dran." – „Echt jetz?" – „Nein, Quatsch. Hab mich nur in ein Tinderprofil namens Anna, 26, verknallt." – „Haha, in ein Tinderprofil verknallt. Klingt jut. Kannsde ja heiraten, det Profil." – „Werd ich hoffentlich irgendwann machen!" – „Übrigens: Schlanders morjen Abend läuft. Michi und Georg ham auch zujesagt!" – „Super! Dann kann ich morgen endlich mal wieder Südtiroler Bier trinken, hab ich schon ewig nicht mehr." – „Haha, denk ik mir. Na denn ma juute Fahrt und wenig Stau!"

Wie wenn die Staus vor der Europabrücke und vor dem Autobahnbeginn bei Eschenlohe nicht gereicht hätten, stehen sie jetzt schon wieder Stoßstange an Stoßstange. Sie werden dieses dumme Hotel in der Münchner Innenstadt ja wohl irgendwann noch erreichen. Und zwar am besten noch vor Mitternacht, danach ist anscheinend kein Check-In mehr möglich. Adam kocht am Steuer vor Wut. Tigra hat auf dem Beifahrersitz die Augen geschlossen. Jan hat auf der Rücksitzbank schon wieder nur Augen für Busse und Straßenbahnen. Von beidem gibt es in München relativ viel und vor allem immer mehr, Busse zu Jans Überraschung teilweise sogar mit Anhänger.

„Wir hätten ja voll billig mit dem Fernbus fahren können, dann müsstest du jetzt nicht so rumfluchen", schlägt Jan seinem Vater vor. – „Und der Fernbus steht nicht im Stau, oder was?" – „Der Bus schon. Aber DU könntest entspannt was lesen und müsstest dich nicht aufregen." – „Ich würde mich trotzdem aufregen, wenn der Bus im Stau steht! Es geht ja dann trotzdem nicht voran!"

Tigra haben sie mittlerweile aufgeweckt mit ihrer Streiterei. Müde und genervt streckt sie sich und ermahnt die anderen beiden: „Jetzt regt euch mal wieder ab. Wo sind wir denn eigentlich?" – „Gleich auf der Donnersbergerbrücke." – „Schon auf der Donnersbergerbrücke?", reagiert sie erschrocken. „Aber das ist doch viel zu weit! Wir hätten viel früher vom Mittleren Ring runter gemusst!" – „WAAAS? Warum sagst du mir das nicht früher?" – „Warum hast du mich nicht geweckt?" – „Wehe, ich hätte dich geweckt, dann hätt ich auch wieder einen Anschiss gekriegt!" – „Jetzt reg dich ab und sieh zu, dass du vom Ring runterkommst!" – „JA WIE DENN? Du siehst doch selbst, dass hier grad gar nichts geht!"

Jan resigniert auf der Rücksitzbank. Kriegen seine Eltern denn wirklich gar nichts gebacken? Was können die eigentlich? Bei der nächsten Reise sollte ER wahrscheinlich vorher eine Anreisebeschreibung raussuchen. Dann würde er aber natürlich darauf bestehen, dass sie nicht wieder mit dem Auto anreisen.

Wenn Papa sich weigert, Fernbus zu fahren, dann vielleicht Eurocity? Verschlimmern kann er den Streit zwischen seinen Eltern eh nicht, Jan hat also nichts zu verlieren. In möglichst sanfter und gutmeinender Stimme schlägt er vor: „Was haltet ihr denn davon, dass wir nächstes Mal mit der Bahn nach München fahren? Die Bahn hat sich auf dem Weg nach München noch nie verfahren!" – „Auf dem Weg nach München haben wir uns auch nicht verfahren, erst IN München! Und IN München würde die Bahn wohl kaum bis zum Hotel fahren. Und überhaupt: Weißt du, wie teuer es ist, mit der ganzen Familie mit der Bahn zu fahren?" – „Auf jeden Fall billiger als noch vor ein paar Jahren." – „Aber immer noch teurer als mit dem Auto."

Die stupide Sturheit seiner Eltern, für die das Auto ein heiliger Gral zu sein scheint, regt Jan auf. Die zwei Weltenzerstörer da vorne mit ihrer großen Windschutzscheibe, mit ihrer warmen Sitzheizung und mit ihrer bequemen Armlehne, für die mag ja Autofahren angenehm sein. Für ihn auf der Rücksitzbank ist es eine einzige Quälerei. Aus den kleinen Seitenscheiben sieht man nicht viel, vom Radio hört man nicht viel, von den Gesprächen auf den Vordersitzen versteht man meist nicht viel. Hätten die Autobauer schon vor Jahren sich auf der Rücksitzbank langweilende Kinder als Zielgruppe der Zukunft ernstgenommen, dann müssten sie sich jetzt vielleicht nicht darüber wundern, dass sich viele Jugendliche nicht mehr für Autos interessieren.

Jan will jetzt endlich ankommen und rauskommen aus der Sardinenbüchse. Wie viel schöner findet er doch Zug fahren, wo man sich auch während der Fahrt bewegen, durch die Waggons gehen und sich durch viel größere Scheiben die Landschaft anschauen kann.

Otto hat sich von der Ladenpassage mit der Rolltreppe nach unten bewegt, geht an den Bussteigen entlang und schaut sich die bereitstehenden Busse an. Die meisten Busse sind grün, es gibt heute Abend aber auch gelbe, blaue und weiße Busse. Im Nachtverkehr sind die Busse für die Bahn vielleicht sogar die gefährlichere Konkurrenz als tagsüber. Die Bahn hat dank jahrelanger Vernachlässigung und anhaltendem Desinteresse sowieso ein großes Problem mit ihren verbliebenen Nachtzügen, und jetzt kommen da plötzlich diese modernen Doppelstockbusse, die es ebenfalls ermöglichen, die großen Zentren Deutschlands und seiner Nachbarländer im Schlaf zu erreichen. Nachts stört die längere Fahrzeit der Busse gegenüber dem ICE weniger. Der geringere Beinabstand wird in Kauf genommen, weil der Preis ja auch geringer ist.

Städte, die vor wenigen Jahren spätabends noch auf den Abfahrtstafeln großer Zugbahnhöfe angeschrieben standen, stehen heute nurmehr auf den Abfahrtstafeln großer Busbahnhöfe. Zürich, Wien, Amsterdam, Belgrad und Zagreb liest Otto auf den Fahrtzielanzeigern der Busse. Der ZOB ist auch nach 22 Uhr noch gut gefüllt. Busse, Busbahnhof, die meisten Fahrgäste – hier ist alles noch relativ jung. Otto freut sich, dass sein grüner Nachtbus nach Berlin schon fast eine Stunde vor der Abfahrt bereitgestellt wird. Er sichert sich einen Platz in der vorderen Reihe des Obergeschosses.

Anna ärgert sich, dass ihr Nachtzug nach Berlin nicht schon eine Stunde vor der Abfahrt bereitgestellt wird. Sie wartet in der kalten und relativ leeren Halle des Münchner Hauptbahnhofes. Bahnhof, Waggons, die meisten Fahrgäste – hier ist alles schon relativ alt.

Anna hofft, dass der Nachtzug wieder so bequem wird wie der Eurocity. Sie überlegt, in welchen Ländern sie schon Nachtzug gefahren ist. Da fällt ihr einiges ein, von Türkei bis Transsibirische Eisenbahn. Die bequemsten aller Züge ist sie in ihrem Au Pair-Jahr in den USA gefahren: Amtrak-Doppelstockzüge mit unendlich viel Beinabstand, Lounge Car mit Panoramafenstern und freundlichen Mitarbeitern des National Park Service, die unterwegs erklären, was man gerade alles sehen kann. So lässt sich eine mehrtägige Fahrt vom Pazifik bis an den Michigansee problemlos aushalten.

In dem Zug, der jetzt endlich an den Bahnsteig gerollt kommt, lässt sich zumindest eine Fahrt von der Isar an die Spree problemlos aushalten. Anna sucht sich ihren reservierten Fensterplatz, ärgert sich ein bisschen, dass die Leselampe nicht funktioniert und freut sich, dass es so etwas wunderschön altmodisches wie Nachtzüge noch gibt – auch wenn die Waggons durchaus mal wieder modernisiert werden könnten. Auf der Wand vor ihrem Sitzplatz liest Anna einen Aufkleber mit QR-Code. „Wie zufrieden sind Sie heute mit uns? – Code scannen und ihre Meinung möglichst gegen Ende der Fahrt abgeben“, steht auf dem Aufkleber. Anna muss schmunzeln. „Die Bahn wird schon wissen, warum ich meine Meinung erst gegen Ende der Fahrt abgeben soll“, denkt sie sich, „bis Berlin kann noch viel passieren“.

„Pass bloß auf, auf dem Weg bis Bozen kann viel passieren“, ermahnt ihn seine Frau. Günther ist es ein bisschen peinlich, vor dem Rest der Gruppe so bemuttert zu werden. Er ist ja keine 15 mehr. Und 50 auch nicht mehr.

Er hat ein Brennnessel–Omelett im Magen, den Abstieg in den Beinen und nurmehr die Abfahrt im Kopf. Voller Vorfreude, volle Konzentration. Diesmal auf der Neuen Tierser Straße, die weniger steil und nachts ja ebenfalls quasi verkehrsfrei ist. In den Tunnels kann er sich kurz entspannen, weil die Tunnelbeleuchtung die Schlaglöcher besser ausleuchtet als sein Fahrradlicht. Mit hoher Geschwindigkeit geht es nach Blumau hinab, immer noch recht zügig radelt er auf dem Radweg über Kardaun nach Bozen zurück. Um kurz nach Mitternacht schließt er sein Fahrrad im Hinterhof ab. Der Tacho hat insgesamt 47 Kilometer aufgezeichnet. 47 weitere Kilometer für den Fahrradwettbewerb, sein neuer Zwischenstand lautet 5.212 Kilometer. Günther weiß das natürlich nicht, aber damit hat er zum ersten Mal seit Beginn des Fahrradwettbewerbs mehr Kilometer als Ramon.

Ramons aktueller Zwischenstand im Fahrradwettbewerb lautet 5.177 Kilometer. Aber im Moment sind ihm die Hände gebunden. Beziehungsweise die Beine. Beziehungsweise sie liegen im Sand. Für seine Lebensgefährtin waren die Malediven schon immer ein Sehnsuchtsort. Für Ramon ist diese Insel hier eher ein großer Krampf. Beziehungsweise ein viel zu kleiner Krampf. In seinen Gedanken ist er in den Alpen und fährt Rennrad.

Dann fällt ihm ein, dass er ja in den Alpen gerade eh nicht Rennrad fahren könnte, weil es da gerade 23 Uhr irgendwas ist. Während also in Südtirol dunkle Nacht ist, liegt er hier am sonnigen Strand. Eigentlich doch gar nicht so schlecht.

Noch eine Woche Urlaub, dann kann er auch endlich wieder durch Weinreben, nach Verona oder über den Falzaregopass radeln.

Weinreben, Verona, Falzaregopass: Günther freut sich auf die eine Woche Heimaturlaub fast noch mehr als auf die anschließende Woche in Kroatien. Er steht unter der Dusche, spült sich den Schweiß aus Tiers vom Körper und geht in Gedanken die kommenden Tage durch. Beziehungsweise radelt in Gedanken die kommenden Tage durch. Sein Kilometerstand wird in großen Schritten zunehmen. Er wird die nächsten Tage zwar zum Teil gemeinsam mit seiner Frau verbringen, die ebenfalls ein paar Tage Urlaub hat. Meistens aber „gemeinsam" in der Form, dass er mit dem Fahrrad zur gemeinsamen Wanderung anreist, während seine Frau mit Bus und Bahn anreist. Wenn er den Kilometersieg im Fahrradwettbewerb erreichen will, und das will er, dann muss er jetzt, wo mutmaßlich alle Konkurrenten im Urlaub sind, Gas geben.

Aber erst einmal muss er sich abtrocknen, anziehen und ins Bett legen. Was für ein schöner Tag das heute war. Und wie sehr er sich schon auf den morgigen Tag freut.

Otto freut sich schon sehr auf den morgigen Tag. Er freut sich auf Berlin, auf Achim, auf den gemeinsamen Abend im Schlanders. Von all dem trennen ihn noch mehrere hundert Kilometer. Sein Bus fährt über die leere, langweilige A 9 Richtung Norden. Drei Fahrspuren für einen Fernbus und ein paar vereinzelte Autos. Zum Glück übernimmt der Busfahrer den Job, wach und konzentriert bleiben zu müssen. Otto kann die Augen schließen und sich entspannen. Er hört noch eine Weile das gleichmäßige Rauschen der Vorderreifen auf dem Asphalt, dann schläft er ein.

Anna hört noch eine Weile das gleichmäßige Rattern der Räder auf den Schienen, dann schläft sie ein. Sie träumt von Berlin, von Kathrin, vom gemeinsamen Abend im Schlanders. Und von Otto. Von dem sie so oft träumt. In ihrem Traum ist Otto auch in Berlin. Und er ist auch morgen Abend im Schlanders. Nur im Traum?

Kapitel 8 Dienstag, 25.08.2015

Meran und Naturns

Die Feuchtigkeit der nächtlichen Regenschauer liegt noch in der Luft. Bozen liegt noch im frühmorgendlichen Tiefschlaf. Ein einsames Müllabfuhrfahrzeug knattert die leere Drususstraße entlang. Günther sitzt auf seinem Rennrad und biegt an der Loretobrücke auf den leeren Radweg am Eisackufer ein. Nach mehreren Wochen steht heute mal weder Kohlern auf dem Programm. Mit dem Fahrrad 900 Höhenmeter hinaufstrampeln, nur um sie direkt danach wieder hinunterzurauschen. Um 9 Uhr dann frisch geduscht im Zug nach Brixen sitzen, wie wenn nichts gewesen wäre.

Beim letzten Mal hat er genau 60 Minuten von der Talstation bis oben gebraucht, heute sollen es weniger werden. Um 6 Uhr 52 und 43 Sekunden ist es so weit, der Zähler wird auf 0 gedrückt und die Kette auf das kleinste Kettenblatt verschoben.

Die schmale Straße führt von Anfang an steil bergauf. Vor der ersten Linkskurve brummen direkt neben der kleinen Straße die Lkws auf der Brennerautobahn bergwärts. Toskanischer Rotwein auf dem Weg nach Dänemark, deutsche Krabben auf dem Weg von der Verarbeitung in Marokko zurück nach Deutschland, italienische Espressomaschinen auf dem Weg zu einem Zwischenlager in Österreich. Direkt daneben ein südtiroler Fahrradfahrer auf dem Weg nach Kohlern.

Die Serpentine, in der seit Jahr und Tag in großen schwarzen Buchstaben die Warnung „ACHTUNG, IGEL!" auf der Steinmauer geschrieben steht, hat Günther 18 Minuten nach der Talstation erreicht. Das steilste Stück liegt bereits hinter ihm, einmal musste er bislang aus dem Sattel gehen, aber der kleinste Gang war noch nicht notwendig. Etwa ein Drittel des Anstiegs und der Strecke hat er schon geschafft, vor ihm versteckt sich vor einem Baum die weiße 3-km-Tafel.

Die Sonne steigt mühsam von der Seiser Alm zum Schlern hinauf. Oben macht sie eine kurze Pause und genießt die Aussicht auf Bozen. Sie sieht den gelben Hubschrauber über dem Ritten und wundert sich über den keuchenden Radfahrer auf der Kohlernstraße. Später wird sie weiter aufsteigen und auch die letzten Wolken durchbrechen. Die Apfelbäume neben der Kohlernstraße leuchten bereits jetzt im morgendlichen Sonnenlicht. Am gegenüberliegenden Hang in Karneid ist das Sonnenlicht noch nicht angeknipst.

Ein Fiat Punto mit offensichtlich noch kaltem Motor kommt entgegen. Die unsichtbaren, aber giftigen Abgase dringen in Günthers Nase. Weiter oben, auf einer Höhe von gut 700 Metern, riecht es plötzlich nach Lkw-Abgasen. Man sieht aber weit und breit keinen Lkw. Man hört auch keinen Lkw, nur das Grundrauschen der Brennerautobahn 500 Meter weiter unten stört die Ruhe des Waldes. Wo kommt dieser unangenehme Geruch her?

„Es kann also sein, dass man den unangenehmen Geruch der Lkw-Abgase bemerkt, obwohl die Autobahn viel weiter unten ist?" Anna hat auf dem Esstisch die Grafiken entdeckt, die ihre Mutter gestern ihren Schülern erklärt hatte. Und stellt fest, dass man auch mit 26 noch viel lernen kann, was man eigentlich schon in der Schule hätte lernen sollen. „Tritt das ebenfalls vor allem in herbstlichen Inversionslagen auf?" – „Ja genau, wenn die Luft umgekehrt geschichtet ist und die kalte Luft im Tal von der darüber liegenden wärmeren Luft eingeschlossen ist, dann können auch die Autobahnabgase nicht weiter nach oben ausweichen als bis zur Luftmassengrenze." – „Ist das auch der Grund, warum die Waldschäden in den alpinen Transitverkehrstälern auf mittleren Höhen gravierender sind als unten im Talboden?" Anna erinnert sich, dass sie zumindest das schon einmal gelesen hatte. Ihre Mutter erklärt: „Ganz genau. Und deswegen ist die Luftqualität oben am Hang auch oft genauso schlecht oder sogar schlechter als in den Städten unten im Tal, obwohl die Verursacher der Luftverschmutzung ja überwiegend unten im Tal sind." – „Aber die Luftqualität wird doch immer nur in Städten gemessen, oder?" – „Überwiegend zumindest. Die fest installierten Luftmessstationen stehen vor allem an Autobahnen und städtischen Straßenkreuzungen. Würde man 500 Meter weiter oben messen, würde man erschreckende Ergebnisse erhalten. Aber vielleicht will man das ja gar nicht."

Anna fragt weiter: „Habt ihr in der Mobilitäts-Projektwoche in der Schule jeden Tag einen anderen Schwerpunkt?" – „Ja, genau. Gestern war es Luftverschmutzung, heute ist es Verkehrssicherheit – aber das weißt du ja." – „Ja, das weiß ich. Ich versuche, um kurz nach elf da zu sein." – „Super. Dann sehen wir uns später in der Schule. Ich muss jetzt los, in 33 Minuten startet der Unterricht."

Seit 33 Minuten läuft Günthers Stoppuhr, er hat schon mehr als die Hälfte der Strecke hinter sich. Am Abzweig zum Röllhof zeigt der Wegweiser, dass es nach Kohlern noch 4 km sind. Jetzt geht es nur noch durch den Wald, folglich sind die Ausblicke im oberen Teil der Strecke weniger schön. Dafür ist der obere Teil des Anstiegs weniger steil und weniger sonnig und somit deutlich weniger anstrengend als der untere Teil. Allerdings wundert sich Günther bei jeder Auffahrt nach Kohlern aufs Neue, wie lange es sich hinzieht, bis man endlich oben ankommt. Bis endlich diese erlösende Linkskurve vor dem Feuerwehrhaus das De-facto-Ende des Anstiegs markiert. Kurz nach dem Feuerwehrhaus stehen dann links zwei Rastbänke mit Schlernblick. Hier ist für ihn immer der Wendepunkt, das letzte Stück zur Kapelle spart er sich. Aber auch bis zu den zwei Rastbänken geht es noch fast vier Kilometer lang stets bergauf. Günther hat es heute besonders eilig, die vier Kilometer hinaufzufahren.

Jan hat es heute besonders eilig, in die Schule zu kommen: „Mama, ich muss los!" – „Du hast doch noch fünf Minuten. Was ist denn heute los – du hast es doch sonst nicht so eilig, in die Schule zu kommen!" – „Na, aber heute halt schon!"

Tigra kann sich nicht erinnern, wann ihr Sohn das letzte Mal derart enthusiastisch unbedingt in die Schule gehen wollte. „Hast du eine Freundin, oder warum zieht es dich plötzlich so dringend in die Schule?" – „Nein! Wir haben Projektwoche!" – „Was denn für eine Projektwoche?" – „Projektwoche Mobilität. Da machen wir ganz viele spannende Sachen. Ist voll toll" – „Mobilität?", schaltet sich Adam skeptisch ins Gespräch ein. – „Ja, genau. Gestern ham wir viel zu Luftverschmutzung gelernt. Morgen gehen wir alle mit einem Pedibus in die Schule." – „Ein Pedi-Was?" – „Ein Pedibus ist ein Zu-Fuß-Geh-Bus, der an verschiedenen Haltestellen hält, wo die Fußgänger dazusteigen können. Eine Betreuerin geht vorneweg, sie ist quasi die Busfahrerin. Damit wir nicht mit dem Auto in die Schule gefahren werden müssen, gehen wir alle zusammen zu Fuß. Eigentlich ist das für die jüngeren Schüler, aber wir älteren können auch mitgehen, wenn wir Lust haben." – „Und du hast natürlich Lust auf so einen Quatsch." – „Das ist kein Quatsch! Ist doch schön, wenn man mit anderen Schülern zusammen in die Schule geht. Da kann man sich unterwegs unterhalten und sitzt nicht schweigend hinter einer kleinen Autoscheibe." – „Aber das ist doch gefährlich – stellt euch vor, euer Pedibus wird von einem Auto angefahren!" – „Aber es ist doch nur deshalb gefährlich, weil so viele mit dem Auto fahren! Wenn ALLE zu Fuß gehen würden, wäre zu Fuß gehen überhaupt nicht gefährlich. Also führt der Pedibus dazu, dass der Schulweg sicherer wird!" – „Aber dann geht bitte wenigstens nicht an gefährlichen Stellen entlang!", warnt Tigra. – „Genau deshalb machen wir ja heute, quasi als Vorbereitung, einen Schulwegplan: Wir gehen mit dem Dorfpolizisten durch den Ort und zeichnen auf, wo es gefährliche Stellen gibt, weil viele Autos fahren, und wo es sichere Schulwege gibt." – „Eure Lehrer sollten euch lieber was Gescheites beibringen, statt mit euch durch den Ort zu spazieren. Ist ja wohl logisch, dass die meisten Autos auf der Hauptstraße fahren", empört sich Adam. Jan weiß auch hier zu widersprechen: „Aber es gibt ganz viele versteckte Fußwege, die viele gar nicht kennen, hat unsere Lehrerin gesagt. Deshalb machen wir so einen Plan. Und wir lernen ja auch im Unterricht viel Gescheites. Gestern ham wir zum Beispiel gelernt, wie gefährlich Autoabgase sind, das solltest du auch mal lernen." – „So ein Schmarrn! Habt ihr das bei dieser linken Trulla gelernt, diese –" – „Adam!", schaltet sich Tigra wieder ein. Aber dieser führt unbeirrt fort: „Das ist doch alles Lüge und Schwarzmalerei, was euch die alte Schachtel erzählt, das sind Märchen von früher. Als sie ihre Ausbildung gemacht hat, da hat das vielleicht noch gestimmt, aber heutzutage haben Autos alle Katalysatoren und Partikelfilter und stoßen fast keine giftigen Abgase mehr aus." – „Eben genau das stimmt nicht. Sie hat uns erklärt, dass die Autofahrer von heute denken, sie seien keine Umweltverschmutzer mehr, weil sie Katalysatoren haben. Aber die funktionieren nur bei bestimmten Temperaturen und auf dem Prüfstand wirklich gut, im realen Straßenverkehr nicht. Die Frau Maier hat uns auch Zahlen zur Luftverschmutzung in verschiedenen Städten gezeigt – und die ist in den letzten Jahren überhaupt nicht weniger geworden, obwohl die Autos angeblich alle viel sauberer geworden sind." – „Was vermutlich daran liegt, dass Autos überhaupt nicht die Hauptverursacher der Luftverschmutzung sind!" – „Sind sie wohl! In Südtirol wird fast die Hälfte vom CO_2-Ausstoß von Autos versursacht, und ein großer Teil von Feinstaub und diesen Stickdingsbums auch. Das ham wir gestern auch gelernt." Adam muss schmunzeln über seinen Sohn, der zwar schlau daherreden, aber sich das Wort Stickoxide nicht merken kann und erwidert: „Warte mal ab, bis du 18 bist. Dann interessierst du dich auch nicht mehr für Stickdingsbums, sondern nur noch dafür, möglichst bald den Führerschein zu machen. Dann wird dir deine Freiheit auch wichtiger sein als ein paar kranke Bäume." – „Wird sie nicht! Ganz im Gegenteil: Du wirst ja auf deine alten Tage noch ein richtig guter Mensch und fährst neuerdings mit der Bahn zur Arbeit". Jan kann sich ein Grinsen nicht unterdrücken, dann verschwindet er sicherheitshalber schnell zum Schuhe anziehen ins Treppenhaus. Adam kann es nicht unterdrücken, mit der Faust auf den Tisch zu schlagen. Tigras Hand erhebt sich sofort und signalisiert ihm, dass er gefälligst ruhig bleiben und seinen Sohn nicht anschreien soll.

Als Jan aus dem Haus ist, kommentiert Tigra: „Die sollten häufiger solche Projektwochen machen, wenn das dazu führt, dass Jan dann mehr Lust auf Schule hat." Adam kontert nur: „Die sollten den Kindern weniger Öko-Propaganda vermitteln." – „Ich verstehe ja, dass du anderer Meinung bist als Frau Maier, aber du solltest Jan trotzdem nicht immer widersprechen. Er..." – „Er muss mich ja nicht jedes Mal provozieren!" – „Du musst dich ja nicht immer gleich provozieren lassen." Und nach einer kurzen Pause: „Weißt du eigentlich schon was Neues vom Auto?" – „Ich kann nach Feierabend in die Werkstatt und einen Ersatzwagen abholen, aber sie wissen noch nicht, was genau an unserem Auto kaputt ist und wie lange die Reparatur dauern wird." – „Ich bin gespannt, was das wieder kosten wird." – „Die letzte Reparatur hatte 640 € gekostet, in der Größenordnung wird's wahrscheinlich wieder sein."

---

640 €. Otto packt den Südtirol Pass, den er vorhin mit dem Tarifcode 13 für Meran entwertet hat, wieder in die Tasche und überprüft nochmal kurz, ob er die Zahl richtig im Kopf hatte. Tatsächlich, 640 €. Das ist der Maximalbetrag, den man mit dem Südtirol Pass pro Jahr zahlen muss, um alle öffentlichen Verkehrsmittel in Südtirol zu nutzen. Wenn man weniger als 20.000 Kilometer Bus und Bahn pro Jahr fährt, zahlt man noch weniger.

Otto überlegt kurz, wie viel er wohl für die Mobilität in Südtirol zahlen müsste, wenn er ein Auto hätte. Alleine der Anschaffungspreis – ein 30.000 € teures Auto, dass zehn Jahre lang gefahren wird, kostet 3.000 € pro Jahr – ist um ein vielfaches höher als der Gesamtpreis für den öffentlichen Nahverkehr. Beim Auto kommen dann noch Steuer, Versicherung, Inspektionen und Reparaturen, Reifen und Parkgebühren dazu. Und noch immer ist man dann nicht einen einzigen Kilometer gefahren. Für jeden Kilometer, den man fährt, muss man dann auch noch Treibstoff zahlen. Nach einer Untersuchung des österreichischen Automobilclubs machen die Treibstoffkosten nur 12 % der Gesamtkosten eines Autos aus, und dennoch sind schon alleine die Treibstoffkosten pro Kilometer teurer als die Nutzung des Südtirol Pass. Und die Treibstoffkosten hören auch bei 20.000 gefahrenen Kilometern nicht auf, weiter anzusteigen. Da kann man sich anstelle eines Autos durchaus eine teure Innenstadtwohnung und viele schöne Urlaube leisten, statt „billig" in einem Haus in der Peripherie zu wohnen und ein Auto unterhalten zu müssen.

Und wenn Otto doch mal unbedingt ein Auto braucht? Dann leiht er sich eines bei Carsharing. Das ist schließlich deutlich billiger als ein (Zweit-)Auto zu unterhalten, mit dem man nur wenige tausend Kilometer im Jahr fährt.

Ottos Ziel heute ist der Vinschgau, da kommt er auch ohne Auto hin. Er hat sich an diesem sonnigen Dienstag freigenommen, um Südtirol mal wieder aus der Sattelperspektive zu erleben. Von Meran auf dem Vinschgauradweg talaufwärts, ab Schlanders dann seitlich den Hang hinauf. Das ist der Plan. Zumindest bis Meran will er seine Oberschenkel schonen und sitzt deshalb im Zug. Dieser schaukelt bis Lana/Burgstall gemütlich durch die Obstplantagen, dann setzt er zum Schlussspurt nach Untermais an.

Den Schlussspurt ein bisschen zu früh angefangen, Seitenstechen gekriegt, doch nochmal vom Gas gegangen, in der Linkskurve vor Feuerwehrhaus und Aussichtsturm dann nochmal richtig in die Pedale getreten. Ausrollen zu den Rastbänken, Stoppuhr stoppen – 54 Minuten und 50 Sekunden! Neuer persönlicher Rekord! Günther genießt kurz den Blick über die Pferdekoppel zum Schlern. Er grüßt die zwei Frauen, die auf dem gegenüberliegenden Gehsteig auf dem Weg zur Seilbahn sind. Dann zieht er Windjacke und Sonnenbrille an und beginnt die Abfahrt. 13 Minuten später wird er wieder unten an der

Talstation sein. Und wieder die selben zwei Frauen grüßen, die er oben gegrüßt hatte. So viel schneller als er kann die Seilbahn also nicht gewesen sein.

So viel schneller wäre er mit dem Auto auch nicht gewesen, muss sich Adam eingestehen. Er muss auch zugeben, dass er die Zugfahrt bequemer findet als befürchtet. Der Blick aus den großen Fensterscheiben hinunter auf das im Kessel liegende Meran – das hat schon was. Erst sieht man die Stadt aus dem linken Fenster, dann aus dem rechten Fenster, dann wieder aus dem linken Fenster. Während sich der Zug beherzt in die Kurven schmeißt und in großen Schleifen den Hang hinabrollt, kann sich Adam auf die Armlehnen stützen, interessiert aus dem Fenster blicken und sich über die Beine des gegenübersitzenden Idioten aufregen. Warum ist Adam eigentlich noch nie vorher mit dem Zug zur Arbeit gefahren? Wahrscheinlich, weil sein Auto vorher noch nie für mehrere Tage kaputt war. Und natürlich, weil es insgesamt schon deutlich länger dauert als mit dem Auto. Der Zug an sich mag ja ganz flott sein, aber man muss erstmal in Naturns zum Bahnhof kommen. Und vor allem muss er in Meran vom Bahnhof ins Büro kommen, und das dauert zu Fuß viel zu lange. Gegen die lahmen Stadtbusse, die an jeder Milchkanne halten und deren abwegige und umwegige Routenführungen man erst nach mehrjähriger ÖPNV-Fahrgast-Ausbildung versteht, hat Adam geradezu eine Allergie entwickelt. Bleibt noch die Variante Fahrrad. Adams Arbeitskollegen haben ihm am Vortag erzählt, dass es in Meran am Bahnhof einen kostenlosen Fahrradverleih gibt. Er muss das Fahrrad zwar nach Feierabend wieder an den Bahnhof zurückbringen, aber das ist ja in seinem Fall kein Problem. Also hat er geplant, sich gleich nach der Ankunft in Meran ein Fahrrad auszuleihen. Um 8:45 Uhr kommt sein Zug mit zwei Minuten Verspätung am Bahnhof an. Regelrechte Menschenmassen strömen aus dem Zug in das Bahnhofsgebäude.

Um 8:45 Uhr kommt Ottos Zug auf die Minute pünktlich in Meran an. Er folgt den Menschenmassen durch die Bahnsteigunterführung. Bevor er sich auf sein Fahrrad setzt, betrachtet er Ladesäule und Carsharing-Stellplatz direkt neben dem Ausgang der Unterführung. „So sieht also eine Schnell-Ladesäule aus", denkt er sich mit Blick auf den weißen Klotz mit den zwei Schläuchen, die wohl Ladekabel sein sollen.

Otto braucht keinen Strom, nur Kaffee. Er hat sich aber vorgenommen, die erste Kaffeepause erst in Naturns zu machen. Und in Meran nur kurz in einen Bäcker zu springen, um sich ein bisschen Gebäck zu kaufen. Folglich setzt er sich auf den Sattel und rollt über den Bahnhofsvorplatz. Und sieht, wie da jemand an diesem etwas provisorisch anmutenden städtischen Fahrradverleih-Container steht und sich über irgendetwas aufzuregen scheint. Sieht irgendwie unsympathisch und vor allem ziemlich unzufrieden aus, der Mann.

Adam ist nicht „ziemlich unzufrieden“, er ist stinksauer. Mal wieder. „Was soll denn der Scheiß, dass die erst um 9 Uhr aufmachen? Um 9 Uhr muss ich im Büro sein, ich kann hier jetzt nicht 13 Minuten lang warten, bis die sich bequemen, ihren Container zu öffnen, die Deppen. Mann, ich will nicht mit dem Scheiß Bus fahren!“, denkt er sich. Während neben ihm ein junger Typ auf seinem großen Reiserad vorbeirollt. Genau sowas hätte Adam jetzt auch gerne. Warum gibt es in Meran nicht so ein tolles modernes Fahrradverleihsystem, wie sie das vorletztes Wochenende in München gesehen hatten, mit schicken Fahrrädern und mehreren automatischen Stationen, wo man sich dann rund um die Uhr jederzeit ein Rad ausleihen und es spontan irgendwo anders wieder abgeben kann. Wenn es so schicke Fahrräder in Meran gäbe, dann würde Adam in der Mittagspause vielleicht auch mal mit dem Fahrrad vom Büro den Abstecher zum Bäcker machen, statt immer das Auto nehmen zu müssen.

Ramon macht mit dem Fahrrad noch einen Abstecher zum Bäcker, bevor er ins Büro weiterfährt. Heute steht nämlich das „Fahrradwettbewerb-Frühstück“ auf dem Programm. Als Koordinator für den Wettbewerb war das nicht nur seine Idee, sondern er muss sie jetzt auch ausführen. „Alle fleißigen Mitarbeiter, die regelmäßig mit dem Rad ins Büro kommen und somit ihrer Gesundheit und unserer Umwelt etwas Gutes tun, sollten sich morgen um 10 Uhr im großen Sitzungssaal einfinden.“ So hatte er das gestern in der Rundmail an alle formuliert und wurde von der Kollegin in der Personalabteilung dann gleich gerügt. Nicht etwa, weil die Mail zu pathetisch war. Sondern, weil die Anrede nicht gegendert war. „Lieber Ramon, aus deiner Anrede geht leider nicht hervor, ob ich als MitarbeiterIN mich auch angesprochen fühlen darf, der RadfahrerInnenrunde morgen Vormittag beiwohnen zu dürfen“, hatte sie ihm geantwortet. – „Liebe Jantalle, jetzt wo du direkt nachfragst – nein, eigentlich will ich dich nicht dabei haben!“, hat er natürlich nicht zurückgeschrieben. Sie heißt ja auch gar nicht Jantalle. Er hat sich stattdessen für seine patriarchalisch-sexistische Anrede entschuldigt und in einer Mail an alle auf die Rückfrage der Kollegin aus der Personalabteilung hingewiesen und klargestellt, dass auch Frauen herzlich willkommen sind.

Ramon unterbricht die Gedanken an seine „Lieblingskollegin“. Er stellt am Rennweg sein Fahrrad ab und betritt eine Bäckereifiliale.

Otto stellt am Rennweg sein Fahrrad ab und betritt eine Bäckereifiliale. Die „Schlange“ vor ihm besteht nur aus einem einzigen jungen Mann. Gott sei Dank, denkt sich Otto, keine alte Dame, die fünf Minuten lang die passenden Münzen zurechtsuchen muss, sondern ein junger Typ, da wird’s ja wohl schnell gehen. „20 Croissants, eine bunte Mischung aus 20 anderen Süßgebäcken und 20 belegte Semmeln“, bestellt der junge Typ.

„20 Croissants, eine bunte Mischung aus 20 anderen Süßgebäcken und 20 belegte Semmeln?", fragt die Bäckerin ungläubig. „Ja, genau", sagt Ramon. – „Hatten Sie vorbestellt?" – „Nein, leider nicht. Wenn Sie nicht genug da haben, kann ich aber auch noch woanders vorbeischauen." – „Na, das kriegen wir schon hin. Wird halt ein bisschen dauern." – „Kein Problem, ich hab Zeit", grinst Ramon.

„Aber ich hab keine Zeit", denkt sich Otto und regt sich über das Grinsen des jungen Typs auf. „Was hat der denn vor?", fragt er sich. „Was haben Sie denn vor?", fragt die Bäckerin. – „Wir machen heute im Büro eine Art Belohnungsfrühstück für diejenigen Kollegen, die regelmäßig mit dem Fahrrad ins Büro kommen", erklärt der junge Typ. Und plötzlich ist Otto interessiert an der zeitraubenden Großbestellung zwei Meter vor ihm. „Wieso werden die Radlfahrer belohnt?", will die Bäckerin wissen. – „Na, weil sie zu besserer Luft und weniger Lärm und mehr Gesundheit beitragen, dadurch, dass sie nicht mit dem Auto fahren", erklärt Ramon, der das total logisch findet. „Die Kollegen haben in den letzten Monaten alle ihre gefahrenen Kilometer eingetragen, wir machen beim sogenannten Südtiroler Fahrradwettbewerb mit", ergänzt er. – „Hab ich noch nie gehört, aber klingt interessant, muss ich mir mal anschauen", wundert sich die Bäckerin.

„Sie machen auch beim Südtiroler Fahrradwettbewerb mit?", hört sich Otto plötzlich sagen. Erschrocken dreht sich Ramon um, er hatte noch gar nicht wahrgenommen, dass hinter ihm jemand steht. „Äh, ja. Äh – kennen wir uns?" – „Nein, Entschuldigung, dass ich mich da jetzt eingemischt habe." – „Nein, nein, ernsthaft – ich glaube, wir kennen uns!" – „Ich kann mich jetzt ehrlich gesagt nicht –" – „Waren Sie auch bei der Eröffnungsveranstaltung des Fahrradwettbewerbs in der Handelskammer in Bozen?" – „Ich musste früher gehen, aber ja, ich war da." – „Ah, dann hab ich Sie vermutlich bei dieser Veranstaltung gesehen. Hallo, ich bin der Ramon." – „Otto", sagt dieser und reicht dem anderen ebenfalls die Hand. Während die Bäckerin damit beschäftigt ist, 20 Semmeln zu belegen, tauschen sich Otto und Ramon über Fahrradwettbewerb, Fahrradfahren, Fahrradwege, Fahrradwerkstätten, Fahrradförderung in Meran und verschiedene andere Fahrradthemen aus.

„So, fertig. 20 Croissants, eine bunte Mischung aus 20 anderen Süßgebäcken und 20 belegte Semmeln", werden sie von der Bäckerin unterbrochen. Ramon bezahlt, bedankt sich und packt die drei großen Papiertüten in seine Satteltaschen. Otto verabschiedet sich von Ramon, dann bestellt er einen Croissant, ein anderes Süßgebäck und eine belegte Semmel.

Während Otto sein Fahrrad aufschließt und die Bäckertüte in der Satteltasche verstaut, zieht in der Bäckereifiliale die Bäckerin ihr Handy aus der Handtasche, öffnet das Suchmaschinen-Suchfeld und tippt „Südtiroler Fahrradwettbewerb."

Ramon tippt „Südtiroler Fahrradwettbewerb" in das Textfeld, dann ist auch die Titelfolie fertig und er kann die Präsentation starten. Nach und nach trudeln die hungrigen KollegInnen ein. „Bitte bedient euch, es sind genug Gebäcke und Getränke für alle da", werden sie von Ramon begrüßt.

„Ihr wollt jetzt sicher alle wissen, wer der Gewinner ist", sagt Ramon. Und ergänzt mit Blick auf die Kollegin aus der Personalabteilung: „Oder die Gewinnerin." Vierzehn neugierige Augenpaare schauen ihn erwartungsvoll an. „Aber ich muss euch enttäuschen: es wird keinen Gewinner geben", spricht er ins enttäuschte Raunen. „Ich hatte ja erklärt, dass wir wegen dieser italienischen Gewinnspielregelung keine betriebsinternen Gewinnspiele machen dürfen. Deshalb haben einfach alle gewonnen, die beim Fahrradwettbewerb mitgemacht haben."

Die allgemeine Enttäuschung wird durch die Croissants und den Kaffee gemildert. Und durch Fotos von radfahrenden KollegInnen, die nun auf der Leinwand gezeigt werden. Schließlich hat Ramon doch noch eine gute Nachricht: „Aber auch wenn es kein Gewinnspiel gibt, so gibt es doch ein Ranking der gefahrenen Kilometer und der Teams, die ihr gebildet habt – und somit haben wir auch ein Gewinnerteam." Bei der Teambildung waren sie sehr kreativ: Männer gegen Frauen, Einkauf gegen Verkauf gegen Personalabteilung, 1. Etage gegen 2. Etage. Ramon macht es spannend mit der Auswertung und hat die Tabellen auf den Powerpointfolien mit lustigen Fotos garniert. Gesamtsieger mit den meisten Kilometern ist natürlich Ramon selbst, überraschend dicht gefolgt von einem rennradbegeisterten Kollegen aus der Marketingabteilung. „Aber es ist ja egal, wie viele Kilometer wir beide in unserer Freizeit gesammelt haben. Viel toller ist es, wenn einzelne von euch, die früher selten bis nie Rad gefahren sind, durch den Fahrradwettbewerb dazu gebracht wurden, mehr Fahrrad zu fahren als früher und jetzt vielleicht auch häufiger auf das Auto verzichten", missioniert Ramon.

„Soll das heißen, dass ich jetzt gewonnen hab?", freut sich der gut gebaute Kollege aus Kapitel 2, der etwas weniger gut gebaut ist als er in Kapitel 2 noch war. Er freut sich allerdings etwas schwer verständlich, anscheinend hat er einen Croissant, ein sonstiges süßes Gebäck und eine belegte Semmel gleichzeitig in den Mund geschoben. – „Ja, genau, Rüdiger, du bist ein Paradebeispiel dafür, zu was für Verhaltensänderungen der Fahrradwettbewerb führen kann! Du bist unser SIEGER DER HERZEN!", ruft Ramon und geht dabei im aufbrausenden Applaus unter. Der Applaus ist Rüdiger fast ein bisschen peinlich. Seine Statistik muss niemand mehr nachschauen, über die hat der Flurfunk heute früh schon ausführlich berichtet: 850 Kilometer gesammelt und 8,5 Kilo abgenommen. Mit einem neuen E-Bike, das seit zwei Monaten sein ganzer Stolz ist. „Nächstes Jahr knack ich die 1.000 – und dann kommen auch nochmal 10 Kilo weg", krakeelt er in die Runde und wischt sich den Mund ab.

„Vielleicht schaffst du es ja sogar heuer noch", ermuntert ihn Ramon. „Ihr wisst ja, dass der Fahrradwettbewerb noch zwei Wochen weitergeht! Bei der großen Abschlussverlosung in Bozen kann jeder – und jede – von uns gewinnen, der oder die insgesamt mehr als 100 Kilometer geradelt ist. Also wer noch zweistellig ist bei den Kilometern oder wer noch dreistellig ist bei den Kilos – einfach weiterradeln!"

Einfach weiterradeln? Oder doch auf die schöne Aussichtsliege? Otto entscheidet sich für letzteres, er hat ja noch Croissant, Süßgebäck und belegte Semmel in der Tasche. Und einen schöneren Ausblick als den von hier zurück nach Meran wird er auf den nächsten Kilometern nicht mehr kriegen. Er holt das Radtourenbuch aus der Lenkertasche und schaut sich nochmal an, was er sich für heute vorgenommen hat. „Tour 18 – Die Vinschgauer Konditionsschleife" wird ihn zwischen Schlanders und Schluderns über den Sonnenberg, also über die Weltstädte Allitz und Tanas, führen. Von Schlanders ist er aber im Moment noch etwa 30 Kilometer entfernt.

Schluderns ist sein Mindestziel, da wird er dann heute Nachmittag spontan entscheiden, wie es weitergehen soll – über Glurns zum Bahnhof in Mals, durch den Vinschgau zurück bis nach Meran, oder sogar noch ein Stück weiter hinauf Richtung Reschensee? Mal schauen, was der Tag bringen wird. Otto ahnt noch nicht im Entferntesten, dass er das Highlight des Tages schon in Naturns erreicht. Und damit ist nicht der Kaffee gemeint, für den er in Naturns den Radweg verlassen wird.

Anna verlässt das Rathaus von Naturns und biegt nach rechts zu den Fahrradständern. Der Schulsprengel liegt im wahrsten Sinne des Wortes um die Ecke, aber sie will nicht mit leeren Händen zu den Schülern kommen. Ein paar Süßigkeiten als Belohnungen für richtige Antworten kommen immer gut an. Deshalb schließt sie ihr Fahrrad auf und radelt Richtung Supermarkt. Sie erreicht das Ende der Rathausstraße und biegt rechts auf die Hauptstraße.

Otto erreicht das Ende der Bahnhofstraße und überlegt, ob er auf die Hauptstraße einbiegen soll. Links von ihm und rechts von ihm sieht er jeweils ein Restaurant – da wird er ja wohl auch einen Kaffee kriegen? Während er noch überlegt, wo er seinen Koffeindurst stillen will, sieht er im Augenwinkel, dass auf der Hauptstraße von rechts ein Fahrrad kommt. Das Fahrrad fährt vorbei.

Anna fährt an der Einmündung der Bahnhofstraße vorbei. Dass auf der Bahnhofstraße ein anderer Radfahrer stand, hat sie höchstens unterbewusst wahrgenommen. Sie tritt weiter gemütlich in die Pedale, bald wird sie auf der rechten Straßenseite den Supermarkt sehen.

Just in diesem Moment fällt ihr ein, dass sie ihren Geldbeutel überhaupt nicht mitgenommen hat. Sie erschrickt und dreht um.

Otto erschrickt und dreht sich nach links. Der Schreck wurde im Unterbewusstsein ausgelöst. Das Unterbewusstsein hat nämlich erkannt, dass da gerade nicht irgendein Fahrrad vorbeigefahren ist. Sondern das Fahrrad von Anna, 26, aus 32 Kilometer Entfernung! Otto hat das Gesicht der Radfahrerin plötzlich klar vor Augen. Das muss sie sein! Naturns passt ja auch zu den 32 Kilometern Entfernung!

Während er über die Tinder-Kilometerangabe nachdenkt, tritt sein Unterbewusstsein schon in die Pedale. Er biegt links ab und will ihr nachfahren, sie verfolgen, sie ansprechen. Womit könnte er sie ansprechen? „Ähm, sorry, I saw you on Tinder" hatte er ja in Kapitel 5 schon ausgeschlossen. Er könnte sie auf den Fahrradwettbewerb ansprechen – und sie fragen, ob sie auch gerade Kilometer für den Fahrradwettbewerb sammelt. Oder sowas. Irgendwas wird ihm schon einfallen.

Da – er sieht sie. Das ist sie. Mutmaßlich. Er beschleunigt, um näher aufzuschließen – aber was ist das? Sie dreht wieder um.

Anna hat umgedreht und radelt die Hauptstraße nun wieder Richtung Osten, um im Rathaus ihren Geldbeutel zu holen. Sie beschleunigt – und sieht, dass ihr ein anderes Fahrrad entgegenkommt. Es ist ein Mann. Mit Helm. Gleich wird er ihr begegnen, sie sind nur noch wenige Meter voneinander entfernt.

Jetzt sieht sie es, sie sieht die Haare unter dem Helm rausschauen und das passende Gesicht dazu – das ist Otto Müller!!! Anna reißt den Mund auf, ohne etwas zu sagen. In dem Moment, in dem er entgegenkommt, dreht sie sich nach links, aber sie sagt nichts.

Otto dreht sich nach links und will sie grüßen. Da bemerkt er, dass sie den Mund aufmacht und lässt den eigenen Mund deshalb zu. Will sie ihn grüßen?

Nein, sie hat nichts gesagt. Sie hat ihn angeschaut und ist grußlos mit offenem Mund weitergefahren. Otto hat die einmalige Chance, sie anzusprechen, verpasst, jetzt ist es zu spät. Aber es war auf jeden Fall Anna, da ist er sich ganz sicher.

Er bleibt am Fahrbahnrand stehen, um zu überlegen, ob er umdrehen und ihr folgen soll. Er würde wahrscheinlich bereuen, wenn er es nicht tun würde. Er macht sich ja heute noch Vorwürfe, weil er sie in Kapitel 5 im Zug im Pustertal nicht aufgeweckt und angesprochen hatte.

Er dreht sich in ihre Richtung – und sieht, dass sie auch stehengeblieben ist.

Anna ist stehengeblieben. Sie überlegt, ob sie ein zweites Mal umdrehen sollte, um sich zu versichern, ob das wirklich Otto ist. Aber das wäre schon eine ziemlich dumme Aktion. Wer weiß, wie viele Menschen sie schon beim ersten Wendemanöver mitten auf der Hauptstraße beobachtet haben. Jetzt nochmal ein solches Wendemanöver fabrizieren?

Sie dreht sich in die Richtung, in die Otto gefahren ist – und sieht, dass auch er stehengeblieben ist. In diesem Moment schaut er zu ihr. Reflexartig hebt sie die rechte Hand und bewegt sie schüchtern in einer Art und Weise, die man als Winken bezeichnen könnte. Was ist das? Winkt er etwa zurück?

Hat sie ihm etwa gerade gewinkt? Otto hebt die Hand und übt eine Bewegung aus, die man sowohl als Winken als auch als Mücke verscheuchen interpretieren kann. Hat sie gerade wirklich Kontakt mit ihm aufgenommen, oder bildet er sich das ein? Scheißegal: Alles oder nichts. Otto wird zu ihr hinfahren und sie fragen, ob sie ihm gerade gewinkt hat. Womit die Frage geklärt wäre, wie er das Gespräch eröffnen kann. Er dreht das Fahrrad um 180 Grad und fährt auf sie zu.

Wahnsinn, er kommt auf sie zu. Tatsächlich. Alles oder nichts: Sie muss ihn ansprechen. Sie hat ihn oft genug verpasst, diese Chance will sie nun nutzen, um ihn endlich kennenzulernen. Sie wird ihn sicher nicht vorbeifahren lassen. Gleich ist er da. Er schaut sie an. Und wird langsamer. Er will anscheinend tatsächlich zu ihr. Wie soll sie ihn ansprechen? Wie könnte sie das Gespräch eröffnen?

Er ist da. Jetzt hat sie keine Zeit mehr, sich was zu überlegen, sie muss etwas sagen. Unbedingt. Jetzt sofort. Sie sagt: „Hallo Otto!"

Hat sie gerade „Hallo Otto" gesagt? Sie kennt ihn? Was, woher? Das kann doch nicht sein, dann müsste er doch auch sie kennen. Er muss jetzt ganz schnell etwas antworten, sonst wird es peinlich. Ihm fällt nichts Sinnvolles ein. Er sagt: „Hallo Anna!"

Hat er gerade „Hallo Anna" gesagt? Er kennt sie? „Woher kennst du mich?" – „Woher kennst DU MICH?" – „Von der Eröffnungsveranstaltung vom Fahrradwettbewerb!" Otto versteht die Welt nicht mehr. Das wüsste er doch, wenn sie auch da gewesen wäre. Außerdem hat sie ihm jetzt sein Gesprächsthema geklaut, er wollte doch mit dem Fahrradwettbewerb anfangen.

Er muss schnell etwas antworten. Er sagt: „Echt, haben wir uns da gesehen?" – „Nein, du warst schon weg, als ich gekommen bin."

Otto versteht überhaupt nichts mehr. Für eine Frau mag das vielleicht logisch erscheinen, dass sie jemanden kennenlernt, der gar nicht mehr da ist, wenn sie ankommt, für ihn ist es das nicht. „Aber wie konnten wir uns dann kennenlernen?" – „Haben wir ja nicht."

Sie spricht in Rätseln. Wo wird dieses Gespräch nur enden? Otto schwitzt, er spürt, wie sein Pulsschlag höher wird. „Aber –" – „Ich hatte mich auf deinen Platz gesetzt. Und am nächsten Morgen ein Bild in der Zeitung gesehen, wo du auf meinem Platz warst." – „Und da stand dabei, dass ich Otto heiße?" – „Nein. Wie du heißt, weiß ich erst seit der Mobilitätskonferenz in Meran, das müsste ziemlich genau einen Monat her sein." – „Warst du da im Publikum?" – „Nein, ich wusste leider nichts von der Konferenz und war an dem Tag wandern." – „Aber –" Otto kann nicht aufhören, sich zu wundern. Anna erklärt ihm auch dieses Rätsel: „Ich hatte dich nach der Konferenz gesehen und einen Freund von dir gefragt, wer du bist."

Sie sagt das mit einem Lächeln, für das er sie augenblicklich auf den Mund küssen möchte. In dem Moment fällt ihm ein: „DU bist die Blondine, also, sorry, die blonde Frau, die nach mir gefragt hatte?" – „Darfst schon Blondine sagen, ist okay." Jetzt lächelt sie noch süßer. Das gibt's doch gar nicht. Booooah, so süß kann man doch gar nicht lächeln.

Frau Maier lächelt so süß, wie man eigentlich gar nicht lächeln kann. Das Lächeln muss sie von ihrer Tochter haben. Oder umgekehrt. Sie lächelt und schweigt. Und zwar so lange, bis die zwei Chaoten in der letzten Reihe auch endlich merken, dass sie die einzigen sind, die immer noch reden.

„Jetzt, wo wir alle zur Ruhe gekommen sind, darf ich euch den Gemeindepolizisten, Herrn Schwarz, vorstellen. Herr Schwarz wird nachher eine der Kleingruppen begleiten, wenn ihr durch den Ort geht, um den Schulwegeplan zu zeichnen. Aber vorher wird euch Herr Schwarz ein bisschen was zum Thema Verkehrssicherheit erzählen." Der Polizist begrüßt die Schüler. Er hat eine Broschüre und einen Stapel Papiere mit ganz vielen Zahlen in der Hand. Aber bevor er die Schüler mit den Zahlen langweilen kann, erklärt er noch etwas zum Erstellen des Schulwegeplanes: „Zuallererst will ich euch einmal kurz erklären, was wir heute noch vorhaben."

„Was hast du heute noch vor?" – „Ich will noch weiter nach Schlanders." – „Nach Schlanders oder ins Schlanders?", kann Anna das Wortspiel nicht unterdrücken. „Ins Schlanders?" – „Es gibt eine Kneipe in Berlin, die so heißt." – „Ja ja, ich weiß. Ich war vorletztes Wochenende in Berlin." – „Du auch?" – „Wer noch?" – „Ich!" – „Echt?" – „Ja. Und ich war am Samstagabend auch im Schlanders." – „Ist ja ein witziger Zufall. Ich wollte am Samstagabend auch ins Schlanders. Aber wir sind dann doch in die Alte Börse Marzahn." – „In Marzahn gibt es ein Börse?" – „Naja, keine Börse mit Bulle und Bär. Eher eine Börse mit Pferden, Schweinen und Geflügel." – „Hä?" – „Die Marzahner Börse war früher ein Handelszentrum für Nutztiere, das Gelände liegt aber schon seit Jahrzehnten brach. Neuerdings sind da jetzt ein paar k. & k., wie ich immer sage, also –" – „Kaffee und Kuchen?" – „Haha nein, ich mein Künstler und Kreative, aber Kaffee und Kuchen ist viel besser." – „Du meinst Kuchen essen ist besser als Kunst betrachten?" – „Du drehst mir ja die Worte im Mund rum wie eine Kuchengabel!" – „Sorry, passiert." Beide lächeln.

„Wenn sie lächelt, ist sie tatsächlich noch hübscher als sie ohne lächeln eh schon ist", denkt sich Otto. – „Meine Schwester wohnt in Berlin. Ich find's da echt cool", sagt Anna. Otto pflichtet ihr bei: „Ich auch, absolut! Ich hab selber auch ein paar Jahre in Berlin gewohnt. Nur die Berliner könnten manchmal ein bisschen freundlicher sein." – „Das stimmt, absolut!" – „Mein absolutes Highlight dieses Mal war ein Kioskbesitzer in Friedrichsfelde." – „Wieso?"

Otto interpretiert die Nachfrage als Interesse und erzählt nun tatsächlich die Anekdote, die er vor eineinhalb Wochen erlebt hat: „Achim, ein Freund von mir, und ich hatten vor einem kleinen Kiosk einen Zeitungsaufsteller mit einer lustigen Zeitungsüberschrift gesehen. Aber wir wollten das Boulevardblatt auf keinen Fall kaufen, sonst würden wir dem furchtbaren Boulevardverlag ja zu mehr Umsatz verhelfen." – „Sehr löblich", grinst Anna. – „Aber fotografieren wollten wir den Aufsteller natürlich trotzdem. Kaum hatten wir die Objektivdeckel abgenommen, kam der Kioskbesitzer nach draußen geschlurft. Im Blaumann und mit Zigarette im Mund schaute er uns grimmig an und schnauzte uns an: ‚Hammse ne Jenehmigung, den Laden zu fotojrafieren? '" – „Haha, du kannst diesen lustigen Dialekt ja voll gut imitieren." – „Ik hab da ooch sieben Jahre jewohnt, wa!" – „Wow, sieben Jahre?" Bevor Otto antworten kann, sagt sie: „Aber bevor wir jetzt unsere Lebensläufe abgleichen – wie isn das ausgegangen mit dem Blaumannschlurfer?" – „Wir hatten natürlich keine Genehmigung. Würde bei den ineffizienten Berliner Behörden wahrscheinlich auch monatelang dauern, bis man so eine Genehmigung kriegt. Aber wir wollten ja eh nur den Zeitungsaufsteller fotografieren und nicht seinen Laden. Er hat uns dann angemacht: ‚Dann kooft euch die Zeitung. Ansonsten seht zu, dass ihr verschwindat'. Das ham wir dann auch gemacht."

Otto fällt erst jetzt, wo er sie erzählt, auf, dass die Anekdote eigentlich keine richtige Pointe hat. Anna lacht zum Glück trotzdem. Otto weiß nicht, ob sie lacht, weil sie die Anekdote lustig fand oder weil sie seine Imitation lustig fand. Er könnte sich in den Arsch beißen, dass er gerade diese komische Anekdote erzählt hat.

Anna weiß nicht, warum er ihr diese komische Anekdote erzählt hat. Sowas erlebt man in Berlin ja ständig. Aber seine Imitation war ganz lustig. Scheint Humor zu haben, der Otto. Das ist ja schonmal ein gutes Zeichen.

„Was machst du eigentlich?", fragt er sie plötzlich aus heiterem Himmel. Mit sinnvoller Gesprächsführung scheinen Männer generell ein Problem zu haben. Sie antwortet: „Ich stehe gerade am Rand der Naturnser Hauptstraße und unterhalte mich mit einem netten jungen Mann."

Der nette junge Mann muss lachen. Und attestiert sich und Anna eine gewisse Humor-Kompatibilität. Darauf lässt sich doch aufbauen. Aber was? Ein gutes Gespräch? Oder sogar eine gute Beziehung? „Du bist echt lustig", sagt er. – „Du auch", antwortet sie und verwendet dabei wieder ihr Hierhin-ja-ganz-genau-hierhin-musst-du-mich-küssen-Lächeln. Otto überlegt kurz, ob das jetzt wirklich eine Einladung zum Küssen war. War es sicher nicht. Aber wäre das schön! Nichts würde er jetzt lieber tun als dieser wunderschönen Frau, die er nun endlich gefunden hat, einen Kuss zu geben.

Anna kann seinen Blick überhaupt nicht deuten. Er schaut irgendwie verträumt, verwirrt, verloren. Und unendlich sympathisch. Am liebsten würde sie ihm sofort einen Kuss geben. Aber das wäre sicherlich nicht in seinem Sinne. Wenn er Interesse an einem Kuss hätte, würde er ihr das ja sicherlich irgendwie signalisieren.

„Wenn der Herr Gemeindepolizist Schwarz gewollt hätte, dass du wieder mitten rein plauderst, hätte er dir das sicherlich irgendwie signalisiert", ermahnt Frau Maier einen der Rotzlöffel in der letzten Reihe.

Der Herr Gemeindepolizist Schwarz führt unbeeindruckt seinen zahlenlastigen Vortrag fort. „Jahr für Jahr sterben weltweit etwa 1,25 Millionen Menschen bei Verkehrsunfällen. Alleine in Deutschland sterben pro Tag durchschnittlich etwa neun Menschen im Straßenverkehr. Und das wird einfach so hingenommen, meistens wird in den Medien gar nicht darüber berichtet." Er setzt seine Zahlenreihen fort, weil er glaubt, mit beeindruckend hohen Zahlen die Schüler am ehesten davon überzeugen zu können, die Gefahren des Straßenverkehrs ernst zu nehmen. „2013 sind in der EU 7.600 Menschen getötet worden, die gerade mit dem Fahrrad oder zu Fuß unterwegs waren. 78 % der toten Radfahrer sind nach einer Kollision mit einem motorisierten Verkehrsmittel gestorben." Die Schüler schauen nicht aus, wie wenn sie sonderlich beeindruckt wären. „In Südtirol wurden 2013 im Straßenverkehr 31 Menschen getötet und 2.181 Personen verletzt." Er liest die Verkehrsstatistiken vor, wie wenn sie die Lottozahlen wären. Informativ, ja. Aber aufrüttelnd eher weniger.

Die Statistik, dass in Südtirol die meisten Unfälle freitags passieren, während es samstags die meisten Todesopfer im Straßenverkehr gibt, überspringt er. Er schlägt stattdessen die Publikation zu, aus der er die Zahlen vorgelesen hat und setzt zum Abschlussappell an: „Eure Generation" – er schaut sehr streng in die Augen der unschuldigen Kinder – „hat viel Arbeit vor sich, um aus unserer autozentrierten Welt wieder eine menschengerechte Welt zu machen."

„Ey Alter, repariert den Scheiß selber, den ihr da angerichtet habt", denkt sich die Basecap in der letzten Reihe. – „Aber wenn alle wissen, dass Autos gefährlich sind und die Luft kaputtmachen, warum werden dann immer noch neue Straßen gebaut?", fragt stattdessen Annika in der ersten Reihe. – „Gewohnheiten ändern sich nur sehr langsam", philosophiert der Gemeindepolizist. „Aber Sie ändern sich. Die Unfallzahlen sind ja in den letzten Jahrzehnten deutlich rückläufig und es gibt Anzeichen dafür, dass Jugendliche sich heutzutage nicht mehr so sehr für Autos interessieren wie noch vor einigen Jahren." – „Warum auch, ein Auto ist doch nur ein Klotz am Bein!", meldet sich Jan erstmals zu Wort. Der Polizist bestätigt: „Ja, ein sehr teurer Klotz."

Neben dem Polizisten steht eine zunehmend nervöser werdende Frau Maier. Sie hat nämlich die Uhr und somit das Vorhaben, allmählich die Kleingruppen für die Schulwegplan-Exkursion zu bilden, fest im Blick. Aber ihre Tochter Anna, die eine der drei Kleingruppen leiten und vorher ein paar Worte zu den Anstrengungen der Gemeinde Naturns im Bereich Verkehrssicherheit verlieren soll, ist immer noch nicht da. Sie wird doch nicht etwa vergessen haben, dass sie in die Schule kommen muss?

Anna hätte fast vergessen, dass sie in die Schule kommen muss. Jetzt hat sie kurz auf die Uhr geschaut und ist zu Tode erschrecken. „Mist Otto, sorry, ich muss dringend los. Süßigkeiten kann ich ihnen jetzt eh keine mehr kaufen, aber ich muss zu den Kindern!"

Ottos Mundwinkel fallen förmlich nach unten, er kann seine Überraschung nicht verbergen. Er spricht es auch gleich aus: „Du hast Kinder?" – „Hahaha, nein, wo denkst du hin. Ich hab ja nicht mal einen Freund!" – „Noch nicht!", denkt sich Otto. Und freut sich darüber, dass Anna offensichtlich noch nicht aus dem Tinderparadies abgeholt wurde. „Aber –", sagt er und bleibt mitten im angefangenen Satz hängen. Anna füllt das Schweigen: „Ich muss in die Schule, ich werde den Kleinen heute was zum Thema Verkehrssicherheit erzählen und dann gehen wir gemeinsam durch den Ort und zeichnen in einen Plan sichere und unsichere Fuß- und Fahrradrouten zur Schule ein." – „Wow, klingt spannend." Otto ist zu verwirrt, um seine Begeisterung für ein solches Projekt adäquat zum Ausdruck bringen zu können. In Gedanken findet er sich damit ab, dass er Anna gleich verabschieden und sie dann vielleicht nie mehr wiedersehen wird.

Anna hofft, dass sie Otto bald wiedersehen wird. Deshalb fragt sie ihn: „Wollen wir noch schnell Handynummern tauschen?"

Hat sie ihn gerade wirklich gefragt, ob sie Handynummern tauschen wollen? Bei Otto gehen die Lichter wieder an. Ja, hat sie. Wie aus der Pistole geschossen diktiert er seine Nummer und zieht gleichzeitig sein Handy aus der Lenkertasche, um Annas Nummer einprogrammieren zu können.

Anna programmiert seine Nummer ein und freut sich, wie wenn sie gerade den Schatz der Nibelungen gefunden und in ihr Handy gespeichert hätte. Sie weiß, wie er heißt, sie kennt seine Mailadresse, sie hat jetzt auch seine Handynummer – das wird wohl hoffentlich nicht das letzte Treffen gewesen sein.

„Ich hoffe, dass das heute nicht unser letztes Treffen war!", sagt Otto todesmutig. Anna freut sich und sagt: „Hoffe ich auch!" Und dann macht sie etwas, mit dem Otto niemals gerechnet hätte. Dass er nicht erwartet hätte. Dass er sich nicht einmal erträumt hatte.

Anna kommt Otto ein Stück näher, sie legt ihre rechte Hand auf seinen Nacken, sie bewegt ihren Kopf auf seinen Kopf zu, noch näher, fast ist es nun eine Umarmung. Sie bewegt ihren Mund auf seine Wange zu, sie – sie küsst ihn auf die Wange. Dabei sagt sie „pfiat di", bewegt sich wieder zurück, dreht sich um und fährt davon. Gefühlt ist das alles innerhalb einer halben Sekunde passiert.

Innerhalb einer halben Sekunde ist Otto komplett erstarrt. „Pfiat –" will er ihr hinterherrufen, aber da ist sie schon weg. Sie tritt mit Vollgas in die Pedale, er steht wie ein Denkmal am Straßenrand. Sie dreht sich nochmal kurz zu ihm um und strahlt über das ganze Gesicht, er steht wie gelähmt da und kann nichts erwidern. Sie hat ihn geküsst! Es war nur ein sehr flüchtiger, ein Abschieds-, ein – ein Wahnsinn! Sie hat ihn wirklich geküsst!

Sie hat ihn wirklich geküsst. Anna ist ein klein bisschen stolz auf sich, dass sie ihm den Kuss aufgezwungen hat. Er hätte sich ja schlecht wehren können. Und beschweren eigentlich auch nicht, dafür war sie zu schnell weg. Jetzt hat sie ihren Kuss, genau das, was sie die ganze Zeit wollte. Diesen süßen, sympathischen, schönen Schatz küssen. Wie auf Wolke sieben schwebt sie auf ihrem Fahrrad zurück zum Rathaus. Und links um die Ecke zur Schule, wo sie es anschließt.

Annas Fahrtenprofil der letzten halben Stunde mag sinnlos erscheinen: Fahrrad aufschließen, 200 Meter fahren, umdrehen, noch zweimal umdrehen, wieder zum Ausgangspunkt zurückfahren, 50 Meter weiterfahren, Fahrrad anschließen. Aber die Tour war alles andere als sinnlos. Es war die vielleicht wichtigste in ihrem Leben. Otto ist der wahrscheinlich tollste Mann, den sie je kennengelernt hat.

Anna ist die wahrscheinlich tollste Frau, die er je kennengelernt hat. Otto betastet mit der linken Hand seine Wange, um zu spüren, ob noch etwas vom Kuss da ist. Mit der rechten Hand prüft er in seinem Handy, ob Anna WhatsApp hat. Hat sie. „Danke für den Kuss. Beim nächsten Mal kriegst du auch einen", traut er sich nicht zu schreiben. Aber er wird ihr schreiben. Jetzt gleich. Oder vielleicht doch besser etwas später. Auf jeden Fall bald. Bestimmt.

„Die Gemeindemitarbeiterin kommt auf jeden Fall bald. Bestimmt." – „Nein, sie kommt jetzt", klingt es aus dem Türrahmen. Gott sei Dank, denkt sich ihre Mutter, Anna hat den Termin doch nicht vergessen. „Entschuldigt die kurze Verspätung, mir ist etwas dazwischenkommen", sagt die Gemeindemitarbeiterin und grinst dabei über beide Backen, wie wenn sie gerade ihren Traummann kennengelernt hätte.

Günther grinst über beide Backen. „Hast du heute deine Traumfrau kennengelernt, oder warum bist du so euphorisch?", will seine Kollegin von ihm wissen. „Quatsch, mit meiner Traumfrau bin ich verheiratet", gibt er zurück. – „Aber warum bist du dann so gut gelaunt zur Arbeit gekommen?" – „Ist vielleicht noch die Freude darüber, dass ich heute Morgen eine neue Bestzeit auf meiner Hausstrecke gefahren bin." – „Hausstrecke?" – „Von Bozen nach

Kohlern." – „Kohlern? Da, wo die Seilbahn hochfährt?" – „Ja, genau. Aber mit dem Fahrrad macht es natürlich viel mehr Spaß als mit der Seilbahn." – „Ist da oben irgendwas besonderes?" – „Naja, Aussichtsturm, Hotel, ein paar Bauernhöfe. Ist einfach ein schöner, romantischer Ort."

Was für ein schöner, romantischer Ort, um kurz stehenzubleiben. Ein paar uralte Bauernhöfe, eine seit Jahren nicht mehr bediente Bushaltestelle, ein paar enge Serpentinen. Otto hat Allitz hinter sich gelassen und mittlerweile die überraschend breite, aber kaum befahrene Straße nach Tanas erreicht. Er geht im Kopf nochmal das Gespräch in Naturns durch. Monatelang hat er immer wieder an eine Frau gedacht, von der er nicht mehr gedacht hätte, dass er sich wirklich einmal mit ihr unterhalten wird. Und jetzt hat es doch geklappt. Warum? Vorsehung? Weil er sich an genau dem richtigen Tag frei genommen hat? Weil er Fahrrad gefahren ist?

Der Gedanke gefällt ihm: Er und Anna haben sich nur deshalb kennengelernt, weil sie beide Fahrrad gefahren sind. Hätten sie beide in einem Auto gesessen, dann hätten sie sich überhaupt nicht sehen und wahrnehmen können. Das Fahrrad – schweizerisch Velo – hat den beiden den Weg zur Liebe – englisch Love – ermöglicht. Velo, Love – bei Otto macht es klick im Kopf. Das sind doch die selben vier Buchstaben?! Wenn man die Silben andersrum anordnet, kann man aus Fahrrad Liebe machen. Und aus Liebe Fahrrad machen. Fahrrad und Liebe hängen zusammen. Velo-Love, Fahrrad-Liebe. I LOVELO. AnnaottO velolove. Sein verwirrter Kopf bildet verwirrende Buchstabenkombinationen. Er freut sich über seine linguistische Erkenntnis. Und würde sie am liebsten sofort Anna mitteilen. Was sie wohl gerade macht?

Anna steht gerade mit ihrer Kollegin in der Büroküche und rührt gedankenverloren in ihrer Kaffeetasse herum. „Wir hatten uns doch mal in der Kaffeepause über den Gardasee unterhalten", beginnt sie schließlich ein Gespräch. Die Kollegin fragt: „Wann war das?" – „Muss irgendwo in Kapitel 3 gewesen sein." – „Ah ja, stimmt, kann ich mich dran erinnern." – „Da hatte ich von einem Typen geschwärmt, den ich kurz davor mal fast gesehen hatte. Mit dem ich gerne an den Gardasee gefahren wäre." – „Hm. Kann sein." – „Jetzt habe ich ihn wirklich gesehen!" – „Den Gardasee?" – „Nein, den Typen!" – „Ach, wirklich? Bist du deshalb heute so unkonzentriert und abwesend?" – „Bin ich das?" – „Ja, bist du, aber ist kein Problem! Wie heißt er denn?" – „Otto." – „Ist aber kein schöner Name." – „Aber passt doch voll gut zu Anna! Otto kann man auch von vorne und von hinten –" – „Hahaha, so gut kennst du ihn schon, dass du das schon ausprobiert hast?" – „Mann, du bist blöd! Otto kann man auch rückwärts lesen meine ich." – „Und was soll das bringen, das man ihn rückwärts lesen kann?" – „Mann, gar nix! Er ist einfach ein großartiger Mann, und ich hab das Gefühl, dass er mich auch mag." – „Vielleicht würde er dich auch gerne mal von hinten – lesen." – „Mann ey, ich schütte dir jetzt gleich meinen Kaffee ins Gesicht!" – „Trink ihn lieber aus, wir sollten mal langsam weiterarbeiten." Sagt sie und geht zurück zum Schreibtisch. Physisch bewegt sich Anna auch zurück an ihren Schreibtisch. In Gedanken bleibt sie bei Otto.

Physisch ist Otto am Schludernser Berg unterwegs. In Gedanken bleibt er bei Anna. Er steht gerade am Rand der schmalen Straße und schaut hinüber nach Prad am Stilfserjoch. Einmal mehr fotografiert er das Bergpanorama im Hintergrund. Wenn er die Steigungspfeile und seinen Standort in der Karte richtig deutet, geht es jetzt bis Schluderns nur noch bergab. Seine Oberschenkel und er freuen sich.

Seine Oberschenkel und Ramon freuen sich darauf, dass er bald Feierabend hat. Bei dem schönen Wetter heute wird es ein Genuss sein, an der Etsch entlang nach Vilpian zurückzufliegen. Oder sollte er doch lieber eine etwas größere Runde fahren? Ist ja noch relativ lange hell abends. Lana – Tisens – Prissian – Nals? Hafling – Mölten – Terlan? Eine kleine Runde über Schloss Tirol und die coole Abfahrt von Schloss Thurnstein runter? Wohin auch immer es gehen wird: Noch ist es nicht so weit. Ramon kann sich noch nicht auf irgendwelche Abfahrten konzentrieren, er muss sich erstmal auf die Arbeit konzentrieren.

Während der Abfahrt hat er sich auf die Abfahrt konzentriert, in Schluderns denkt Otto nun schon wieder an Anna. Am liebsten würde er sie sofort anrufen, oder mit ihr chatten, sich mit ihr verabreden, sie nachher vom Büro abholen. Aaaaaah, Vollbremsung! Fast hätte er einen Fußgänger überfahren vor lauter Anna. Der Fußgänger schaut ihn grimmig an und spaziert weiter über die hübsch sanierte Steinbrücke. Otto sagt beschämt: „Entschuldigen Sie bitte, ich war in Gedanken ganz woanders!" – „Was soll das heißen, sie waren in Gedanken ganz woanders? Passen Sie gefälligst auf!"

„Was soll das heißen, sie haben kein Ersatzauto da? Jetzt passen Sie mal auf!" – „Also, ich kann ihnen ja wie gesagt dieses Elektroauto anbieten. Das ist vollständig emissionsfrei und leise und –" – „Das ist mir scheißegal, wie emissionsfrei die Karre ist, ich hab in meinem Carport keine Steckdose. Und die Reichweite reicht ja wahrscheinlich nicht mal, um nach Hause und wieder zurück nach Meran zu kommen!" – „Wo ist denn zu Hause?" – „Naturns." – „Das sollte sich problemlos ausgehen." – „SOLLTE?? Mein Verbrenner schafft 800 Kilometer Reichweite, und dann ist er in einer Minute wieder vollgetankt. Da nehm ich doch nicht so einen Elektro-Schrott, der nach einer Spritztour acht Stunden lang ans Netz muss. Da müsst ihr euch einen anderen Dummen suchen, mir könnt ihr so einen Scheiß nicht andrehen!" – „Aber wir würden Ihnen das Elektroauto ja kostenlos zur Verfügung stellen." – „Und wenn ihr es mir schenkt – die Antwort lautet Nein! Was ist denn das für eine Autowerkstatt, die mir kein vernünftiges Ersatzauto zur Verfügung stellen kann?" – „Es tut mir leid –" – „Es ist mir wurscht, ob es dir leid tut. Wann ist mein Opel wieder fit?" – „Bei gutem Heilungsverlauf –" – „Versuch jetzt bloß nicht, lustig zu sein!" – „Entschuldigung. Ich –„ – „WANN hab ich gefragt!" – „Morgen. Hoffe ich." – „Das hoffe ich allerdings auch!", sagt Adam, dreht sich um und verlässt die Werkstatt. Und muss also wieder mit dem Zug nach Hause fahren. Und er hat noch nicht einmal ein Fahrrad, um zum Bahnhof fahren zu können.

„Du bist ja heute gar nicht mit dem Fahrrad zum Bahnhof gefahren", wundert sich Günthers Frau, als er zu Fuß nach Hause kommt. – „Ich hatte von Kohlern einen dermaßenen Muskelkater, dass ich heute Morgen wirklich lieber mit dem Bus zum Bahnhof gefahren bin." – „Ich dachte, du magst Bus fahren in Bozen nicht?" – „Mag ich ja auch nicht. Immer voll, immer unpünktlich, und Bus fahren dauert immer so lange, wie wenn man hier in einer Großstadt wäre." – „Aber Bozen ist doch eine Großstadt!" – „Aber nicht soo groß wie die Busse lange brauchen." – „Also ich hab mit den Bussen nie ein Problem." – „Du fährst ja auch immer gegen den Strom, also morgens aus dem Zentrum raus und abends wieder rein." – „Mag sein." Und kurz darauf ergänzt sie: „Ich würde den Computer jetzt runterfahren, oder willst du nochmal ran?" – „Ja, aber nur kurz. Muss noch die Kilometer eintragen." – „Fahrradwettbewerb?" Günther nickt. – „Wie lange geht der denn noch?" – „Nur noch zwei Wochen." – „Und wie viele Kilometer hast du schon?" – „Kann ich dir gleich sagen." Er trägt die 21 Kilometer von heute Morgen ein, dann liest er vor: „Mein Zwischenstand lautet 5.490 Kilometer."

Ramons Zwischenstand lautet 5.468 Kilometer. Der Schlenker über Tirol und Thurnstein, den er nach Feierabend gemacht hat, ist natürlich ein Bruchteil der Gesamtkilometerzahl, aber wer weiß, vielleicht wird er am Schluss entscheidend sein. Ramon schließt die App, schließt das Fahrrad an und geht über die Treppen hinauf in die Wohnung. Drei Küsschen, über die er sich natürlich sehr freut, von der Freundin; drei Croissants, die vom Radlerfrühstück übrig geblieben sind, für die Freundin. „Ist dein Fahrradwettbewerb jetzt vorbei?", fragt die Freundin vorsichtig. – „Nur noch zwei Wochen. Aber bilde dir bloß nicht ein, dass ich danach weniger Rad fahren werde", grinst er und küsst sie so lange, bis sie vergessen hat, dass sie ihn wegen irgendwas kritisieren wollte.

„Immer musst du mich wegen irgendwas kritisieren! Was kann ich denn dafür, dass die Scheißkarre kaputt ist", erregt sich Adam. – „Endlich siehst du ein, dass es eine Scheißkarre ist!", frohlockt Jan. – „Halt du dein Maul!", faucht Adam Jan an. – „ADAM!", faucht Tigra Adam an. Und nach einem Stimmungswechsel, den in dieser Form und Geschwindigkeit wohl nur eine Frau hinkriegen kann, ergänzt sie kleinlaut: „Du hättest mir ja Bescheid sagen können, dass du so spät kommst, dann hätte ich einfach später zu kochen angefangen." – „Ja, sorry, hab ich nicht dran gedacht. Ich hatte ja nicht ahnen können, dass die Idioten nicht in der Lage sind, mir ein Ersatzauto zur Verfügung zu stellen." Das Elektroauto-Angebot verschweigt er mal lieber. – „Und jetzt bist du wieder mit dem Zug zurückgefahren?" – „Ja, verdammt. Und morgen früh muss ich nochmal mit dem Zug fahren." – „Wann kriegen wir denn das Auto endlich wieder?" – „Wenn alles gut geht – morgen Abend", antwortet Adam. – „Gott sei Dank!", freut sich Tigra.

Jan schüttelt innerlich den Kopf. Seine Mutter wirkt, wie wenn sie dem Tod geweiht wäre, nur weil sie mal zwei Tage lang kein Auto im Haushalt haben. „Papa", schaltet er sich schließlich ins Gespräch ein, „was hältst du denn davon, morgen mit dem Fahrrad ins Büro zu fahren?" – „Hä? Ist das dein Ernst?" – „Na klar! Von Naturns bis nach Meran geht es doch nur bergab!" – „Stimmt, Schlaudi Schlumpf, aber auf dem Rückweg geht es nur bergauf, darüber auch schonmal nachgedacht?" – „Stimmt, Papa Schlumpf, auf dem Rückweg geht es bergauf. Aber da hast du ja das Auto wieder und kannst das Fahrrad in den Kofferraum packen." – „Hm. Da ist was dran." Jan kann es nicht fassen, dass sein Papa an diese Option gar nicht gedacht hatte. „Dann kannst du auch endlich mal wieder ein paar Kilometer für den Fahrradwettbewerb eintragen, ohne viel dafür tun zu müssen", setzt Jan noch eins drauf. Aber das hat für den Vater offenbar keine hohe Priorität, er ist gleich wieder in den gewohnten Schlechte-Laune-Modus gewechselt: „Dein Fahrradwettbewerb geht mir am Arsch vorbei!" – „Adam!" – „Ist ja gut." – „Ja, ist echt gut, wenn du morgen Fahrrad fährst. Heute Zug, morgen Fahrrad – Papa, aus dir wird noch ein richtig moderner, nachhaltiger Mensch!" – „Halt's Maul", würde Adam gerne sagen. „Und ab morgen Abend hab ich endlich wieder ein Auto. Dann wird aus mir wieder ein glücklicher Mensch", sagt er stattdessen.

„Bin ich jetzt ein glücklicher Mensch, weil ich sie endlich gesehen habe?", fragt sich Otto. „Oder bin ich ein unglücklicher Mensch, weil sie gerade nicht bei mir ist?" Sollte er ihr schreiben? Handynummer hat er ja. Er wüsste schon, was er ihr schreiben könnte. Aber er will auf keinen Fall aufdringlich wirken. Er will erstmal abwarten, ob sie überhaupt auch Interesse an ihm hat. „Wenn Sie Interesse an mir hat, wird sie hoffentlich bald schreiben", denkt er sich und blickt erwartungsvoll auf sein Handydisplay.

„Wenn er Interesse an mir hat, wird er ja hoffentlich bald schreiben", denkt sie sich und blickt erwartungsvoll auf ihr Handydisplay. Aber er schreibt nicht. Enttäuscht geht sie ins Bett.

Sie schreibt nicht. Enttäuscht geht er ins Bett.

Schloss Juval und Castelfondo

Es gibt Tage, da fällt es Ramon morgens sehr schwer, sich fürs Radfahren zu begeistern. Wenn er unausgeschlafen ist, die Außentemperatur niedrig ist und der innere Schweinehund stark ist, dann vergehen vom ersten Weckerklingeln bis zum Aufstieg auf den Rennradsattel schon einmal eineinhalb Stunden. Heute ist so ein Tag. Aber er kann heute nicht kneifen. Heute ist der letzte Tag, an dem er nochmal ordentlich Kilometer für den Fahrradwettbewerb sammeln kann. Der morgige Sonntag ist mit der Freundin verplant, am Montag und Dienstag ist er auf Dienstreise, dann ist der Wettbewerb vorbei. Er würde lieber ausschlafen, zu Hause bleiben, nichts tun, aber der Fahrradwettbewerb treibt ihn aus dem Bett. Wahrscheinlich ist irgendwo da draußen ein anderer Rennradfahrer, der auch gerade die letzte Chance nutzt, Kilometer für den Fahrradwettbewerb zu sammeln.

Günther will heute die letzte Chance nutzen, Kilometer für den Fahrradwettbewerb zu sammeln. Morgen, Montag und Dienstag muss er lange arbeiten, und das Pendeln mit dem Fahrrad wird mittlerweile durch die fortschreitende Dunkelheit erschwert, sodass er zwischen Bozen und Brixen meist auf den Zug zurückgreift.

Heute ist irgendwie zu viel Müdigkeit, Kälte und Schweinehund im Spiel, als dass er sich gleich in Bozen auf den Sattel setzen würde. In der morgendlichen Frische und Nässe steuert er sein Rennrad deshalb vorerst nur zum Bahnhof und steigt in den Zug nach Meran. Es freut ihn, dass er im Zug noch ein kurzes Nickerchen machen kann, statt schon vor Meran Kraft aufwenden zu müssen.

Zwischen Vilpian und Gargazon schreckt er auf: Der Zug hat gerade einen Rennradfahrer mit einem gelben Helm überholt. War das nicht der junge Mann, mit dem er sich Ende Juni am Pordoijoch unterhalten hatte? Ziemlich sicher war er das. Der ist heute also auch wieder unterwegs. Vielleicht begegnen sie sich ja später im Vinschgau.

Ramon wollte heute eigentlich in den Vinschgau radeln, schnell und einfach Kilometer sammeln. Aber im Vinschgau war er heuer schon mehrmals, im Ultental war er das ganze Jahr noch nicht. Und die 1998 eröffnete Straße vom Ultental nach Proveis und Laurein, die ist er noch gar nie gefahren. Also soll das seine Tour heute werden. Von Laurein dann anschließend rüber nach Fondo und je nach Lust und Laune entweder über Gampenpass oder Mendelpass zurück. Wie auch immer er am Ende fahren wird, am Anfang geht es erstmal geradeaus an der Etsch entlang.

Der Zug fährt geradeaus an der Etsch entlang. Anna hat gerade noch so einen Sitzplatz gekriegt. Die Vinschgaubahn, jahrzehntelang vernachlässigt und von der italienischen Staatsbahn schließlich stillgelegt, unter Südtiroler Regie aus dem Dornröschenschlaf erweckt und wieder in Betrieb genommen, wird allmählich zum Opfer ihres eigenen Erfolgs. Fast zwei Millionen Fahrgäste sind hier jedes Jahr unterwegs. Die Dieseltriebwagen sind zu klein, um sämtliche Menschen und Fahrräder zu befördern, die gerne mitfahren würden. Ein weiterer Ausbau und eine Elektrifizierung sind notwendig und werden in den nächsten Jahren erfolgen.

Ein Ausbau des Radwegenetzes in Meran ist notwendig und wird in den nächsten Jahren erfolgen. Die neue Stadtregierung hat sich zum Ziel gesetzt, Meran zu einer fahrradfreundlichen Stadt zu machen. „Da haben sie noch viel vor sich", denkt sich Günther, der am Ende der Schießstandstraße vor einer Betonwand steht. Auf der anderen Seite der Betonwand rauscht der Verkehr auf der MeBo, auf der anderen Seite der MeBo ist der Radweg, den er sucht. Er hat wohl einen Abzweig verpasst.

Fast hätte sie den Abzweig verpasst. Aber das hier ist ja schon der Latschander Waalweg, auch wenn es anfangs noch nicht nach Waalweg aussieht. Der Einstieg vom Bahnhof Latsch war kurz und schmerzlos, jetzt wandert sie steigungsfrei am Hang entlang. Ein sehr schöner Waalweg, teilweise durchaus anspruchsvoll trassiert, und bei weitem nicht so überlaufen wie seine Geschwister in Marling und Verdins. Anna will heute die Sonnenstrahlen am Sonnenberg genießen und am Hang entlang nach Schloss Juval wandern.

Otto würde so gerne die Sonnenstrahlen am Sonnenberg genießen, während er dort mit Anna wandern geht. Oder mit ihr Fahrrad fährt. Oder irgendwas anderes machen. Hauptsache nicht den Samstag mit seiner Dissertation am Laptop verbringen. Aber es ist mal wieder eine Wochenendschicht fällig, er muss vorankommen. Ende Oktober soll er eine Veröffentlichung für ein Transport Journal abliefern, bis dahin muss er ein paar Auswertungen fertig haben. In die EURAC fahren und dort arbeiten ist meist effizienter als daheim am Schreibtisch bleiben. Daheim wäre zwar bis zum Abend die Wohnung aufgeräumt und alle Facebook-Nachrichten der vergangenen Tage wären beantwortet, aber mit der Arbeit würde er wieder keinen Meter weiterkommen. Und er müsste die Wanderung mit Anna, die für morgen geplant ist – ihre erste gemeinsame! – absagen. Also setzt er sich aufs Rad und strampelt los Richtung Büro. Vor dem Kreisverkehr am Siegesplatz folgt er rechts dem Radweg Richtung Talferufer.

Am Kreisverkehr, wo die alte silberne Kabine der Vigiljoch-Seilbahn hängt, biegt Ramon rechts ab Richtung „Proveis 29 km, Laurein 34 km". Das klingt überhaupt nicht viel, aber bis dahin muss er noch einige Höhenmeter überwinden. Die erste Serpentine kommt gleich neben der Seilbahn-Talstation. Nach dem Abzweig zum Brandis-Waalweg steht ein Warnhinweis, dass drei weitere Serpentinen folgen.

Ein Warnhinweis, dass jetzt sieben Serpentinen folgen, ist auf Fahrradwegen eher selten. Mit Miniatur-Straßenschildern durchnummerierte Serpentinen gibt es auf Radwegen wahrscheinlich überhaupt nur ein einziges Mal, nämlich zwischen Forst und Töll auf dem Vinschgau-Radweg. Eigentlich sind es ja nur sechs Serpentinen, Nummer vier ist eine normale Kurve, aber das ändert nichts an der Einzigartigkeit dieses Radweg-Abschnitts. Die meisten Radtouristen kennen diesen wunderbaren Abschnitt nur bergab. Vor dem Beginn der Abfahrt gibt es die Möglichkeit, durch eine mit Palmen bepflanzte Allee zum Rastplatz mit den überdimensionierten hölzernen Aussichtsliegen zu gehen, an dem Otto im letzten Kapitel eine kurze Pause eingelegt hatte. Mit tollen Blicken auf das Meraner Becken, vorbei an einem weiteren liebevoll gestalteten Rastplatz, geht es danach in engen Kurven durch die Obstplantagen bergab. Der Abfahrtsschwung reicht aus, um sich bis zur alten Holzbrücke in Forst rollen zu lassen, man muss sich nur einmal kurz bücken, um unter der 2,30 Meter „hohen" Rohrleitungsbrücke hindurchzugleiten.

Günther muss sich auch ein bisschen ducken unter den Rohrleitungen. Aber Schwung holen und rollen lassen geht heute leider nicht, er ist nämlich in der Gegenrichtung unterwegs. Am Serpentinen-Warnhinweis macht er eine kurze Fotopause, bevor er sich weiter bergauf quälen wird. Die roten, von der Nacht noch feuchten Äpfel leuchten in der morgendlichen Sonne. Günther fokussiert den leuchtenden Apfel, im Bildhintergrund sieht man etwas verschwommen zwei Rennradfahrer bergauf fahren. Er packt die Kamera wieder in den Rucksack, schwingt sich auf den Sattel und nimmt die Verfolgung auf, die beiden anderen sind allerdings deutlich schneller unterwegs als er.

Ramon wird von drei Oldtimern überholt, die deutlich schneller unterwegs sind als er. Dennoch gewinnt auch er schnell an Höhe. Bei der km-1-Tafel ist er schon deutlich höher als der Talboden. Im Rechtsbogen am Schloss Braunsberg vorbei, danach folgt schon wieder eine Serpentine. Die Apfelbäume neben der Straße werden zunehmend von Weinreben abgelöst. Nach der km-2-Tafel folgt eine Serpentine nach links. Ramon passiert eine kleine, an die Straße angehängte, überdachte Betonplattform, die aus der Ferne aussieht wie eine Bushaltestelle, sich bei näherem Hinsehen aber als Obstverkaufsbude entpuppt. Die Bushaltestelle folgt direkt oberhalb. Serpentinen gibt es jetzt erstmal keine mehr, aber auch oberhalb der Serpentinen führt die Straße ins Ultental weiterhin bergauf.

Auch oberhalb der Serpentinen führt der Radweg in den Vinschgau weiterhin bergauf. Der Weg verläuft kurz neben der Straße, bevor man diese unterquert. Ein mit vollen Apfelkisten beladener Traktor liefert sich mit Günther ein Kopf-an-Kopf-Rennen. Hinter dem Traktor fährt ein Tesla. Dass dieses elektrisch betriebene Auto geräuschlos den Vinschgau hinaufgleitet, geht im Lärm und Gestank des alten Traktors völlig unter. Solange die Traktoren mit lauten Dieselmotoren unterwegs sind, macht es keinen Unterschied, ob hinter ihnen ein schweigsamer Tesla oder ein lärmender Ferrari fährt. Wenn Elektrifizierung des Verkehrs, dann konsequent, inklusive Landwirtschaft, Bauwirtschaft und Pistenraupen, sonst wird es auch in Zukunft laut sein – so lautet Günthers Fazit, nachdem er sich auf dem relativ monotonen Wegabschnitt zwischen Töll, Rabland und Plaus Gedanken über Elektrofahrzeuge gemacht hat.

Zweirädrige Elektrofahrzeuge kommen ihm ständig welche entgegen. Warum man einen unterstützenden Elektromotor braucht, um bergab durch den Vinschgau zu fahren? Günther weiß es nicht. Es sind nicht nur Leute in seinem Alter, es sind auch deutlich jüngere, die ihm entgegensurren. Überholungen muss er keine fürchten, die Elektroräder sind schließlich bei 25 km/h abgeriegelt, das schafft Günther im Vinschgau auch ohne Zusatzmotor. Und er muss auch tatsächlich relativ schnell fahren, damit es warm bleibt. Seit Töll, also seit der Radweg an der Etsch entlangführt, friert er ein bisschen. Liegt das daran, dass es nun weniger steil ist und man sich weniger anstrengen muss? Ist es der Fluss, der die Kälte vom Reschenpass mitbringt und an die Umgebungsluft verteilt? Oder ist es einfach der Blick auf die schneebedeckten Gipfel im Hintergrund, der sich seit Töll bietet und winterliche Gefühle weckt? Wahrscheinlich eine Mischung aus alldem.

In Plaus bleibt Günther kurz stehen und liest eine Infotafel. Früher war der Ort aufgrund ständiger Überschwemmungen anscheinend als Klein-Venedig bekannt. Dass Plaus in zwei Wochen als Siegergemeinde des Südtiroler Fahrradwettbewerbs bekannt werden wird, kann Günther noch nicht wissen.

Dass er den steilsten Abschnitt noch vor sich hat, kann Ramon noch nicht wissen. Gut 500 Höhenmeter hat er aber schon hinter sich. Mit Blick auf die

Kirche von St. Pankraz führt die Straße nun kurzzeitig bergab, Zeit zum Durchschnaufen. Bei der Fahrt über eine 160 Meter lange Betonbrücke blickt Ramon links auf einen Hügel mit einem quadratischen Steinturm. Kurz vor dem Ortszentrum kürzt eine weitere Brücke den früheren Straßenverlauf ab, den man noch in der Landschaft und an einem kurzen Tunnel erkennen kann.

Im weiteren Verlauf der Ultentalstraße folgen mehrere Tunnels. Den schrittweisen Ausbau der Straße haben manche von ihnen bislang überlebt. Sie sind vergleichsweise schmal und wollen so gar nicht ins moderne Bild des Südtiroler Straßennetzes passen. Die am oberen Wandbereich angebrachten Wellplatten sollen wohl verhindern, dass sich Busse und Lkws am harten Tunnelstein verletzen, wenn sie zu weit außen fahren.

Kurz vor St. Walburg ist der Abzweig nach Proveis und Laurein erreicht. Die Tafel zur „Hotel-Route" will so überhaupt nicht passen zu den Kühen, die direkt dahinter auf der Wiese stehen. Dass es im idyllischen, bergbäuerlich geprägten Ultental überhaupt Hotels gibt, ist ja schon eine Überraschung. Aber dass es eine gelbe, eine grüne, eine braune, eine orange und eine blaue Hotelroute gibt, das ist einigermaßen absurd.

Es ist einigermaßen absurd, ganz alleine auf weitem Flur im EURAC-Gebäude zu sitzen und auf seiner Laptoptastatur rumzuhämmern. Aber Otto genießt die störungsfreie Arbeitsatmosphäre, transkribiert Interviews und aktualisiert seine Citavi-Datenbank. Wehmütig gleitet sein Blick aus dem Bürofenster Richtung Schlern. Heute mit der Seilbahn auf die Seiser Alm fahren und mit Anna auf den 2.563 Meter hohen Schlern wandern, das wäre toll.

Heute mit der Schnalstaler Gletscherbahn auf 3.212 Meter Höhe fahren und ein paar Schnee- und Eisfotos schießen, das wäre toll. Also hat es sich Günther fest vorgenommen. In Naturns abzweigen und durch das Schnalstal hinauf bis nach Kurzras, dort Fahrrad anschließen und mit der Seilbahn in die Höhe, das war sein Ziel. Anfang September sind das Schnalstal und seine Straße relativ leer, auch auf dem Gletscher hat die Skisaison noch nicht begonnen. Gleichzeitig sind die Hänge sehr schön, weil sich die Bäume vereinzelt schon ihr Herbstkleid angezogen haben. Der Einstieg ins Schnalstal erfolgt aber durch einen ätzenden Tunnel. Etwa 1.100 Meter lang, deutlich ansteigend, ohrenbetäubend laut und lungenkrebserregend stinkend, wenn mehrere Lkws, Motorräder und Autos gleichzeitig im Tunnel sind.

Günther fragt sich, ob man den Schutz vor Steinschlag nicht auch in den Griff kriegen kann, ohne dass man sämtliche landschaftlich herausragende Straßen Südtirols im Berg versteckt. Was war es für Touristen früher so aufregend, wenn sie nach quälend langer Autobahnfahrt endlich in den Bergen angekommen sind und in die wilde alpine Felsenwelt von Schnalstal oder Eggental eintauchen konnten. Alles vorbei. In langweiligen Röhren müssen sie sich jetzt einen Eindruck bilden von dem Tal, in dem sie die nächsten zwei

Wochen verbringen werden. Und erst die Radfahrer. Für sie sind die Talauffahrten nicht nur langweiliger geworden, sondern vor allem gefährlicher und unangenehmer. Statt in langsamem Tempo die Steilwände zu genießen, sehnen sie jetzt klaustrophobisch verängstigt die Freiheit, das Licht und die gute Luft am Ende des Tunnels herbei. Schnals- und Eggental sind nicht die einzigen Tunnelbauten der letzten Jahre. Leifers und St. Jakob, Naturns und Staben, Mühlbach und St. Lorenzen: Die Sektion Tunnels der Abteilung Straßendienst der Südtiroler Landesverwaltung ist mittlerweile mit der Wartung von 206 Tunnels, die zusammen 61 Kilometer lang sind, beschäftigt. Tendenz steigend. Die Straße nach Kastelruth wurde kürzlich verlangweilt, die wunderbare Straße ins Sarntal ist als nächstes dran, auch am Küchelberg in Meran wird es nicht mehr lange dauern. Bald wird ganz Südtirol untertunnelt sein.

Günther denkt nicht nur über ausufernden Tunnelbau nach, sondern auch darüber, vielleicht doch das Verbotsschuld zu ignorieren und auf der alten Straße ins Schnalstal zu fahren. Bis zu 16 % Steigung, nur kurze Tunnels, steile Felswände. Eine herausragende technische Meisterleistung unserer Vorfahren, ja geradezu ein Kulturgut. Ein Traum für Radfahrer, allerdings mittlerweile voll von heruntergefallenen Steinen, und in den Tunnels verstecken sich Schafe und Ziegen. Zumindest war das vor ein paar Jahren so, als Günther zum letzten Mal die alte Straße geradelt ist. Heute geht er das Risiko nicht ein. Er entscheidet sich spontan gegen das Schnalstal und für Schloss Juval. Eine fast verkehrsfreie, steile Auffahrtsstraße mit schönen Ausblicken und oben ein Schloss, das er bislang nur von außen kennt.

Günther wendet sich vom Tunnelportal der Schnalstalstraße ab, radelt ein paar Meter entlang der gewohnt stark befahrenen Vinschgau-Staatsstraße und biegt dann gleich rechts auf den Großparkplatz ab. Im Vinschger Bauernladen, der fast ein Supermarkt ist, kauft er sich einen Apfelsaft als natürliches Dopingmittel vor der Auffahrt. Als er den Laden verlassen will, muss er kurz warten und einer dreiköpfigen Familie die Tür aufhalten.

Ein älterer Mann in eng anliegendem Fahrradtrikot ist so nett, ihnen die Tür aufzuhalten. Adam, Tigra und Jan betreten den Bauernladen und wundern sich über das umfangreiche Sortiment. Sie haben noch zehn Minuten Zeit, bis der nächste Shuttlebus nach Juval startet. Zeit, ein paar Äpfel für unterwegs und eine Flasche Wein für den Abend zu kaufen. „Aber Schatz, du weißt, dass wir den Wein dann den ganzen Tag mit uns rumschleppen müssen?" – „Was heißt wir? Den Rucksack werde ich wie immer alleine schleppen müssen!" – „Mama, Papa, jetzt streitet nicht schon wieder, beeilt euch mal, der Bus fährt gleich!" Jan kann seine Vorfreude auf die Busfahrt nicht verbergen. Es kommt selten vor, dass er mit seinen Eltern Bus fahren kann. Und dann auch noch auf so einer schönen steilen Straße mit engen Kurven. Meistens zwingen sie ihn in das kleine Auto, wo er seinen Eltern beim Streiten zuhören muss, statt aus einem großen Busfenster die Berge anschauen zu können.

Die letzte Busfahrt war letztes Jahr bei einer Wanderung im Ultental. Weil sie im starken Regen nicht zum Auto in St. Gertraud zurückwandern wollten, hatten sie sich für Linienbus statt Höfeweg entschieden. Und was hat Adam damals gemeckert über den Bus. „Die fast lilane Wandverkleidung erinnert mich eher an ein Hustenbonbon als an ein seriöses Verkehrsmittel. Die hässliche Plastikschale, an die der Vordersitz montiert ist, drückt gegen meine Knie. Der Bus ist nicht nur hässlich, der tut sogar weh. Wo sind denn Gepäcknetz, Mittelarmlehne und Mülleimer? Gibt es hier keine bequemeren Sitze? Was ist denn das für ein lächerlicher Beinabstand?" So ging das die ganze Fahrt. Jan hatte versucht, ihn zu besänftigen, er hatte von seinem Schulausflug auf den Ritten erzählt, wo sie mit einem total bequemen Bus gefahren sind, der sogar einen Holzboden hatte. Aber Adam wollte ihm kein Wort glauben, er war überzeugt, dass überall in Südtirol diese hässlichen, klappernden Plastikkisten unterwegs sind.

„Jan, träum nicht rum, wir müssen raus zum Bus!" Sein Vater weckt ihn aus den Bus-Träumereien und macht ihn darauf aufmerksam, dass draußen gerade der Shuttlebus angekommen ist. Ein alter, gelber, ziemlich kurzer Iveco-Bus. Euro 6-Abgasnorm erfüllt der sicher keine, aber bequemere Sitze als die neuen Iveco-Busse hat er garantiert.

Ramon wird von einem Bus überholt. Sieht nach einem Reisebus mit bequemen Sitzen aus, scheint aber der Linienbus nach Proveis und Laurein zu sein. Während der Bus scheinbar mühelos bergauf fährt, quält sich Ramon die steile Rampe hinauf. Die Straße Richtung Proveis führt von Anfang an relativ steil aufwärts, das Knacken der 1.000-Meter-Marke ist eine Frage von wenigen Minuten. Ein 60 Meter langer Tunnel und die ersten beiden Serpentinen sind schnell erreicht. Tunnel 2 ist 1.064 Meter lang. Kleine Gucklöcher an der linken Seite lassen ein bisschen natürliches Licht in den Tunnel, die Steigung lässt in der Tunnelmitte nach. Zum Glück ist hier so wenig Verkehr, dass man sich als Radfahrer nicht durch Lärm und Abgase bedroht fühlt. Tunnel 3 ist kurz. Auf der anderen Seite des Tunnels fängt es an zu regnen. Das hätte nicht sein müssen. Und auch Tunnel 4 hätte nicht sein müssen. Dieser 1.712 Meter lange Tunnel unterquert das 1.781 Meter hohe Hofmahdjoch und überwindet dabei auch noch fast 100 Höhenmeter. Eine gefühlte Unendlichkeit strampelt Ramon durch die enge Röhre bergauf und spürt, wie sein Puls schneller schlägt. Hoffentlich ist er bald wieder draußen.

Abgesehen von den beiden langen Tunnels mag er diese Straße. Auch 17 Jahre nach der Eröffnung wirkt sie teilweise noch wie neu, nur auf der Abfahrt nach Proveis musste der ansonsten tadellose Asphalt stellenweise schon ausgebessert werden. Besonders gut gefällt Ramon der Abschnitt durch die urwüchsige Natur im Marauntal, in das eigentlich eine geschotterte Forststraße besser passen würde als eine Asphaltstraße. Aber nie wieder wird Ramon diese schöne Straße in Nord-Süd-Richtung befahren. In die Gegenrichtung, wenn man die Tunnels bergab fahren kann, macht sie sicher deutlich mehr Spaß.

Auf der steilen Abfahrt Richtung Proveis gibt keine Tunnels mehr, aber auch keinen wilden Bach mehr neben der Straße. Durch dichten Nadelwald und ab und zu mit Blicken auf die Höfe und Häuser von Proveis geht es bergab. Nach einem alten Mühlrad ist der Abzweig ins Ortszentrum erreicht. Ramon lässt ihn rechts liegen und fährt weiter bergab Richtung Laurein. 28 Kilometer hat er seit Lana zurückgelegt und seitdem einige Schweißtropfen vergossen.

Günther hat seit dem Parkplatz etwa 100 Höhenmeter zurückgelegt und einige Schweißtropfen vergossen. Unvorstellbar, dass er unten an der Etsch noch gefroren hatte. Die einspurige Straße ist sehr steil, aber wunderschön. Beeindruckend, dass man auf diesem steilen felsigen Hang überhaupt eine Straße anlegen konnte. Immer wieder blickt man in den Vinschgau und hinüber zu den schneebedeckten Gipfeln über Martell und Sulden.

Gerade ist er am Weingut Unterortl vorbeigefahren, als er hört, dass sich von hinten der Shuttlebus nähert. Links der Straße ist ein Streifen, auf den er ausweichen kann. Im vorbeifahrenden Bus erkennt er die Familie wieder, der er vorhin die Tür aufgehalten hatte.

„Papa, das ist doch der Radfahrer, der uns vorhin die Tür aufgehalten hat!" – „Ja, kann sein." – „Krass, der fährt da mit dem Fahrrad hoch!" – „Der hat bestimmt ein Elektrofahrrad." – „Nein, Papa, hat er nicht. Das war doch ein Rennrad." – „Vielleicht hat er ja ein Rennrad mit Elektromotor." – „Nein, hat er nicht!"

Tigra schaltet sich ein: „Also ich würde hier auf jeden Fall nur mit einem Elektrofahrrad hochfahren." – „Mama, bist du überhaupt schonmal Elektrofahrrad gefahren?" – „Nein, noch nie. Aber würde ich eigentlich gerne mal ausprobieren." – „Ich auch!!"

Adam dämpft die Erwartungen seines Sohns: „Komm schon, Jan. Du bist noch jung genug, um ohne Elektromotor einen Berg hochzukommen." – „Trotzdem! Wir können doch heute Nachmittag Elektromotor-Fahrrad fahren!" – „Das geht nicht, Jan. Ich hab doch extra einen Kuchen für heute Nachmittag gebacken, wir werden heute den Nachmittag zu Hause verbringen." Während Tigra ihrem Sohn die Radtour-Idee aus dem Kopf schlagen will, hat Jan bei seinem Vater einen Nerv getroffen: Der Südtiroler Fahrradwettbewerb. Der hört ja am Dienstag auf. Und plötzlich scheint er ihn doch zu interessieren. Bedingt durch die Autopanne ist er ja in letzter Zeit ein bisschen Fahrrad gefahren, einmal sogar morgens von Naturns nach Meran ins Büro. Aber es waren insgesamt trotzdem nur 61 Kilometer, die er seit März geradelt ist. Knapp 40 Kilometer fehlen ihm also noch, wenn er gewinnberechtigt sein will. Heute Nachmittag ist vermutlich die letzte Chance, die Kilometer zu schaffen. Anfangs hatte Adam ja überhaupt keine Lust auf diesen blöden Wettbewerb. Aber auf etwas gewinnen können hat er schon Lust, jetzt, wo er eh zum Radeln gezwungen wurde.

Der Bus ist oben angekommen. Von der Endstation des Shuttlebusses müssen sie noch ein paar Minuten zu Fuß bergauf gehen, dann erreichen sie den Schlosseingang. Sie schaffen gerade noch so die Führung um 11:45 Uhr.

Die 11:45 Uhr-Führung hat er nicht mehr geschafft. Aber um 12 Uhr gibt es nochmal eine deutschsprachige Führung. Günther kauft sich ein Ticket und geht hinauf zum Schlosseingang. Er ist heute der Einzige, der sich für die Führung um 12 Uhr interessiert. Er kriegt also eine Privatführung, und zwar von einem sehr netten und kompetenten Mann, der anscheinend mit Reinhold Messner befreundet ist. Die Tour führt durch die Privaträumlichkeiten der Familie Messner, vorbei an seiner beeindruckenden Privatbibliothek, an Kunstwerken aus der ganzen Welt, an drei Kisten Forst und an selbstgemachten Säften.

Durch das Schaufenster erkennt er drei Kisten Forst und verschiedene Säfte, aber der Laden hat schon geschlossen. Also muss Ramon vorerst mit den Getränkevorräten auskommen, die er noch dabei hat. Laurein ist kleiner und stiller als er es in Erinnerung hatte. Er schaut kurz auf Wikipedia nach, wie klein: 340 Einwohner hat die Gemeinde, davon 0 Ausländer. Laurein ist die einzige der 116 Südtiroler Gemeinden, in der keine Ausländer ansässig sind.

Ramon packt sein Smartphone, diesen Unnützes-Wissen-Generator, wieder in die Trikottasche und fährt weiter. Nach dem Ort geht es weiterhin bergauf. Neben einem Hof steht ein etwas verlassenes Bushaltestellenschild, hier wendet der Bus aus dem Ultental. Hinüber ins Trentino gibt es keine Linienbusse. Aber Ramon und sein Fahrrad fahren hinüber ins Trentino. Die Auffahrt strampelt er relativ gleichmäßig ab, nur das Steilstück unterhalb von Laurein hatte ihm zu schaffen gemacht. Nach langer Abfahrt urplötzlich steil bergauf, das macht ihm immer zu schaffen.

Das mit den 100 Kilometern macht ihm zu schaffen. Wo können sie hinfahren, damit er die 100 Kilometer zusammenkriegt? Adam steht im Juvaler Museumsshop und klappt eine Radwanderkarte auf, die man hier kaufen kann. Angenommen, man würde heute Nachmittag tatsächlich E-Bikes ausleihen… Es muss ja nicht gleich das Stilfser Joch sein… Aber Schnals? Nein, da ist der lange Tunnel am Anfang. Aschbach? Hm, die Abfahrt ist für Jan vielleicht zu gefährlich. Martell? Ja, das könnte doch eine Idee sein! Zum Nationalparkhaus in Martell. Mit dem E-Bike dürfte das ja kein Problem sein. Er zählt die Kilometerbalken auf der Karte. Das müssten etwa 23 Kilometer pro Richtung sein. Das wäre doch… „Adam! Kommst du?“ – „Gleich, Schatz!“ – „Was machst du denn da mit der Karte?“ – „Ich schaue, wo wir heute Nachmittag hinradeln könnten.“ – „Spinnst du, du willst ernsthaft jetzt noch einmal Fahrräder…" – „Au ja, Papa!! Lass uns Rad fahren!" – „Weißt du Schatz, ich bin doch bei diesem Fahrradwettbewerb registriert…"

Tigra ist alles andere als begeistert: „Bislang ging dir dieser Fahrradwettbewerb doch immer am Arsch vorbei. Ich dachte, dass wir jetzt gemütlich beim Schlosswirt essen gehen und dann heute Nachmittag zu Hause ein Brettspiel spielen und Kuchen essen. Ich hab doch extra den Kuchen gebacken." – „Der Kuchen ist morgen sicher auch noch gut, das Wetter ist nur heute gut", entscheidet er, klappt die Karte zusammen und verlässt mit einem überglücklichen Sohn und einer wütenden Frau den Museumsshop. Just in dem Moment, wo sie herauskommen, geht der Rennradfahrer vorbei, den sie im Bauernladen gesehen hatten.

Just in dem Moment, wo er das Schlossgelände wieder verlassen will, kommt die dreiköpfige Familie aus dem Museumsshop, die er im Bauernladen und im vorbeifahrenden Bus gesehen hatte. Die Frau sieht irgendwie enttäuscht aus, hat ihr das Museum etwa nicht gefallen? Er grüßt kurz und will zu seinem Rennrad weitergehen, da spricht ihn plötzlich der Junge an: „Sag mal, sind Sie mit einem Elektromotor-Fahrrad hier hochgefahren?" – „Nein, ich habe ein Rennrad, ohne Elektromotor." – „Ätsch-bätsch, Papa, siehst du: Der Mann ist ohne Elektromotor hier hochgeradelt!" Widerwillig müssen sich die Eltern jetzt wohl auch in das Gespräch einschalten. „Oh ja, äh, Respekt. Da sind sie aber ganz schön fit, für –" – „Für mein Alter, meinen Sie?" – „Äh nein, natürlich nicht! Ich meine, sie sind ja nicht alt, also –". Adam ist dabei, sich um Kopf und Kragen zu reden, da kommt unerwartet seine Rettung: Eine attraktive junge Frau, vielleicht Mitte 20, nähert sich der Vierergruppe.

Anna hat das Ziel ihrer Wanderung, Schloss Juval, erreicht und sieht vor sich eine Gruppe von vier Personen. Vermutlich Opa, Vater, Mutter und Kind. Aber Moment mal, den Opa kennt sie doch. Woher nochmal? Ach ja genau, der hat ihr doch im Juni in Brixen in der Therme das Ticket verkauft. Kann das sein?

Kann das sein, dass er die junge Dame kennt? Irgendwie kommt sie ihm bekannt vor. Sie sieht aus, wie wenn sie sich gerade dieselbe Frage stellen würde. Und dann spricht sie ihn tatsächlich an: „Entschuldigung, kann es sein, dass wir uns kennen?" – „Ja, ich habe auch das Gefühl. Aber woher?" – „Arbeiten Sie in der Aquarena in Brixen?" – „Jaa, natürlich, sie waren dort mit einer anderen jungen Dame, richtig?" – „Ja, genau, wir kennen uns wohl aus der Therme. Ist das Ihre Familie?" – „Äh, nein, wir haben uns heute zufällig kennengelernt. Das ist –" Und jetzt geht die große Vorstellungsrunde los. Anna, Günther, Adam, Tigra, Jan. Sie unterhalten sich noch kurz, dann begibt sich Anna in den Museumsshop, um eine Eintrittskarte zu kaufen; Adam, Tigra und Jan gehen Richtung Shuttlebus und diskutieren, ob sie heute wirklich nochmal Fahrräder ausleihen sollen; Günther geht zu seinem Rennrad, das er hinter einem Holzschuppen versteckt hatte.

Die Passhöhe liegt im Wald versteckt. „Brezer Joch, Forcella di Brez, 1.397 m ü.d.M. / s.l.d.m." Für längere Zeit das letzte zweisprachige Schild, auf den nächsten Kilometern wird nurmehr italienisch geschrieben und gesprochen.

Die nächsten Kilometer führen steil bergab, nach Ramons Geschmack zu steil. Nach 1,8 Kilometern entdeckt er rechts der Straße einen kleinen Teich mit mehreren Rastplätzen. Ein netter Ort für eine Mittagspause? Mehr als das! Es handelt sich sogar um einen Aussichtspunkt mit Infotafel. Vom Aussichtspunkt blickt man auf Fondo – und auf den spektakulären weiteren Straßenverlauf. An weiße Wände gedrückt windet sich die Straße in engen Serpentinen den steilen Hang hinunter. Wow, sowas hätte er hier nicht erwartet.

Nach der Pause stürzt sich Ramon ins Vergnügen. Dieser geniale Passstraßenabschnitt zwischen Laurein und Castelfondo wird ihm noch lange in Erinnerung bleiben. Am Ende der Abfahrt zeigt der Wegweiser nach links Richtung passo Palade und passo Mendola, rechts Richtung passo Tonale. Ramon muss kurz nachdenken, dann fällt ihm ein, dass „passo Palade" ja der Gampenpass ist. Für den hat er sich mittlerweile entschieden. „Salobbi 0,7 km" geht auch nach links.

In Salobbi geht es weiter steil bergab. Ramons hohes Tempo passt nicht zur Gemütlichkeit des Ortes. Ein paar alte Männer und Frauen stehen am Straßenrand und schauen ihm interessiert hinterher. Das beliebteste Automodell im Ort ist anscheinend noch immer der alte Fiat Panda, natürlich in Weiß.

Hinter Castelfondo folgt schon wieder eine unerwartete, landschaftlich herausragende Passage. Gleich nachdem er das Schloss passiert hat, das dem Ort seinen Namen gegeben hat – aber leider in Privatbesitz und nicht zugänglich ist –, geht es links der Leitplanke steil hinab in die beeindruckende Schlucht des Torrente Novella. Fast senkrechte Felswände laden eigentlich zum Stoppen und Fotografieren ein, Ramon behält aber lieber seinen Schwung bei und rauscht bis hinab zur Straßenkreuzung. Dort gibt es links der Straße nochmal eine Art Panoramaplattform vor einer uralten Steinbrücke.

In weiten, breiten Kurven auf einer nun wieder deutlich stärker befahrenen Straße geht es anschließend wieder bergauf. Bald ist Fondo erreicht. Das schöne Ortszentrum schreit direkt nach einer Kaffeepause. Neben der Aussichtsplattform, wo man in den mitten durch den Ort führenden Canyon Rio Sass hinabblickt, schließt Ramon das Rennrad an und bewegt sich zielstrebig auf die benachbarte „Bar Café" zu. Hat sie geöffnet? Sieht von außen gar nicht so aus, aber das täuscht bei italienischen Bars oft. Er drückt die Eisenklinke runter, und siehe da, die schwere Gaststättentür öffnet sich. Am Tresen fünf Menschen und ein Hund, an einem der Tische ein Zeitung lesender alter Mann, hinter dem Tresen eine freundliche Frau um die 50, die ihm den Kaffeewunsch direkt aus dem Gesicht ablesen kann. „Eccellenza italiana dal

1912" steht auf der Kaffeemaschine. „Steal my Girl" von One Direction dröhnt aus irgendwelchen Boxen. Sechs Menschen und ein Hund glotzen ihn an.

Der junge Mann glotzt sie an, so einen Wunsch hat er scheinbar noch nie gehört. „Du willst auch ein Elektrorad?!" – „Jaaa, bitte bitte!" – „Wir haben aber leider keine Elektroräder in Kindergröße. Ich weiß nicht, ob es sowas überhaupt gibt." Ein enttäuschter Jan, ein schadenfroher Adam und eine nach wie vor nur an ihren Kuchen denkende Tigra stehen im Holzschuppen neben dem Naturnser Bahnhof und betrachten das Radsortiment. Nichts zu machen, Kinderfahrrad gibt es nur ohne Motor. Ein Kinderfahrrad ohne Motor gibt es aber auch zu Hause, dafür muss man keine Leihgebühr zahlen. Daheim steht auch der Kuchen. Adam ist aber plötzlich wie besessen von der E-Bike-Tour. „Wir wollten doch schon immer mal so ein Elektrorad ausprobieren!" – „DU wolltest schon immer mal sowas ausprobieren!" – „Du wolltest sowas auch mal ausprobieren." – „Aber nicht heute, wo ich Kuchen gebacken habe!" Jan muss mal wieder einspringen: „Mann, Mama, Papa, kriegt euch mal wieder ein. Ich renn jetzt einfach heim und hol mein Fahrrad, bis ihr eure Elektroräder ausgeliehen habt, bin ich wieder da." Die Eltern haben gar keine Zeit, verdutzt zu sein, er rennt schon los. „Sei vorsichtig!", ruft ihm seine Mutter hinterher. „Und vergiss deinen Helm nicht", eher leise zu sich selber. Jan ist schon außer Hörweite. Adam steht derweil am Verleihtresen und ist damit beschäftigt, sich den Mietvertrag durchzulesen.

Anna steht am Tresen und ist damit beschäftigt, sich das Getränkeangebot durchzulesen. Letztendlich bestellt sie doch wieder einen gespritzten Apfelsaft. Und ein Stück Kuchen. Nach der Wanderung hat sie sich das verdient. Sie kehrt immer wieder gerne in der Radbar ein, auch heute, wo sie mal ohne Fahrrad unterwegs ist. Zu ihrer Wohnung am Ortsrand von Naturns geht sie anschließend zu Fuß den Vinschgau-Radweg entlang.

Bis Goldrain sind sie den Vinschgau-Radweg entlang gefahren, mittlerweile strampeln sie auf der Straße ins Martelltal den Hang hinauf. Richtig strampeln muss aber nur Jan, für Adam und Tigra übernimmt der Elektromotor einen großen Teil der Anstrengung. „Das ist ja wie schweben!", freut sich Adam, „hätte nicht gedacht, dass Radfahren so viel Spaß machen kann!" – „Halt's Maul", denkt sich Jan, dem Radfahren gerade überhaupt keinen Spaß macht. „Wie viele Serpentinen sind das denn noch?", ruft er völlig außer Atem. „Ist doch völlig Wurscht!", antwortet sein schadenfroher Vater, „stell dich mal nicht so an!" Jan könnte ihn umbringen. Tigra, die zwischen den beiden fährt, versucht einmal mehr, zu vermitteln: „Komm schon, Adam, jetzt mach dich nicht lustig über Jan. Du weißt doch, wie gerne er auch mit einem Elektrofahrrad gefahren wäre." – „Er beschwert sich doch immer, dass er nicht Auto fahren will – jetzt fahren wir mal nicht Auto, und es ist ihm auch wieder nicht Recht. Er muss sich halt auch mal entscheiden, statt sich immer nur über alles zu beschweren, hahaha". Adam hat sichtlich Spaß. Jan hat sichtlich keinen Spaß.

„Riechst du das?", fragt Tigra ihren Mann. – „Was soll ich riechen?" – „Ich finde, es riecht nach Erdbeeren." – „Du meinst, bloß weil wir im Martelltal sind, riecht es nach Erdbeeren?" – „Riech doch mal selber!" Adam lässt sein Fahrrad ausrollen und atmet tief durch die Nase ein. „Mh, du hast recht, die Erdbeeräcker riechen wirklich!" Jan kommt nun auch angerollt, er hat das Gespräch der Eltern anscheinend mitgehört: „Siehst du, Papa: Wenn man nicht Auto fährt, dann nimmt man die schöne Landschaft und die Düfte der Umgebung viel besser war!" Er hat den Satz kaum vollendet, da rauscht ein alter Geländewagen an ihnen vorbei. Und hinterlässt einen Duft, der mit Erdbeeren so gar nichts zu tun hat. „Ja, wirklich toll, dass man diesen Duft jetzt besser wahrnehmen kann. Igitt!", glaubt Adam einen guten Punkt gemacht zu haben. – „Das Igitt müssen immer alle anderen einatmen, wenn DU Auto fährst!", weiß sich Jan zu wehren. – „Mensch, Kinder, geht das jetzt schon wieder los?", unterbricht Tigra. „Jetzt vertragt euch einfach mal, sonst brechen wir die Tour sofort ab und fahren nach Hause!" Zu Hause wartet ja schließlich noch der Kuchen.

Der Kuchen war echt lecker. Der Salatteller davor auch. Und das Buch ist auch gut. Aber jetzt muss sich Günther mal langsam vom Schlosswirt verabschieden und sich auf den Weg machen. Er will ja immerhin bis nach Bozen zurückradeln, vielleicht sogar noch mit dem einen oder anderen Schlenker.

Die Rückfahrt beginnt mit der Abfahrt hinunter zum Parkplatz an der Staatsstraße. Quasi verkehrsfrei, Ortlerblick, steil bergab. Es gibt Schlimmeres. Unten angekommen überquert Günther erst die Straße und dann auf einer Brücke die Etsch.

Vor St. Felix überquert Ramon auf einer Brücke das Koflertal. Die Auffahrt zum Gampenpass ist relativ sanft, und nach dem Abzweig in den Wallfahrtsort mit dem schönen Namen „Unsere Liebe Frau im Walde" ist auch schon relativ bald die Passhöhe erreicht. Es folgen jetzt 1.200 Höhenmeter Abfahrt, teilweise im Nebel, teilweise mit Aussicht. Die Gampenpassstraße gehört zu Ramons Lieblingsstraßen. Und das, obwohl sie fast keine Serpentinen hat. Unangenehm und gefährlich sind für Rennradfahrer nur die kurzen Kopfsteinpflasterpassagen in den alten Tunnels, bis auf zwei Tunnels sind die aber mittlerweile beseitigt. Ansonsten besteht kein Grund zur Beschwerde.

Am Abzweig nach Platzers bietet sich nach rechts ein schöner Blick auf Bozen, im Hintergrund thronen Schlern, Rosengarten und Latemar. Noch sind sie schneefrei, aber wahrscheinlich nicht mehr lange.

In Tisens wählt Ramon den Abzweg nach Prissian. Die Abfahrt von dort nach Nals ist die letzte für heute. Voller Vorfreude auf die warme Dusche öffnet er kurz darauf in Vilpian die Haustür. Im Stiegenhaus speichert er die geradelten Kilometer in der Fahrradwettbewerb-App. Die Ulten-Fondo-Gampen-Runde war 96 Kilometer lang. Damit hat er jetzt einen Gesamtkilometerstand von 6.048,0. Das war das letzte Mal, dass er Kilometer für den Südtiroler Fahrradwettbewerb 2015 eingetragen hat. 6.048 Kilometer ist Ramons Endstand. Das ist mehr, als er sich vorgenommen hatte – aber ob er damit gewinnen wird? Keine Ahnung. Vorerst ist er zufrieden mit sich und seiner Kilometerleistung.

Günther ist zufrieden mit sich und seiner Kilometerleistung. Von Meran nach Juval und zurück bis Bozen waren es 87 Kilometer. Damit hat er einen Gesamtkilometerstand von 6.044 Kilometern erreicht. „Schau mal, Schatz, ich hab jetzt insgesamt 6.044 Kilometer, mein Endergebnis für den Fahrradwettbewerb", präsentiert er stolz das Geleistete.

Seine Frau bricht nicht in euphorisches Lob aus, sondern fragt ganz nüchtern: „Hast du überhaupt die Kilometer eingetragen, die wir gestern Abend zur Hilde gefahren sind?" Günther erschrickt. „Nein, verdammt, die hab ich tatsächlich vergessen! Wie viele Kilometer werden das gewesen sein?" – „Es müssten ziemlich genau zwei Kilometer pro Richtung sein." – „Ja, das kommt hin. Ich trage einfach mal noch vier Kilometer ein, das wird schon passen. Damit bin ich also insgesamt 6.048 Kilometer geradelt." Das ist mehr, als er sich vorgenommen hatte. Aber ob er damit gewinnen wird? Keine Ahnung.

„Keine Ahnung." – „Aber du wirst doch noch wissen, ob wir auf dem Hinweg von da oder von da gekommen sind." – „Du weißt es ja anscheinend auch nicht mehr!" – „Ich bin aber auch hinten gefahren!" – „Und was macht das für einen Unterschied?" – „Mama, Papa, schaut mal, da ist ein braunes Schild!" – „Was für ein braunes Schild?" – „Na, die Radwegschilder sind doch braun!" – „Und wo zeigt das hin?" – „Nach da!" – „Wusste ich's doch!" – „Wusstest du nicht!!"

Auch wenn es nicht so klingt: Adam und Tigra genießen ihre Radtour. Und sie genießen die E-Bikes. Ein bisschen in die Pedale treten, elektrische Unterstützung zuschalten, und schon fährt das Ding 25 km/h. Vor allem Adam ist nach wie vor restlos begeistert von der Agilität seines Rads. Er hatte wohl noch nie mit einem anderen Verkehrsmittel als mit einem Auto so viel Spaß wie heute. Sein Ärger über das geschlossene Nationalparkhaus („Was sind denn das für Vollidioten! Die können doch nicht am Wochenende nachmittags zumachen, ausgerechnet am Wochenende, wenn die meisten Leute kommen!") ist mittlerweile verflogen. Was nicht an den Beruhigungs-Parolen seiner Frau („Ach komm schon, jetzt tu nicht so, wie wenn DU dich für die Geschichte der bäuerlichen Kulturlandschaft interessiert hättest!") zu tun hat, sondern mit dem Fahrtwind, dem sommerlichen Duft der Felder, dem glatten Asphalt des Vinschgau-Radwegs und natürlich der Serpentinen-Abfahrt aus dem Martelltal herunter. Er hat sich in die Kurven gestürzt, wie wenn er das jeden Tag machen würde. Und ist voller Begeisterung mitten auf der Straße gefahren, ohne mitzukriegen, dass hinter ihm ein Auto war, das verzweifelt versucht hatte, ihn zu überholen.

Mittlerweile sind sie nach insgesamt 47 Kilometern wieder zurück am Bahnhof Naturns und geben die Fahrräder ab. „Was meinst du, Tigra, sollten wir uns sowas nicht auch mal kaufen?“ – „Was jetzt genau?“ – „Zwei E-Bikes.“ – „Zwei E-Bikes?“, fragt Tigra ungläubig. „DREI E-Bikes!“, ruft Jan. – „Du bist noch jung genug, um selber treten zu können“, ermahnt ihn Adam, „hast du ja auf dem Weg hoch nach Martell bewiesen.“ Sollte das jetzt ein Lob sein, oder hat sich Adam wieder nur über seinen Sohn lustig gemacht? Vermutlich letzteres.

„Papa, wie viele Kilometer hast du denn jetzt?“, fragt Jan. – „Für den komischen Fahrradwettbewerb, meinst du? Die muss ich noch eintragen.“ 61 waren es vorher, jetzt kommen 47 dazu – macht 106 Kilometer. Er ist also tatsächlich gewinnberechtigt, obwohl er eigentlich erst angefangen hat Rad zu fahren, also sein Auto kaputt war.

Aber er könnte ja in Zukunft tatsächlich ein bisschen mehr Fahrrad fahren, auch wenn das Auto nicht kaputt ist. Die Idee mit dem E-Bike hat es ihm irgendwie angetan. Tigra wird er schon auch noch überzeugen. Bislang hat er sie noch immer überzeugen können, wenn er sich irgendwas in den Kopf gesetzt hat, das wird beim E-Bike nicht anders sein. Er würde tatsächlich gerne häufiger so schöne lange Radtouren machen wie heute. So viele Kilometer wie heute ist er auf jeden Fall schon lange nicht mehr an einem Tag geradelt.

So viel wie heute hat Otto schon lange nicht mehr an einem Tag abgearbeitet. Er hätte zwar lieber mit Anna die Wanderung mitgemacht und das Museum im Schloss Juval besucht. Aber er sieht sie ja morgen den ganzen Tag.

Bozen

Jetzt ist endlich was passiert. „Der geht! Scheiße, der geht!“, freut sich Andreas Pichler, als er den Beamer endlich zum Laufen gebracht hat. Die Abschlussveranstaltung kann beginnen.

Zwei Fahrradwettbewerb-Poster, zwei Meter hohe Fahrradwettbewerb-Aufsteller und zwei Frauen empfangen die 77 registrierten Besucher. Die Pressemappen liegen offen auf dem Tisch, das Buffet wird noch versteckt. Die Vertreter der erfolgreichsten Gemeinden, Unternehmen und Vereine sind ebenso eingeladen wie 24 Fahrradwettbewerb-Teilnehmer, die im Vorhinein ausgelost wurden und heute Abend jeweils einen Preis gewinnen werden. Verlost werden unter anderem ein Citybike und ein Radreise.

„Ein Citybike und eine Radreise?“ – „Ja, das sind die Hauptpreise.“ – „Und warum bist du dir so sicher, dass du was gewinnen wirst?“ – „Na, weil das schon feststeht, das steht doch in der E-Mail!“ – „Aber warum steht das fest? Warum solltest ausgerechnet du Autoliebhaber einen Preis bei einem Fahrradwettbewerb gewinnen?“ – „Na weil sie mich ausgelost haben. Ich werd ja wohl auch mal Glück haben dürfen!“ – „Ich gönn's dir ja, ich versteh's halt nur nicht.“ – „Du musst es ja auch gar nicht verstehen.“ Adam und Tigra sitzen im Auto. Wo auch sonst.

Die Veranstaltung geht von 17:15 bis 18:45 Uhr. Ideal für Tigra, da haben die Geschäfte noch offen und sie kann shoppen gehen, während Adam im Veranstaltungssaal darauf wartet, einen Preis zu gewinnen. Esprit, Zara, Fielmann – gedanklich geht Tigra schonmal ihre Reiseroute durch. Unterbrochen wird sie dabei von Adam, der neben ihr brüllt: „Scheiße, das darf doch nicht wahr sein!“ – „Was darf nicht wahr sein?“ – „Dass es auf diesem großen verdammten Siegesplatz nicht einen einzigen freien Parkplatz gibt!“ Von der Rücksitzbank ertönt ein wissendes „Tja, das kommt halt davon, wenn alle glauben, sie müssten mit dem Auto nach Bozen fahren.“ – „Halt's Maul!“ – „ADAM!“ – „Ist doch wahr! Wir ham das vorhin lange genug diskutiert, dass wir mit dem Auto fahren müssen." Kaum sitzt er wieder in seinem geliebten Auto, ist er wieder ein unausstehlicher, cholerischer Vollidiot, denkt sich Jan. „Wir haben überhaupt nicht diskutiert, du hast einfach bestimmt, dass du keine Lust auf den langsamen Zug hast!", sagt er um des Familienfriedens willen nicht, sondern dirigiert seinen Vater stattdessen ins nächste Parkhaus. Das nächste Parkhaus ist aber schon voll, sie müssen weiter zum übernächsten Parkhaus. „Ich würde ja viel häufiger nach Bozen zum Einkaufen fahren, wenn nicht immer diese lästige Parkplatzsuche wäre", sagt Tigra.

„Und die lästige Parkplatzsuche entfällt auch, wenn man häufiger mit dem Rad unterwegs ist." Adam und Jan hetzen verspätet in den Saal, als die Moderatoren wieder voll in ihrem Element sind, die Vorzüge des Radfahrens herauszustellen. Gut für die Luft, gut fürs Klima, gut für die Gesundheit, gut für den Geldbeutel. Adam kann's nicht mehr hören. Wie wenn es nicht reichen würde, dass ihm sein Sohn diesen Quatsch ständig erzählt, jetzt geht auf dieser Veranstaltung hier die Hirnwäsche noch weiter. In Bozen mag das ja sein, dass Radeln Sinn macht und schnell ist, aber außerhalb der Stadt kann man ja wohl nicht aufs Auto verzichten. „Was mach ich denn, wenn ich in Graun am Reschensee wohne und in Bozen arbeite?", denkt sich Adam, „mit dem Rad kann ich da ja wohl nicht fahren".

„Ein Mitarbeiter von uns wohnt in Graun am Reschensee, der kommt ab und zu mit dem Fahrrad bis nach Bozen gefahren. Meistens fährt er montagmorgens mit dem Rad ins Büro und freitagnachmittags radelt er nach Hause." Der Vertreter des Siegers in der Kategorie „Unternehmen mit 11-50 Mitarbeitern mit den meisten Kilometern" erklärt, wie sein Unternehmen auf so viele geradelte Kilometer gekommen ist. Adam kann's nicht fassen. Einmal in der Woche mit dem Fahrrad von Graun nach Bozen? Wie viele Kilometer werden das sein? 100?

---

102 Kilometer. Wow. Ramon hat schnell auf dem Smartphone nachgeschaut, wie viele Kilometer es von Graun nach Bozen sind. Gedanklich sitzt er schon wieder auf seinem Rennrad und malt sich die Route aus. Er öffnet auf dem Smartphone die OpenCycleMap. Am liebsten würde er sich sofort aufs Rad setzen und testen, wie lange man braucht, um von Bozen nach Graun zu pendeln. Aber er würde es sicher nicht mehr bei Helligkeit schaffen. Jetzt ist 17:28 Uhr, Sonnenuntergang ist um – schnell googeln – 19:11 Uhr. Nein, das geht sich nicht aus. Er steckt das Wissen der Welt wieder in seine Hostentasche und lauscht weiter der Veranstaltung. Ein Vertreter der EURAC erklärt gerade, wie sie es geschafft haben, so viele Kilometer zu radeln.

„Einzelne Institute haben regelmäßig Nach-Feierabend-Fahrradtouren gemacht", erklärt Otto, „viele pendeln aus Kaltern, Eppan oder Leifers mit dem Rad ins Büro. Und wenn man mal frei hat – dann kann man ja durchaus auch schöne Radwege erkunden, zum Beispiel im Vinschgau. Und auf so einer Radtour kann allerhand passieren und man kann sehr nette Menschen kennenlernen." – „Denken Sie da jetzt an eine bestimmte Anekdote?", nimmt der Moderator Harald Reiterer den Ball auf. – „Ja, absolut. Aber ich weiß nicht, ob ich das jetzt hier erzählen sollte –", antwortet Otto unsicher und schaut zu Anna.

Anna sieht, wie Otto unsicher auf der Bühne steht. Warum soll er die Geschichte denn nicht erzählen? Viele werden ja eh gesehen haben, dass sie händchenhaltend in den Saal gekommen sind. Seit der Wanderung vor gut zwei Wochen sind sie ein Paar, auch wenn es für beide doch recht überraschend war, dass das so schnell ging. Jetzt ist Otto ihr Freund. Und der hat sich auf der Bühne anscheinend dafür entschieden, ihre Geschichte nicht zu erzählen. „Ohne auf die Details einzugehen – ich kann aus persönlicher Erfahrung sagen: Manchmal zahlt es sich absolut aus, einen Tag lang zu radeln statt zu arbeiten", beendet er seinen kurzen Auftritt.

Mehr Radfahren als Arbeiten, das wär doch mal was. So stellt sich Günther seine Zukunft als Rentner vor. Dann wird er sicher noch deutlich mehr als die 6.048 Kilometer erradeln, die er heuer für den Fahrradwettbewerb gesammelt hat.

Günther hofft, dass jetzt endlich seine Kategorie kommt: „Teilnehmer mit den meisten Kilometern". Er wurde vorab informiert, dass er diese Kategorie gewonnen hat – dass er sich den Titel aber mit einer anderen Person teilen muss. Jemand anders ist also auch genau 6.048 Kilometer geradelt. Wer mag das wohl sein? Günther mustert den ganzen Saal. Wer außer ihm hat die Eier und vor allem die Waden, mehr als 6.000 Kilometer geradelt zu sein?

Er muss sich noch ein bisschen gedulden, bevor er den zweiten Namen erfährt. Erst werden die Gemeinden ausgezeichnet. Gerade hat ein Vertreter aus Plaus den Preis für die erfolgreichste kleine Gemeinde entgegengenommen.

„Wir kommen nun zur Auszeichnung der mittelgroßen Gemeinde mit den meisten Teilnehmern pro 1.000 Einwohnern, und das ist Naturns!", spricht Andreas Pichler ins Mikrofon. Eine junge hübsche Frau entwindet ihre linke Hand aus der rechten Hand ihres Freundes, steht auf und geht nach vorne. „Wir begrüßen Anna Maier als Vertreterin der erfolgreichsten mittelgroßen Gemeinde", wird sie begrüßt.

Anna nimmt das Mikrofon entgegen. Sie hat sich fest vorgenommen, die Geschichte zu erzählen, die sich Otto vorher nicht getraut hatte zu erzählen. Andreas Pichler stellt eine der klassischen Fragen, die man bei einer solchen Veranstaltung stellt: „Mit welchen Argumenten haben Sie es geschafft, die Bewohner Ihrer Gemeinde davon zu überzeugen, so viel Rad zu fahren?" Anna überlegt kurz, wie Sie von dieser Frage auf die Geschichte kommen kann, die sie erzählen will. Dann greift sie beherzt nach dem Mikrofon und formuliert aus dem Stegreif ihre Antwort: „Das beste Argument, um Menschen vom Fahrradfahren zu überzeugen, ist ein soziales Argument. Wir sind einander in den letzten Jahren und Jahrzehnten fremd geworden. Wir verschanzen uns hinter zwei Tonnen Blech, in denen wir es uns klimatisiert und geschützt vor unseren eigenen giftigen Abgasen gemütlich machen, und in denen wir nicht mit anderen Menschen reden müssen. Die Menschen in den zahlreichen anderen Blechkisten nehmen wir gar nicht war. Wir personifizieren ihre Blechkisten, wir denken uns ‚ach schau mal da, ein Ferrarri', oder ‚ah, das ist doch der neue Golf, in grün sieht der aber auch gut aus'. Früher hätten wir uns gedacht ‚ach schau mal da, die Elisabeth aus der Etschstraße' und hätten ein Gespräch mit ihr angefangen. Mit der Elisabeth aus der Etschstraße kann man sich nämlich unterhalten, sich mit einem VW Golf zu unterhalten ist eher schwierig, der brummt nur unverständlich vor sich hin – was nicht heißen soll, dass nicht relativ viele Menschen mit ihrem Auto sprechen, ihm vor starken Anstiegen Mut zusprechen und ihm einen Spitznamen verpassen." Vereinzeltes nachdenkliches Kopfnicken und Schmunzeln im Saal. Vielen fällt anscheinend zum ersten Mal auf, dass sie wirklich manchmal mit ihrem Auto reden, während sie liebevoll über das Lenkrad streicheln. „Wir sollten aufhören, mit unseren Autos zu reden und sollten stattdessen wieder mit anderen Menschen reden. Wir sollten nicht auf Apps und Algorithmen angewiesen sein, sondern wir sollten unsere Freunde auf der Straße treffen oder kennenlernen. Auf Straßen, die Orte des Austauschs sind, die Lebensräume sind. Und nicht mehr lebensgefährlich. Auf denen sich Kinder wohlfühlen. Und die nicht ausschließlich Abenteuerspielplätze für gefährliche Blechkisten sind." Vereinzelter Applaus im Publikum. Nur Adam schüttelt den Kopf.

„Ich habe vor ungefähr einem Monat, als ich mit dem Fahrrad durch Naturns gefahren bin, einen anderen Radfahrer gesehen", kommt Anna endlich zum Punkt. „Wir sind beide stehengeblieben und haben uns unterhalten – was völlig unmöglich gewesen wäre, wenn wir beide in einem Auto gesessen hätten, dann hätten wir uns ja erstens gar nicht gesehen und zweitens die ganze Straße blockiert. Wir haben uns also nur deshalb kennengelernt, weil wir Fahrrad gefahren sind." Kurze Kunstpause. „Dieser andere Radfahrer nennt sich Otto Müller und – Otto, kannst du bitte nochmal kurz nach vorne kommen – und dieser Otto Müller ist seit zwei Wochen mein Freund. Das Fahrrad, oder sogar der Fahrradwettbewerb, hat uns zusammengebracht. Deshalb ist das heute für uns ein besonderer Abend, und deshalb ist das Fahrrad für uns ein ganz besonderes Verkehrsmittel, und deshalb, ihr Singles da draußen –" – Otto steht nun neben ihr, Anna erhebt ihre Stimme, sie ruft fast schon: „Lasst euer Handy in der Hosentasche und lasst euer Auto in der Garage. Geht zu Fuß und fahrt Fahrrad, dann werdet ihr vielleicht schon bald jemanden kennenlernen, den ihr lieben werdet. Und der euch lieben wird. So wie Otto und ich uns lieben." Ihr kullert eine Freudenträne über die Wange, die Otto sofort wegküsst. Dann küssen sie sich. Mit der Zunge. Sehr lange. Wirklich sehr, sehr lange. Die ganze Zeit begleitet vom nicht enden wollenden Applaus aus dem Publikum. Ramon, Günther, Adam, Jan, Harald Reiterer, Andreas Pichler, Gemeindevertreter, Unternehmensvertreter, Gewinnerinnen und Gewinner – sie alle sind aufgestanden und klatschen.

„Was für eine wunderschöne Szene", durchbricht Andreas Pichler die empathische Stille im Saal. „Es folgen ja jetzt noch die Verleihung des Teilnehmers mit den meisten Kilometern und die Verlosung der 24 Preise. Aber den Höhepunkt der Veranstaltung haben wir glaube ich gerade eben gesehen... Den Spannungsbogen haben wir wohl ein bisschen verkackt – in einem guten Buch würde so etwas sicherlich nicht passieren."

„Es ist mir scheißegal, was in einem guten Buch passiert", denkt sich Günther, „ich will jetzt endlich wissen, wer der andere Kilometersieger ist." Fünfeinhalb Monate lang hat er akribisch jeden gefahrenen Kilometer eingetragen. Er hat sich durch das Eisacktal, nach Kohlern und Kaltern, über das Sellajoch und das Timmelsjoch, nach St. Zyprian und nach Juval gequält. Jetzt will und wird er dafür belohnt werden.

Gleich wird Ramon dafür belohnt werden, dass er fünfeinhalb Monate lang sehr viel geradelt ist und die geradelten Kilometer von der App hat aufzeichnen lassen. Er ist durch das Etschtal und nach Schloss Tirol, nach Deutschnonsberg und Fondo, über Furkelpass, Sellajoch und Berninapass, zum Gardasee und wieder zurück geradelt. Gleich wird er zusammen mit jemand anders – wer auch immer das sein mag – die Siegerurkunde überreicht bekommen.

„Auf den beiden Siegerurkunden stehen die Namen – Günther Kerschbaumer und Ramon Pincata!", klingt es durch den Lautsprecher. Von Applaus begleitet tritt Günther nach vorne und sieht auf dem Weg zur Bühne, wer Ramon Pincata ist – der Gelbbehelmte vom Pordoijoch!

„Das ist ja der alte Mann vom Pordoijoch!", denkt sich Ramon. Er und Günther freuen sich beide, dass sie sich hier und heute nochmal wiedersehen und gratulieren sich gegenseitig. „Statt so zu grinsen, solltest du dich schämen, dass du mit deinen jungen Beinen nicht mehr Kilometer gemacht hast als ich alter Sack", denkt sich Günther. „Warte ab, wenn ich nächstes Jahr nicht auf die Scheiß Malediven muss, sondern auch im Urlaub Kilometer sammeln kann, dann hast du keine Chance gegen mich", denkt sich Ramon. Dabei lächeln sie beide überglücklich in die Kameras und freuen sich über ihre Urkunden. „Spätestens morgen wird sich niemand mehr dafür interessieren, dass es eine zweite Person gab, die genauso viele Kilometer hatte und auch Sieger war", denken sie sich beide.

In den nächsten 15 Minuten werden die 24 Preise ausgelost. Der erste Zettel wird gezogen und vorgelesen. Es ist nicht Adam. Der zweite Zettel wird gezogen. Wieder nicht Adam. „Mist, schon wieder nicht", ärgert er sich leise. Jan sitzt neben ihm und erklärt ihm flüsternd: „Aber es ist doch gut, dass du noch nicht am Anfang gezogen wirst. Es steht ja schon fest, DASS du etwas gewinnen wirst. Und je später du gezogen wirst, desto besser ist das, WAS du gewinnst." Adam schaut kurz verwirrt, aber scheint es jetzt dann doch auch verstanden zu haben. „Aber der Hauptpreis ist doch ein Fahrrad – ohne Elektromotor. Was soll ich denn damit?", regt er sich auf. – „Notfalls deinem Sohn schenken", schlägt Jan vor. Adam geht nicht darauf ein und fragt: „Was war nochmal der 2. Preis?" – „Eine Radreise – mit E-Bikes." – „Na das wär doch was." – „Ich drück die Daumen."

Die zwei lauschen wieder konzentriert der Verlosung und applaudieren jedes Mal pflichtschuldig, wenn ein anderer Name vorgelesen wird. Adam ist voll der Schadenfreude, dass alle, die jetzt aufgerufen werden, einen schlechteren Preis gewinnen als er. Obwohl sie bestimmt mehr Rad gefahren sind als er.

Es wurden jetzt schon Radreiseführer, Fahrradbekleidung und Fahrradtaschen verlost, aber Adams Name ist immer noch nicht gefallen. Es folgt Nummer 20 von 24. Und es ist wieder nicht Adam. Er kann sich vor Vorfreude kaum noch auf dem Stuhl halten. Er wird einen der drei Hauptpreise gewinnen. „Was ist denn nochmal der 3. Preis gewesen?", fragt er Jan. – „Ein Mountainbike-Fahrtechnikkurs." – „Was soll ich denn mit so einem Blödsinn? Ich fahr doch kein Mountainbike! Hoffentlich ziehen die jetzt nicht meinen Namen!" Adam schaut jetzt eher ängstlich als euphorisch. Jan schüttelt innerlich den Kopf. Wie so oft, wenn er neben seinem Vater sitzt.

„Wir kommen jetzt zum 3. Preis, einem Mountainbike-Technikkurs", verkündet Harald Reiterer. Er bittet seine Mitarbeiterin, einen der drei verbliebenen Namen zu ziehen. Er klappt den Zettel auf und spricht ins Mikrofon: „Hans Pichler aus Riffian". Adam ballt die Hand zur Faust und ruft laut „Yeah!", gleichzeitig steht woanders jemand auf und will sich seinen Preis abholen. „Ja wie jetzt, es gibt zwei Hans Pichlers aus Riffian?", wundert sich Harald Reiterer.

Adam hat anscheinend nicht realisiert, dass er mit seinem Jubelschrei den Moderator verwirrt hat. Aber er sagt natürlich nichts. Also ist es Jan, der die Situation retten muss, indem er sagt: „Nein, mein Vater freut sich nur, dass er immer noch Chancen auf den Hauptpreis hat". Harald Reiterer nickt und wendet sich nun dem echten Hans Pichler zu, um ihm seinen Preis zu überreichen. Adam dreht sich zu Jan und faucht ihn an: „Spinnst du? Ich will doch nicht den Hauptpreis! Ich will die Radreise!" – „Ja Mann, weiß ich. Aber irgendwas musste ich ja sagen, ohne das Mountainbike-Training noch mehr zu entwerten, über das sich der Mann da vorne gerade so freut." – „Aber mit dem Mountainbike-Training hätte ich doch echt nichts anfangen können, ist doch klar, dass ich mich freue, das nicht zu gewinnen!" Jan schüttelt innerlich den Kopf. Mal wieder. Adam hingegen bildet sich ein, dass er gerade seinen Namen gehört hat. Hat da jemand seinen Namen gerufen?

Ein zweites Mal liest Andreas Pichler den Namen auf dem Zettel vor: „Adam Lepo aus Naturns? Nicht anwesend? – Ah doch, da ist er ja!" Adam realisiert nun, dass er die Radreise gewonnen hat und geht voller Stolz und Freude nach vorne. Jan bleibt sitzen und fragt sich, ob er sich für seinen Vater nun schämen oder freuen soll. „Super, das ist genau das, was ich gewinnen wollte!", hört er seinen Vater vorne sagen. Andreas Pichler schaut nochmal auf seinen Zettel und merkt an: „Sie haben ja richtig Glück gehabt, dass Sie überhaupt gewinnberechtigt waren – die 100-Kilometer-Marke haben Sie ja recht knapp gemeistert!" Adam gibt zu: „Ja, ich bin eigentlich erst mehr Rad gefahren, als mein Auto kaputt war. Aber das hat sich ja offensichtlich gelohnt." – „Das kann man wohl sagen! Ich hoffe natürlich, Sie werden auch zukünftig häufig mit dem Fahrrad fahren, auch wenn das Auto nicht kaputt ist!" – „Halt's Maul!", denkt sich Adam. „Ja natürlich werde ich in Zukunft viel häufiger Rad fahren", lügt er stattdessen. „Auf jeden Fall werde ich von Toblach nach Venedig radeln", sagt er mit Blick auf den Gutschein, der er gerade gewonnen hat.

Zurück am Platz zeigt der stolze Vater seinem Sohn den Reisegutschein – und der ist gleich enttäuscht. „Für zwei Personen?" – „Anscheinend, ja." – „Aber dann kann ich ja gar nicht mitkommen." Adam grinst, schaut seinen Sohn schelmisch an und sagt: „Oder wir lassen die Mama daheim, die wollte ja letztes Mal auch schon nicht E-Bike fahren."

Die Mama kommt gerade mit drei vollen Einkaufstüten in den vollen Saal und entdeckt sofort ihre zwei Männer. „Du hast vergessen, mir den Autoschlüssel zu geben, jetzt konnte ich die Sachen nicht ins Auto bringen", flüstert sie zu Adam. – „Du hättest ja danach fragen können", flüstert er zurück und reicht ihr den Schlüssel. Erst jetzt sieht sie den Gutschein in seiner Hand: „Du hast eine Reise gewonnen?" Jan nutzt die einmalige Gelegenheit und flüstert frech: „Ja, Papa und ich werden zusammen nach Venedig radeln. Cool, oder?"

„Das ist ja cool. Da sind ja alle radelnden Akteure meines Buchs versammelt", sagt Markus Belz mit einem Glas Wein in der Hand zu der Kleingruppe, die sich nach dem Veranstaltungsende im Foyer versammelt hat. Anna und Otto händchenhaltend, Tigra drei Einkaufstaschen haltend, Adam und Jan über eine Schüssel Chips gebeugt, Ramon und Günther über ein GPS-Gerät gebeugt. „Wie, alle Akteure des Buchs versammelt?", fragt Jan. Markus erklärt: „Ich habe ein Buch über den Fahrradwettbewerb 2015 geschrieben, und ihr, die ihr hier gerade versammelt seid, seid die wichtigsten Charaktere. Ich habe darüber geschrieben, wie ihr beide, Anna und Otto, euch kennengelernt habt; wie ihr beide, Ramon und Günther, euch ein Fernduell um die meisten Kilometer geliefert habt; und wie ihr beide, Jan und Adam, euch ständig über die Verkehrsmittelwahl gestritten habt – mit einem Happy End pro Fahrrad." Tigra interveniert: „Und ich komme nicht im Buch vor?" – „Doch, doch, als ständige Vermittlerin zwischen den beiden Streithähnen." – „Dann haben Sie meine Rolle ja gut geschildert", grinst sie. Anna fragt ein bisschen erschrocken: „Haben Sie wirklich alles alles geschrieben, auch was auf der Wanderung Anfang September passiert ist?" – „Nein, was auf der Wanderung passiert ist, habe ich bewusst weggelassen, sonst müsste der Verlag das Buch ja als Erotikbuch titulieren, das erst ab 18 zugelassen ist." Anna und Otto grinsen wissend.

„Woher wussten Sie, dass wir uns alle im Laufe des Fahrradwettbewerbs kennenlernen?", fragt Günther. – „Da war ehrlich gesagt viel Glück im Spiel. Dass Anna bei Ihnen in die Therme geht, das war fast zu erwarten. Aber dass Sie sich in Juval dann nochmal treffen, und dass Sie Ramon auf dem Pordoijoch treffen – das hab ich vorher natürlich nicht wissen können. Ramon und Otto, dass ihr gleichzeitig in Meran beim selben Bäcker wart, war natürlich auch ein Zufall, der mir beim Schreiben sehr gefallen hat."

Ramon beugt sich zu Adam rüber und sagt: „Wir kennen uns aber noch nicht, oder?" Adam verneint und stellt sich vor. Markus grinst, nur er weiß, dass sich Adam und Ramon auf dem Ofenpass sehr wohl schon einmal begegnet sind.

Ramon und Otto haben bereits selber gemerkt, dass sie in Bruneck im Juni in der selben Eisdiele waren. Am selben Tag, an dem Günther und Otto sich abends im Zug von Waidbruck nach Bozen gesehen haben.

Otto schaut kurz Anna an, denkt an ihren großartigen Auftritt vor einer halben Stunde, der ja das perfekte Happy End für das Buch wäre, und fragt: „Womit endet denn das Buch?" – „Eigentlich genau jetzt." – „Wie, genau jetzt?" – „Mit dem Abschluss der Abschlussveranstaltung und unserem Gespräch. Der Fahrradwettbewerb 2015 dient quasi als Klammer für das Buch: Das Buch beginnt im ersten Kapitel mit der Auftaktveranstaltung und endet im zehnten Kapitel mit der Abschlussveranstaltung." Auch Anna hatte gehofft, dass ihr Auftritt und der Bühnenkuss den Buch-Abschluss darstellen könnten. Tigra hingegen hat eine andere Hoffnung für das Ende: „Aber wäre es nicht spannender, wenn Sie am Schluss noch etwas ergänzen würden, noch einen Ausblick in die Zukunft oder so?" – „Wie stellen Sie sich das vor?", fragt Markus, „dass die Moderatoren einen Ausblick auf den Fahrradwettbewerb 2016 werfen?" – „Nein, ich würde eher gleich fünf Jahre in die Zukunft gehen. Sie könnten ja noch ein fiktives Kapitel ergänzen, das im Jahr 2020 spielt und beschreibt, was wir – ihre radelnden Akteure, wie sie gesagt haben – in fünf Jahren machen." – „Hm, eine Art Ausblick auch auf die Mobilität in Südtirol 2020?" – „Ja, das wär doch eine coole Idee. Gibt dann sicher weniger Autos", sagt Jan. – „Und jeder Depp fährt dann mit einem Elektro-Fahrrad durch die Gegend", nörgelt Günther. – „Ich wahrscheinlich auch", freut sich Adam. – „Aber ich mache die meisten Kilometer", beschließt Ramon. – „Und Otto und ich heiraten", lacht Anna und drückt ihrem Otto einen dicken Kuss auf die Wange. Markus bleibt skeptisch: „Aber wäre das nicht ein komischer Abschluss für das Buch, wenn plötzlich nochmal ein Sprung in die Zukunft kommt? Außerdem ist zehn so eine schön synchrone Kapitelzahl." – „Komm bitte!", sagt Jan, „ein Blick in die Zukunft ist doch cool." – „Na gut, wenn ihr unbedingt wollt", gibt sich der Autor geschlagen und überlegt sich Überschrift und Inhalte für ein elftes Kapitel.

Sölden und Sarntal

So früh ist er schon lange nicht mehr gestartet. Aber er hatte auch schon lange nicht mehr so viele Höhenmeter an einem Tag geplant. Und er ist noch nie in einer so großen Gruppe geradelt wie heute. Günther schiebt sein Rennrad am Starterfeld entlang und freut sich auf den sonnigen Tag auf dem Sattel. Neben ihm steht Ramon. „Wollen wir erstmal eine Weile gemeinsam radeln?", fragt dieser. – „Nein, nein, du kannst gerne von Anfang an dein eigenes Tempo fahren, du wirst ja sicher am Ende drei Stunden schneller sein als ich."

Seit sie sich beim Fahrradwettbewerb 2015 kennengelernt hatten, gehen Ramon und Günter häufig gemeinsam auf Tour. Gemeinsam in dem Sinne, dass sie sich auf eine Route einigen und Günther dann eine Stunde früher startet, weil er ja der eindeutig langsamere von den beiden ist. Aber mit einer Stunde Vorsprung ist es dann tatsächlich oft spannend, wer die Passhöhe zuerst erreicht – und beide haben eine Motivation, schneller zu sein, als wenn sie alleine unterwegs wären.

Die Freundschaft der beiden sehr unterschiedlichen Tourpartner geht so weit, dass sie sich in Sölden sogar ein Hotelzimmer teilen. Beide fahren sie heute zum ersten Mal beim Ötztaler Radmarathon mit. Kühtaisattel, Brenner, Jaufenpass, Timmelsjoch. Es gibt Leichteres.

Ramon und Günther reihen sich entsprechend ihrer Startnummer in das Starterfeld ein. „Hoffentlich schaffe ich es in unter acht Stunden", denkt sich Ramon. „Hoffentlich schaffe ich die Runde und muss nicht auf der Auffahrt zum Timmelsjoch abbrechen", denkt sich Günther. „Hoffentlich geht es bald los, mir ist kalt", denken sich beide. Und dann ist es endlich soweit. Die beiden erschrecken, als die laute Starthupe ertönt.

Anna und Otto erschrecken, als sie die Autohupe hören. Es folgen noch zahlreiche weitere Hupen. „Eine Hochzeit!", sagt Otto. – „Eine Frechheit!", erwidert Anna. – „Was? Dass die schon heiraten und wir noch nicht?" – „Das natürlich auch", grinst sie. „Nein, dass die so einen Krach machen und völlig sinnloserweise die Luft verschmutzen." – „Naja, bei unserer eigenen Hochzeit –" – „Werden wir den Leuten bestimmt nicht erlauben, einen Autokorso zu machen!" – „Ja, aber was sollen sie denn sonst machen? Einen Fahrradkorso?" – „Warum denn nicht?! Wär doch eine coole Idee. Und wir zwei auf einem geschmückten Tandem vorneweg." – „Wird den Autofahrern aber nicht gefallen, wenn da eine Horde klingelnder Radfahrer die Straße blockiert." – „Die Straße gehört nicht denen, die Straße gehört allen! Ein Fahrradkorso ist ja wohl weniger störend als ein hupender Autokorso." – „Ja ja, stimmt schon. Aber wir werden das trotzdem nicht machen können." – „Warum denn nicht?" – „Weil die Leute sicher nicht alle mit dem Fahrrad zu unserer Hochzeit kommen werden."

Anna schaut nachdenklich. Und muss Otto Recht geben. „Aber wir sollten schon irgendwie verhindern, dass alle mit dem Auto kommen. Gerade einmal die Hälfte der Freunde und Verwandten, die noch ein Auto haben, fahren elektrisch." – „Wir können unsere Hochzeit ja als Green Event organisieren und den CO_2-Ausstoß, der durch die Anreise der Gäste entsteht, ausgleichen." – „Könnten wir eigentlich wirklich machen. Ist bei Hochzeiten bestimmt noch nicht sehr verbreitet." – „Aber noch wichtiger wäre natürlich, dass die Leute gleich gar nicht erst mit dem Auto kommen." – „Und wie willst du das machen? In der Einladung die Anreise mit Bahn und Bus empfehlen?" – „Ja, zum Beispiel. Und ein Forum für Fahrgemeinschaften anlegen für die, die doch Auto fahren wollen." – „Wir sollten aber auch irgendwie diejenigen belohnen, die umweltfreundlich anreisen." – „Ja, genau. Lass uns so eine Art Travel Competition machen. Das hatten wir mal bei einem unserer Studenten-Kongresse organisiert: Wir hatten einen Preis ausgelobt für die umweltfreundlichste Anreise." – „Und das hat funktioniert?" – „Viele sind natürlich trotzdem mit Flugzeug oder Auto gekommen. Ist ja auch schwierig, aus der Ukraine oder Griechenland mit dem Zug nach Brandenburg zu fahren. Aber die drei Sieger waren wirklich kreativ." – „Was ist denn kreativ daran, mit dem Zug zu fahren?" – „Nein, nicht mit dem Zug. Die eine ist mit einer Art überdachtes Fahrrad mit Elektrounterstützung von der Schweiz bis nach Brandenburg gefahren. Zwei andere sind aus Holland mit einem Smart gefahren, hatten genau berechnet, wie groß der CO_2-Ausstoß ist, den sie durch die Autofahrt verursachen, und haben auf den Autobahn-Parkplätzen unterwegs so viele Tulpen gepflanzt, dass die CO_2-Aufnahme bei der Fotosynthese den CO_2-Ausstoß der Autofahrt wieder ausgleicht." – „Haha, cool. Und der dritte Sieger?" – „Die ist aus Süddeutschland per Anhalter gefahren, und hat jedem, der sie einen Abschnitt mitgenommen hat, einen Baumsetzling geschenkt. Wenn die Fahrer die Bäume wirklich gepflanzt haben, dann hat sie bei ihrer Reise zum Kongress also sogar eine positive CO_2-Bilanz gehabt." – „Ist ja geil. Lass sowas bei unserer Hochzeit auf jeden Fall auch machen! Ich finde, dass wir mit gutem

Beispiel vorangehen und unsere Hochzeit möglichst umweltfreundlich und mit Bus- und Bahnanreise zelebrieren sollten." – „Apropos Bus und Bahn: Wir müssen mal langsam mit Frühstücken fertig werden, wenn wir heute noch ins Sarntal wollen!"

„Wir müssen mal langsam mit Frühstücken fertig werden, wenn wir den nächsten Zug nach Bozen nehmen wollen", sagt Jan. – „Naja, erstmal müssen wir wohl einen Zug nach Meran nehmen, und da dann umsteigen", kritisiert Adam. – „Aber du weißt doch, dass die Züge seit kurzem umsteigefrei nach Bozen durchfahren, jetzt, wo die Vinschgaubahn elektrifiziert ist", korrigiert Tigra. – „Und das sogar alle 30 Minuten", ergänzt Jan. – „Gar nicht schlecht, was sich beim öffentlichen Nahverkehr in den letzten fünf Jahren getan hat", lobt Adam, „aber ich fahre trotzdem nach wie vor lieber Auto. Halt nicht nach Bozen, wo man keine Parkplätze findet." – „Aber wenigstens fährst du kein Auto mehr, das stinkt", freut sich Jan.

Seit ein paar Monaten steht in der Garage von Familie Lepo ein elektrisch angetriebener Opel Ampera-e. Die Beschleunigung, die geringen Betriebskosten und natürlich auch das Design haben Adam davon überzeugt, doch ein bisschen mehr Geld als geplant für das neue Auto auszugeben und sich ein Elektrofahrzeug in die Garage zu stellen. Dass er jetzt Auto fahren kann, ohne CO_2, Stickoxide und Lärm zu verursachen – das ist ihm nach wie vor relativ egal.

„Fahren wir mit den E-Bikes zum Bahnhof?", fragt Tigra. – „Klar. Zu Fuß gehen werde ich sicher nicht", entgegnet Adam. Seit sie vor mittlerweile vier Jahren die E-Bikes gekauft haben, sind diese fast täglich im Einsatz. Am Wochenende für Ausflüge, unter der Woche fährt Tigra damit zum Einkaufen und zu Freundinnen und Adam bei schönem Wetter manchmal sogar ins Büro nach Meran. Und wenn Adam gerade nicht mit dem E-Bike unterwegs ist, dann schnappt es sich Jan manchmal, um die umliegenden Berge und Almen zu erobern. Den Ampera-e würde Jan auch gerne mal fahren – aber er hat keinen Führerschein. Und obwohl er mittlerweile 17 ist, hat er auch nach wie vor kein Interesse, jemals einen Führerschein zu machen. So wie viele seiner Schulfreunde auch. Stattdessen will er sich zur Matura einen Elektro-Roller schenken lassen. Die „Vespa des 21. Jahrhunderts", wie er das nennt, soll ihn schnell und billig überall dort hinbringen, wo der Bus zu lange brauchen würde. Seine Freundin kann er überall hin mitnehmen, und Einkäufe kann er auch mit dem Roller transportieren. Also warum ein teurer Autoführerschein? „Du spinnst!", hatte Adam die Elektro-Roller-Überlegungen seines Sohnes kommentiert. – „ADAM!", hatte Tigra daraufhin erwidert.

Am Bahnhof Naturns stellen Tigra und Adam die E-Bikes auf ihre reservierten Stellplätze in der RadlBox. Jan muss draußen parken. Er macht sich aber keine Sorgen, dass jemand sein altes Schrott-Fahrrad klauen könnte. Sein gutes Fahrrad steht zu Hause im Keller. „Hallo Jan!“, wird er plötzlich von einer jungen Frau angesprochen.

Anna sieht auf dem Bahnsteig Jan Lepo und spricht ihn an. Sie kennt ihn schon seit fünf Jahren, damals hatte er als Mittelschüler auf einer von ihr geleiteten Exkursion einen Schulwegplan gezeichnet. Ihre Mutter war damals seine Klassenlehrerin. Mittlerweile steht er kurz vor der Matura, und er scheint immer noch so fahrrad- und bahnbegeistert zu sein wie vor fünf Jahren.

Jan kennt die junge Frau, die ihn gegrüßt hat, schon seit fünf Jahren. Sie steht gemeinsam mit ihrem Freund und ihrem Fahrrad auf dem Bahnsteig und wartet anscheinend auch auf den Zug nach Bozen. „Wie war denn euer Ausflug nach Brixen?“, fragt sie ihn. – „Echt schön! Ich war davor ewig nicht mehr in einem großen Schwimmbad, hat voll Spaß gemacht.“ Jans Schulklasse hatte im Vorjahr – nicht zuletzt dank seiner mehr als 2.000 Kilometer – den Fahrradwettbewerb gewonnen. Zur Belohnung durfte die ganze Schulklasse nach Brixen in die Aquarena fahren. Dort wurden sie von einem älteren Mann bedient, der auch schon einmal den Fahrradwettbewerb gewonnen hatte und mittlerweile kurz vor der Rente steht.

Fünf Jahre ist es nun schon wieder her, dass Günther gemeinsam mit Ramon den Fahrradwettbewerb gewonnen hat. Damals hatte er zum ersten Mal erfolgreich das Timmelsjoch bezwungen. Heute steht das Timmelsjoch wieder auf dem Programm, aber erst als vierter und letzter Pass. Entsprechend schont Günther auf der Auffahrt zum Kühtaisattel seine Kräfte. Ramon ist wahrscheinlich schon längst über den Pass rüber.

Ramon hat den Kühtaisattel fast erreicht. Vor ihm, neben ihm, hinter ihm – überall andere Rennradfahrer mit Rückennummer. Das Feld ist noch immer relativ dicht beieinander. Auf der Abfahrt wird es sich natürlich auseinanderziehen. Und im Laufe des Tages und der noch ausstehenden Pässe wird sich der Abstand zwischen den einzelnen Fahrern deutlich vergrößern.

„Sie haben die Fahrradabteile ja wirklich deutlich vergrößert“, freut sich Jan über den neuen Zug, mit dem es heute von Naturns nach Bozen geht. Zwischen Gargazon und Terlan sagt er pötzlich zu seinen Eltern: „Ich freu mich schon darauf, Ende September über die MeBo zu fahren.“ – „Du hast doch gar keinen Führerschein!“ – „Brauch ich auch nicht, um Fahrrad zu fahren.“ – „Du kannst aber mit dem Fahrrad nicht über die MeBo fahren.“ – „Doch, am 20. September schon.“ Jan erklärt seinen Eltern, was schon seit März immer mal wieder in den Südtiroler Online-Portalen stand, aber an ihnen anscheinend mal wieder völlig vorbeigegangen ist: Dass zum Abschluss des Südtiroler Fahrradwettbewerbs einen Tag lang die MeBo gesperrt und nur von Fahrradfahrern befahren wird. „Im Ruhrgebiet haben sie das schon vor zehn Jahren gemacht: Als sie Kulturhauptstadt waren, haben sie die wichtigste Autobahn einen Tag lang für ein großes Volksfest gesperrt. In Berlin sperren sie für die ADFC-Sternfahrt jedes Jahr Teile der Autobahn für Fahrradfahrer. Ich find es toll, dass sie in Südtirol jetzt auch endlich so weit sind – auch wenn das Brennerautobahn-Viadukt natürlich noch cooler wäre als die MeBo." – „Aber das ist doch eine völlig bekloppte Idee", erwidert Adam, „es ist doch absehbar, dass das ein totales Verkehrschaos geben wird." – „Ach, Papa, ich dachte, jetzt wo du E-Auto und E-Fahrrad fährst, bist du irgendwie ein bisschen moderner geworden. Weder im Ruhrgebiet noch in Berlin gab es ein Verkehrschaos, als die Autobahnen für Radfahrer gesperrt wurden. Es gibt parallel zur MeBo zwei Straßen und eine Eisenbahn. Und es ist ja ein Sonntag, wo eh weniger Verkehr ist als an Werktagen. Denk mal an vor 1999 zurück – da gab es gar keine MeBo! Und trotzdem war das Überleben der menschlichen Spezies zu keiner Zeit gefährdet."

Der Zug erreicht den Bahnhof Bozen Süd. Adam, Tigra und Jan steigen aus, sie haben ihren ersten Besichtigungsort für heute erreicht. Wenn man von Besichtigungsort reden kann. Eigentlich sind es eher Shoppingorte, die sie heute aufsuchen. Als erstes die „Südtiroler Sommermesse", die das Experiment wagt, im August, wenn eigentlich ganz Italien am Strand liegt und niemand arbeitet, Aussteller und Besucher in die Messehallen zu locken. Angeboten werden ausschließlich Produkte aus Südtirol – und das sind mittlerweile ziemlich viele. Nicht mehr nur Speck, Milch, Äpfel und Wein. In den letzten Jahren sind immer mehr Start-Ups entstanden, die Kleidung, Taschen und Kunst, aber auch Online-Dienste und Apps Made in Südtirol an den Mann und die Frau bringen wollen. Auf der Sommermesse überwiegend an Mann und Frau Tourist, die im Bergurlaub einen Ruhetag in der Messe einlegen und sich mit Südtiroler Produkten eindecken wollen. Aber auch Herr und Frau Lepo wollen sich durch die Messehallen treiben und inspirieren lassen.

Vor dem Haupteingang der Messe hängen Werbeplakate für zukünftige Veranstaltungen. Adam liest eines der Plakate und fragt: „Was soll denn VeloCity sein? Eine Stadt ja wohl kaum." Jan antwortet: „Das ist die größte Fahrrad-Konferenz der Welt, und die findet im Frühjahr 2021 in der Euregio statt. Innsbruck, Bozen und Trient haben sich gemeinsam beworben und den Zuschlag gekriegt." – „Die Welt zu Gast bei Radlern", kommentiert Tigra augenzwinkernd. Jan, dem offensichtlich keine Newsmeldung zur Radmobilität entgeht, nimmt den Ball auf und erklärt: „In der Tat. Wir sind mittlerweile europaweit eine Vorbildregion beim Thema Radverkehr. Von den ganzjährig befahrbaren überörtlichen Radschnellwegen über die Fahrradparkhäuser an den Bahnhöfen bis hin zum allwöchentlichen

Fahrrad-Sonderteil in den beiden großen Tageszeitungen gibt es vieles, worum uns andere beneiden." Auch Tigra hat kürzlich eine Newsmeldung zur Radmobilität gelesen: „Ich hab gehört, dass seit kurzem die alte Straße ins Sarntal für Radlfahrer hergerichtet ist. Das hat sicher auch Vorbildcharakter."

„Wie kommen wir denn jetzt am besten zur alten Straße ins Sarntal?", fragt Anna vor dem Bozner Bahnhofsgebäude. – „Wir müssen einfach nur den Radweg an der Talfer entlangfahren, der mündet dann bei Schloss Runkelstein auf die alte Straße", antwortet Otto und folgt Annas Blicken über den Bahnhofsvorplatz. – „Seit hier alles verkehrsfrei ist, ist es wirklich sehr viel schöner", freut sie sich. „Es macht jetzt direkt Spaß, in Bozen anzukommen." Sie schwingen sich auf die Fahrräder und radeln durch den neu gestalteten Park vorbei am neuen Einkaufszentrum Richtung Waltherplatz.

Günther würde jetzt lieber auf dem Waltherplatz sitzen und einen Kaffee trinken. Aber irgendwie ist er ja auf die hervorragende Idee gekommen, heute vier anstrengende Passstraßen zu fahren. Und so quält er sich nun durch Matrei. Bis zum Brenner hat er noch viel vor sich.

Den Brenner hat Ramon bereits hinter sich, die Abfahrt nach Sterzing verging wie im Fluge, jetzt tritt er scheinbar mühelos den Jaufenpass hinauf. Normalerweise mag er den Jaufenpass nicht gerne mit dem Fahrrad fahren, weil man dann von der Verkehrslawine förmlich überrollt wird. Seit es die neuen Umfahrungstunnels in Meran, Riffian und Saltaus gibt, hat der Verkehr hier oben deutlich zugenommen.

Seit es die neuen Tunnels gibt, hat der Verkehr ins Sarntal deutlich zugenommen. Anna freut sich derweil, dass sie mit dem Fahrrad die alte Straße durch die enge Schlucht und die bunt beleuchteten alten Tunnels autofrei befahren kann. „Man kann sich gar nicht vorstellen, dass bis vor vier Jahren noch Busse und Lkws durch die engen Kurven gefahren sind", sagt sie zu Otto. „Ich find es total großartig, wie sie die Straße für Fahrradfahrer hergerichtet haben. Bei dieser Aussichtsplattform über der Schlucht will ich auf dem Rückweg auf jeden Fall nochmal stehen bleiben!" Dann setzt sie sich auf den Sattel und tritt weiter aufwärts.

Ramon sitzt nach wie vor auf dem Sattel und tritt abwärts. Den größten Teil der Abfahrt vom Timmelsjoch hat er hinter sich, den Abzweig nach Obergurgl hat er passiert, noch ein paar Lawinengalerien, dann müsste er Sölden bald erreichen. Nach 238 Kilometern und 5.500 Höhenmetern wird sich der Kreis wieder schließen. Der Sieger ist seit etwa einer Stunde im Ziel, er hat es heuer in knapp unter sieben Stunden geschafft. Ramon wird sein persönliches Ziel, die acht Stunden, hingegen ganz knapp verfehlen. Als er in Sölden in den Ort rauscht, die jubelnde Menge am Straßenrand sieht, an die vier Pässe zurückdenkt, an die Dusche im Hotelzimmer denkt – da ist ihm das herzlich egal. In acht Stunden und zwei Minuten hat er den Ötztaler Radmarathon absolviert.

In elf Stunden und 18 Minuten hat Günther den Ötztaler Radmarathon absolviert. Er hat es geschafft. Euphorisch und erschöpft zugleich passiert er die Ziellinie. Gleich wird er sich zum ersten Mal seit dem Frühstück auf etwas anderes setzen als auf den Ledersattel des Rennrads, das ihn heute über Kühtai, Brenner, Jaufen und Timmelsjoch gebracht hat.

Adam, Tigra und Jan sitzen auf den Lodensesseln des Zuges, der sie ohne Umstieg bis nach Naturns bringen wird. In der Gepäckablage über ihren Köpfen liegen zwei prall gefüllte Einkaufstaschen. Tigra schaut aus dem Fenster und sieht auf der anderen Seite der Etsch die MeBo. „Schau mal, da ist schon wieder Stau", sagt sie. – „Gut, dass wir da nicht drinstehen", freut sich Adam. Jan freut sich, dass seine Familie nun auch endlich auf die richtige Seite der Etsch gewechselt ist. Nicht mehr auf der Stau-und-Unfall-Seite, sondern auf der Seite der Rennräder und Eisenbahnräder.

„Schön, dass wir noch vor acht zu Hause sind, da können wir gemeinsam Tatort schauen", legt Tigra das abendliche Fernsehprogramm fest. – „Kommt heute wieder dein geliebter Richy Müller?", fragt Adam. Tigra ignoriert die Ironie in Adams Stimme und erklärt: „Nein, heute kommt doch der erste Südtirol-Tatort! Wo die Tochter von der Doris eine Nebenrolle hat."

„Kommt heute nicht der erste Südtirol-Tatort?", fragt Anna und blickt dabei aus dem Zugfenster auf die Apfelfelder zwischen Algund und Marling. – „Stimmt, du hast Recht!", entgegnet Otto. „Aber du wirst bestimmt mehr Drehorte wiedererkennen als ich – das Polizeikommissariat ist ja in Meran und nicht in Bozen."

„Der Tatort spielt aber in Meran und nicht in Bozen", stellt Ramon klar. – „Wieso das denn?", fragt Günther. – „Wahrscheinlich, weil die deutschen Fernsehzuschauer dann mehr Drehorte wiedererkennen können. In Bozen kennen sie ja nur Ötzi und Waltherplatz, im Burggrafenamt kennen die Deutschen jeden Baum und jeden Bauernhof."

Das Gespräch im Hotelzimmer verstummt, im Fernseher ertönt die Tatortmelodie. Ramon und Günther trennt zwar ein Altersunterschied von etwa 30 Jahren, aber sie verbindet die Leidenschaft für den beliebten Sonntagabendkrimi. Am Vorspann hat sich nach wie vor nichts geändert, der mittlerweile 75-jährige Udo Lindenberg ist noch immer der Schlagzeuger der Tatort-Melodie.

Nach der lauten Tatort-Melodie folgt das leise Surren eines Elektroautos, das durch das Bild fährt. Was Jan gelesen hat, scheint zu stimmen: dass im Südtirol-Tatort alle mit Fahrrädern, Elektroautos und dem öffentlichen Nahverkehr unterwegs sind. Die „Modellregion für nachhaltige alpine Mobilität" wird schön und grün in Szene gesetzt, der Südtiroler Filmförderung sei Dank. „Vielleicht können sie ja den Mörder daran erkennen, dass er der einzige ist, der noch immer mit einem krebserregenden Dieselfahrzeug unterwegs ist", denkt sich Jan.

Der Mörder ist gefasst. Der Rotwein ist leer. Anna und Otto lassen die leere Flasche im Wohnzimmer stehen und begeben sich ins Schlafzimmer.

Jetzt ist was passiert.

Nachwort

Sie gehören also auch zu den Lesern, die Bücher bis zum Ende durchlesen, inklusive Nachwort? Das freut mich! Damit Sie Ihre Entscheidung nicht bereuen, versuche ich, das Nachwort nicht mit langweiligen Danksagungen zu beginnen, sondern mit einem guten Zitat. Einstein, Goethe, oder – Barack Obama. „Kurzfristige Interessen dürfen nicht wichtiger sein als die Luft, die künftige Generationen atmen werden", sagte Obama zur Eröffnung des Weltklimagipfels in Paris im November 2015. Obamas Appell wurde offensichtlich erhört, die Weltgemeinschaft hat sich damals auf eine deutliche Reduzierung der CO_2-Emissionen verständigt.

Der einzige Sektor, in dem in Europa die CO_2-Emissionen in den letzten Jahren nicht reduziert wurden, sondern weiter angestiegen sind, ist der Verkehr. Hier müssen offensichtlich noch im Dienste künftiger Generationen kurzfristige Interessen überwunden werden. Aber was sind im Verkehrssektor die kurzfristigen Interessen, die mehr Umweltschutz verhindern? Sind es „nur" die Interessen der Automobilindustrie, die ihre spritschluckenden Geländewagen und stickoxidspuckenden Dieselautos so lange verkaufen will, wie es irgendwie gewinnbringend möglich ist? Oder sind es auch die kurzfristigen Interessen von Adam und Tigra Lepo, denen eine möglichst komfortable Anfahrt nach Brixen wichtiger ist als die giftigen Abgase, die sie auf dem Weg dorthin in die Luft blasen?

In uns allen steckt ein bisschen Adam und Tigra Lepo. Wir alle müssen uns an die eigene Nase fassen (oder die Nase zuhalten, wenn gerade ein Dieselauto vorbeifährt), wenn es um das Thema Mobilität geht. Wenn es um Klimawandel, Luftverschmutzung, Lärm, Flächenverbrauch und Unfallgefahren geht. Wir alle können und sollten unser Verhalten ändern. Eine Welt ohne Auto ist schwierig vorstellbar. Aber eine Welt, in der man das (möglichst elektrische) Auto nur dann benutzt, wenn es wirklich nötig ist, würde uns allen gut tun, nicht zuletzt den Autofahrern selbst.

Das vorliegende Buch hat auf hoffentlich unterhaltsame Art und Weise gezeigt, dass es Alternativen zum Auto gibt, die nicht nur Sinn, sondern durchaus auch Spaß machen. Es ist kein Zufall, dass die fiktiven Charaktere – außer

Adam und Tigra – alle kein Auto besitzen. Das Buch soll zeigen, dass ein Leben ohne Auto – zumal in Südtirol mit seinem gut ausgebauten öffentlichen Nahverkehrsnetz – keine Einschränkung bedeutet, sondern ganz im Gegenteil viele Vorteile mit sich bringt. Es ist auch kein Zufall, dass Adam sich nicht mit Argumenten und nicht mit schockierenden Statistiken vom Autofahren abbringen lässt – aber dass er am Ende, vom kaputten Auto dazu gezwungen, dann doch einmal Alternativen ausprobiert und so ins Grübeln kommt, ob die Alternativen nicht doch manchmal sinnvoller sind und mehr Spaß machen als das Auto. „Probieren geht über Studieren", sagt der Volksmund. Mobilitätsforscher sehen das im Prinzip ähnlich, drücken es aber komplizierter aus.

Zum Abschluss des Buches sei erwähnt, dass die Hauptcharaktere frei erfunden und Ähnlichkeiten zu real existierenden Personen zufällig sind. Einzige Ausnahme ist der Autor selbst, zwei der Hauptcharaktere haben gewisse Ähnlichkeiten mit ihm. Aber die von den Buch-Charakteren geäußerten Meinungen geben nicht immer die Meinung des Autors (und auch nicht die seines Arbeitgebers) wieder, sondern sind Teil einer fiktiven Erzählung.

Nebencharaktere, die reell existieren, sind in erster Linie Harald Reiterer, der Koordinator des Projektes Green Mobility Südtirol, und Andreas Pichler, der ehemalige Geschäftsführer des Südtiroler Ökoinstituts. Aber auch hier gilt: Die Zitate und Auftritte der beiden sind frei erfundene Teile einer fiktiven Geschichte. Die Nebencharaktere Christoph, Matthias und Achim sind real existierende Freunde des Autors, allerdings unter falschem Namen.

Die meisten der im Buch beschriebenen Radtouren und Reisen hat der Autor im Jahr 2015 tatsächlich gemacht, viele der beschriebenen Anekdoten hat er tatsächlich erlebt. Bei Anekdoten, die so oder so ähnlich wirklich passiert sind, wurde aber in der Regel Ort oder Zeit geändert, damit nicht nachvollzogen werden kann, welche real existierenden Personen beteiligt waren.

Ein paar Ungenauigkeiten hat der Autor in Kauf genommen, wenn sie der Geschichte dienlich waren – der Eurocity nach München hatte am 14.08.2015 gar keine Verspätung, ist am Brenner also keinem Fernbus begegnet; die Roadshow-Etappe in Bruneck war weder im Sommer, noch musste sie wegen einem Gewitter abgebrochen werden; die EURAC forscht weder zu Fernbussen noch zum Metrobus; und so weiter.

Manche Dinge im Buch sind frei erfunden, dazu gehören – neben den Hauptcharakteren – zum Beispiel die Bar Schlanders in Berlin (aber es wäre doch cool, wenn es die gäbe, oder?) und die Meraner Mobilitätskonferenz in Kapitel 6 samt Psychologie-Professor und Vorträgen. Aber die Inhalte der Vorträge sind (nach bestem Wissen und Gewissen) inhaltlich korrekt, so wie auch sämtliche andere im Buch dargestellten Mobilitäts-Statistiken und –Informationen (nach bestem Wissen und Gewissen) korrekt sind. Mit Ausnahme des Blick-in-die-Zukunft-Kapitels 11 natürlich, das überwiegend aus Wunschvorstellungen des Autors besteht.

Weder Kapitel 11 noch die zehn Kapitel davor wären in der vorliegenden Form möglich gewesen (ja genau, jetzt kommt der langweilige Teil mit den Danksagungen) ohne die kritischen und hilfreichen Rückmeldungen von Magdalena Lemayr, Svenja Höner, Dirk Heider, Annika Musch, Anna Preißler, Fabian Haas und Monika Belz. Ich bedanke mich bei Prof. Hermann Knoflacher, Harald Reiterer, Andreas Pichler und meinen drei Freunden „Achim“, „Christoph“ und „Matthias“ für das Einverständnis, im Buch auftauchen zu dürfen. Bei Roland Esterbauer, Martina Kreindl und Mike Binder möchte ich mich dafür bedanken, dass das Buch tatsächlich veröffentlicht wurde. Außerdem möchte ich mich bei den zahlreichen Mobilitätsakteuren in Südtirol dafür bedanken, dass sie mit Angeboten wie Südtirol Pass, Südtirol Takt und Südtirol Rad dafür gesorgt haben, dass es hier mittlerweile tatsächlich gute Alternativen zur Autonutzung gibt.

Wesentliche Teile des Buches sind übrigens entstanden, als ich mit aufgeklapptem Laptop in den bequemen Lodensitzen der Südtiroler Regionalzüge saß. Hätte ich mit einem Auto zu den Ausgangsorten meiner Radtouren und Wanderungen fahren müssen – ich hätte dieses Buch niemals schreiben können!

Bozen, im November 2018

Markus Belz